AS FUNÇÕES
DA TRIBUTAÇÃO

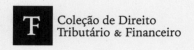

Coleção de Direito
Tributário & Financeiro

Marina Soares Marinho

AS FUNÇÕES
DA TRIBUTAÇÃO

Copyright © 2019 by Editora Letramento
Copyright © 2019 by Marina Soares Marinho

Diretor Editorial | **Gustavo Abreu**
Diretor Administrativo | **Júnior Gaudereto**
Diretor Financeiro | **Cláudio Macedo**
Logística | **Vinícius Santiago**
Designer Editorial | **Luís Otávio Ferreira**
Assistente Editorial | **Giulia Staar e Laura Brand**
Capa | **Luís Otávio Ferreira**
Diagramação | **Gustavo Zeferino**

Coordenadores da Coleção

Misabel de Abreu Machado Derzi   Onofre Alves Batista Júnior

Conselho Editorial

André Parmo Folloni	Luís Schoueri
André Mendes Moreira	Marciano Buffon
Élida Graziane Pinto	Mary Elbe
Elival da Silva Ramos	Pasquale Pistone
Fernando Facury Scaff	Paulo Rosenblatt
Heleno Taveira Torres	Ricardo Lodi Ribeiro
Hugo Segundo	Sacha Calmon Navarro Coêlho
Humberto Ávila	Tarcísio Diniz Magalhães
João Félix Nogueira	Thomas da Rosa de Bustamante
José Conti	Ulisses Schwarz Viana
Ludmila M. Monteiro de Oliveira	Valter de Souza Lobato.

Dados Internacionais de Catalogação na Publicação (CIP) de acordo com ISBD

M338f   Marinho, Marina Soares

As Funções da Tributação / Marina Soares Marinho. - Belo Horizonte : Letramento ; Casa do Direito ; Direito Tributário e Financeiro, 2019.
236 p. ; 15,5cm x 22,5cm. – (Direito Tributário e Financeiro)

Inclui bibliografia.
ISBN: 978-85-9530-303-4

1. Direito. 2. Direito Tributário e Financeiro. 3. Tributação. I. Título.

CDD 340
CDU 34

2019-1352

Elaborado por Vagner Rodolfo da Silva - CRB-8/9410

Índice para catálogo sistemático:
1. Direito 340
2. Direito 34

Belo Horizonte - MG
Rua Magnólia, 1086
Bairro Caiçara
CEP 30770-020
Fone 31 3327-5771
contato@editoraletramento.com.br
editoraletramento.com.br
casadodireito.com

Casa do Direito é o selo jurídico do
Grupo Editorial Letramento

À Universidade. Nós somos madeira de lei que cupim não rói.

LISTA DE ABREVIATURAS E SIGLAS

ABREVIATURAS:

art. – artigo

atual. – atualizado

cap. – capítulo

cf. – conforme

ed. – edição ou editor(es)

n° – número

org. – organizador(es)

p. – página(s)

prof(a). – professor(a)

v. – volume

SIGLAS:

ADCT – Ato das Disposições Constitucionais Transitórias

ADI – Ação Direta de Inconstitucionalidade

ADO – Ação Direta de Inconstitucionalidade por Omissão

ADPF – Ação por Descumprimento de Preceito Fundamental

AGU – Advocacia-Geral da União

CIDE – Contribuição de Intervenção no Domínio Econômico

COFINS – Contribuição para Financiamento da Seguridade Social

CRFB/1988 – Constituição da República Federativa do Brasil de 1988

CTN – Código Tributário Nacional

DF – Distrito Federal

DRU – Desvinculação das Receitas da União

EC – Emenda Constitucional

EUA – Estados Unidos da América

FEO – *Fair Equality of Opportunity*

FGV – Fundação Getúlio Vargas

FIESP – Federação das Indústrias do Estado de São Paulo

IBRE – Instituto Brasileiro de Economia

ICMS – Imposto sobre operações relativas à Circulação de Mercadorias e sobre prestações de Serviços de transporte interestadual e intermunicipal e de comunicação

IE – Imposto de Exportação

IEO – Igualdade Equitativa de Oportunidades

II – Imposto de Importação

IOF – Imposto sobre Operações de Crédito, Câmbio e Seguro, ou relativas a Títulos ou Valores Mobiliários

IPI – Imposto sobre Produtos Industrializados

IPTU – Imposto sobre a Propriedade predial e Territorial Urbana

IPVA – Imposto sobre a Propriedade de Veículos Automotores

IR – Imposto de Renda

IRPJ – Imposto de Renda da Pessoa Jurídica

IRRF – Imposto de Renda Retido na Fonte

ISS – Imposto Sobre Serviços de Qualquer Natureza

ITBI – Imposto sobre Transmissão de Bens Imóveis por ato oneroso inter vivos

IVA – Imposto sobre Valor Agregado

LC – Lei Complementar

MP – Medida Provisória

OCDE – Organização para a Cooperação e Desenvolvimento Econômico

ONU – Organização das Nações Unidas

PIB – Produto Interno Bruto

PIS – Programa de Integração Social

PSL – Partido Social Liberal

PT – Partido dos Trabalhadores

RE – Recurso Extraordinário

TCU – Tribunal de Contas da União

TSE – Tribunal Superior Eleitoral

URSS – União das Repúblicas Socialistas Soviéticas

LAUDO TÉCNICO ABRADT		15
APRESENTAÇÃO		17
PREFÁCIO		21
INTRODUÇÃO		27
1.	AS FUNÇÕES DA TRIBUTAÇÃO NA LITERATURA	33
1.1.	O Estado e a tributação	33
1.2.	Por que falamos em funções da tributação?	44
1.3.	As funções do Estado	50
1.3.1.	As funções da atividade financeira do Estado segundo Richard Musgrave	51
1.3.1.1.	A função alocativa	53
1.3.1.2.	A função distributiva	55
1.3.1.3.	A função de estabilização	59
1.3.2.	As instituições básicas do Estado segundo John Rawls	60
1.3.2.1.	Setor de alocação	62
1.3.2.2.	Setor de estabilização	62
1.3.2.3.	Setor de transferências	63
1.3.2.4.	Setor de distribuição	63
1.3.2.5.	Setor de trocas	65
1.4.	As funções da tributação	67
1.4.1.	Os propósitos da tributação para Adolph Wagner	67
1.4.2.	As funções da legislação tributária para Klaus Vogel	70

1.4.3.	As funções da tributação para Liam Murphy e Thomas Nagel	73
1.4.3.1.	A função de repartição entre o público e o privado e a função de distribuição	75
1.4.4.	As funções da tributação para Avi-Yonah	77
1.4.4.1.	Função de arrecadação	78
1.4.4.2.	Função de redistribuição	79
1.4.4.3.	Função de regulação	81
1.5.	Redefinindo as funções	82

2. O PRIMEIRO PRINCÍPIO DE JUSTIÇA DE JOHN RAWLS, A IGUALDADE EQUITATIVA DE OPORTUNIDADES E A JUSTIFICATIVA PARA A DESCONCENTRAÇÃO DE RIQUEZAS — 87

2.1.	Primeiro princípio de justiça	94
2.1.1.	O valor equitativo das liberdades políticas iguais	97
2.2.	O segundo princípio de justiça	101
2.2.1.	A igualdade equitativa de oportunidades	102
2.2.2.	O princípio da diferença e a tributação	106
2.3.	A tributação como ferramenta para viabilizar o Primeiro Princípio de Justiça de John Rawls	114

3. CENTRALIZAÇÃO DE RIQUEZAS, PODER E PARTICIPAÇÃO POLÍTICA — 123

3.1.	Comentários sobre a centralização da riqueza	127
3.2.	O metabolismo de acumulação do capital e a sua atual conformação financeira	130
3.3.	Os benefícios da hereditariedade	141

3.4.	Efeitos da centralização: a aniquilação da democracia pela dominação política dos mais ricos	146

4. A FUNÇÃO DISTRIBUTIVA — 155

4.1.	As três dimensões da função distributiva	156
4.1.1.	A dimensão de repartição do ônus de financiamento do Estado	157
4.1.2.	A dimensão de redistribuição	160
4.1.3.	A dimensão de desconcentração de riquezas	176

5. AS FUNÇÕES DA TRIBUTAÇÃO NA CONSTITUIÇÃO BRASILEIRA DE 1988 — 183

5.1.	Função de arrecadação	188
5.2.	Função de regulação	191
5.2.1.	Tributos regulatórios típicos	193
5.2.2.	Tributos regulatórios atípicos	198
5.3.	Função de distribuição	201
5.3.1.	Dimensão de repartição dos ônus de financiamento do estado	201
5.3.2.	Dimensão de redistribuição	203
5.3.3.	Dimensão de desconcentração de riquezas	206
5.4.	Função de simplificação	210

CONCLUSÕES — 213

REFERÊNCIAS BIBLIOGRÁFICAS — 217

LAUDO TÉCNICO ABRADT

A ABRADT, entre outras atribuições, tem como função institucional apoiar a fomentar a pesquisa científica. Por isso, a Entidade criou o selo de qualidade para atestar a importância de determinadas obras para o estudo do Direito Tributário.

Neste sentido, orientada por nosso Diretor Científico, Marina Soares Marinho construiu uma elogiável dissertação de Mestrado, agora adaptada para esta publicação que busca investigar as funções da tributação, com foco na função distributiva. A par de eventuais posicionamentos ou análises políticas constantes da obra, é instigante ver como a Autora consegue analisar com clareza e profundidade as classificações de funções da tributação à luz de teorias do Direito, da Economia e da Filosofia do Direito. Embebecida pelas lições de John Rawls, a obra navega por três eixos principais do assunto: 1) funções da atividade financeira do Estado e da tributação; 2) desigualdade social e concentração de riquezas; 3) justiça distributiva.

Ao final, fincada no fortalecimento da democracia e das instituições que a asseguram, muito mais do que oferecer uma classificação própria que sistematiza as diferentes funções encontradas da tributação e as que se amoldam à função distributiva, a Autora finca o pé, com absoluta razão, na aderência do Texto Constitucional a esta função. De fato, não se pode negar o compromisso expresso assumido pelo Texto Constitucional no combate às profundas desigualdades sociais e regionais que assolam o país. Inegável, de igual forma, que este compromisso não pode ser quebrado e deve ser o norte de qualquer Sistema Tributário que se pretenda implementar no Brasil. O compromisso de combate incessante à pobreza é um compromisso, acima de tudo, com a construção do Estado Democrático de Direito, pois enquanto convivermos com as desigualdades constatadas em nossa Sociedade não será possível afirmarmos que os desejos constitucionais estão implementados e nem tampouco afirmarmos a verdadeira e efetiva existência deste Estado Democrático de Direito.

Por isso, a ABRADT apoia e recomenda a obra ora selecionada, pois – nas diversas visões que apresenta das funções da tributação - poderá ela contribuir decisivamente para o debate maior dos princípios e compromissos firmados pela sociedade brasileira.

Belo Horizonte, 13 de agosto de 2019.

Valter de Souza Lobato

Presidente da ABRADT

ASSOCIAÇÃO BRASILEIRA DE DIREITO TRIBUTÁRIO – ABRADT

APRESENTAÇÃO

Foi com um enorme prazer que recebi o honroso convite de apresentar ao leitor a obra *Funções da Tributação*, obra ímpar na literatura jurídica brasileira, da minha querida Marina Soares Marinho, que tive o prazer de ter como orientanda. Trata-se de sua dissertação de Mestrado no Programa de Pós-Graduação em Direito mais bem avaliado do país, o da Faculdade de Direito da Universidade Federal de Minas Gerais (FDUFMG).

Tive a honra de acompanhar sua trajetória acadêmica e profissional, desde o seu ingresso no Programa até o Doutorado. Foi em razão de seu talento e seriedade, que a convidei para ser minha assessora especial, durante o período em que estive na gestão maior da Advocacia-Geral do Estado de Minas Gerais.

Marina participou comigo das causas mais complexas e difíceis, entregando seu talento e energia ao interesse público. Não posso deixar de mencionar os mais diversos artigos e peças elaboradas a quatro mãos que tramitaram no Supremo Tribunal Federal, envolvendo temas polêmicos e da mais alta relevância, como a discussão acerca dos repasses da Lei Kandir; a partilha com os Estados dos recursos desvinculados pela DRU; a ação de prestação de contas contra a União relativa aos acertos do Fundo de Participação dos Estados etc.

Os temas mais complexos foram enfrentados pela Mestre Marina com denodo e "sangue nos olhos". Como já disse certa vez e agora repito: Marina é uma talentosa e gentil lutadora; pequena mas brava! Não perde o foco e, leal aos seus ideais, segue sempre firme na busca de seus objetivos e crenças. Foi assim que Marina conquistou meu respeito e o de seus colegas de trabalho. Minas Gerais e todos nós devemos muito a sua luta!

Sua Dissertação, que bem poderia ser defendida como Tese de Doutorado, mostra muito da sua qualidade e seriedade. Marina tirou nota máxima e recebeu da banca examinadora todos os encômios. Não economizou energias na escrita; não poupou pesquisas para outros passos; entregou-se de corpo e alma ao seu trabalho; cumpriu com zelo e dedicação, mais uma vez, sua missão.

Seu trabalho está alinhado com os estudos que vêm sendo desenvolvidos na Faculdade de Direito da UFMG, que objetivam possibilitar uma revisão crítica do direito tributário, com um olhar mais sensível à realidade social, recheada de mazelas e disparidades, às quais urgem a propositura de corretivos, sem servilismo ou importações acríticas de direito comparado. Para isso Marina é a pesquisadora mais adequada: sensível ao sofrimento dos mais carentes, a Autora é dotada de um olhar crítico e questionador. Marina é persistente e honesta; firme e talentosa.

Algumas vezes precisamos ajudar o orientando a dar aquele salto que se espera; damos uma espécie de "empurrãozinho". O tempero da presente dissertação é todo da Mestre Marina. As "sacadas" e o rumo final foram todos encontrados pela Autora, sozinha. Como orientador apenas observei e apoiei. Marina soube criar e achar a solução para suas indagações e inquietações. Seu trabalho, afinal, é original e revela seu brilho.

Fica delegado ao leitor, o prazer de acompanhar um trabalho robusto, textualmente bem construído, analiticamente preciso, que descortina e decompõe o direito tributário. O texto faz o leitor refletir e revela um outro direito tributário, mais humano, mais conforme ao Estado Democrático de Direito de desiderato social, tal como esboçado pela Constituição da República Federativa do Brasil de 1988.

O texto trata das funções da tributação, com foco na função distributiva. A Autora estuda as mais diversas classificações das funções da tributação desenvolvidas por autores do Direito, da Economia e da Filosofia do Direito, e as avalia à luz das reinvindicações de justiça do Estado Tributário Redistribuidor. Seu trabalho toma como marco teórico a teoria de justiça de John Rawls, que forneceu os elementos necessários para que a Autora pudesse pensar acerca do papel das instituições em democracias constitucionais e sobre de que forma a tributação pode ser utilizada como instrumento de persecução dos objetivos do Estado Democrático de Direito de desiderato social. A investigação levada a cabo busca uniformizar as classificações já esboçadas, esmiúça o conteúdo da função de distribuição e propõe a dimensão de "desconcentração de riquezas", que a tributação pode/deve assumir. A obra toca em pontos sensíveis da atualidade; deita um olhar mais crítico sobre a dogmática do direito tributário; possibilita uma reflexão madura sobre a realidade atual. O trabalho mostra o outro lado do estudo do direito tributário; uma dimensão pouco explorada.

Propõe-se, então, que o leitor se deleite com a obra preciosa para a doutrina jurídica brasileira, ponto de partida e já de referência do estudo crítico do direito tributário.

Onofre Alves Batista Júnior

Professor Associado de Direito Público do Quadro Efetivo da Graduação e Pós-Graduação da Universidade Federal de Minas Gerais - UFMG.

Mestre em Ciências Jurídico-Políticas pela Universidade de Lisboa; Doutor em Direito pela UFMG; Pós-Doutoramento em Direito (Democracia e Direitos Humanos) pela Universidade de Coimbra.

Diretor Científico da Associação Brasileira de Direito Tributário - ABRADT.

Conselho Curador da Fundação de Amparo à Pesquisa do Estado de Minas Gerais – FAPEMIG.

Diretor do Centro de Estudos da Advocacia-Geral de Minas Gerais - AGE.

Coordenador da Revista Direito Público da AGE.

Conselheiro Consultivo do Colégio Nacional de Procuradores-Gerais do Estado e do Distrito Federal.

Ex Advogado-Geral do Estado de Minas Gerais Procurador do Estado de Minas Gerais.

(Curriculum lattes http://lattes.cnpq.br/2284086832664522).

PREFÁCIO

Tive a honra de visitar este livro de *Marina Soares Marinho* que, partindo de uma profunda pesquisa teórica e bibliográfica, aborda as funções da tributação, da forma rica e diversificada que o tema suscita.

Todo fenômeno que se dá no mundo, o jurídico-tributário não foge à regra, tem muitas facetas. Podendo ser enfocado por ângulos diversos, um dado fenômeno sofre a separação das notas e qualificações que o unem na realidade, empreendendo-se a percepção isolada e, ao mesmo tempo, a determinação genérica com que o pensar desde ARISTÓTELES, abstrato e dedutivo, cinde toda espécie de ciência para conhecer o objeto. Não falamos então em ciência, mas em ciências (duramente criticadas por HEIDEGGER) jurídica, econômica, política, sociológica, etc., todas debruçadas sobre um mesmo fenômeno: o da tributação. A separação do ângulo de análise (notas naturais, ou construídas, do objeto) e o método próprio à melhor investigação marcariam as diferenças entre cada uma delas. E, centrados na diferença entre o mundo do dever ser e o mundo do ser, segundo o velho dilema de HUME, filósofos e grandes cientistas do direito, como HANS KELSEN, LUHMANN e WEBER[1], trabalharam suas indeléveis concepções.

---

1 Como se sabe, a obra de HANS KELSEN se volta contra o sincretismo dos métodos sociológico e jurídico, pois a *"dogmática jurídica é restrita ao mundo do dever ser (Sollen) e o seu fim é a compreensão das normas"*. Cf. *Tra Metodo Juridico e Sociologico*. Trad. It.G. Calabrò, Napoli. 1971, p.41; igualmente para MAX WEBER, não se podem fundir os métodos sociológico e jurídico. WEBER admite a distinção fundamental entre o mundo do ser e o mundo do dever ser, assim como a separação entre os métodos respectivos. Por isso, ele formulou dois conceitos diferentes do Direito, um próprio da Sociologia, e outro, da Dogmática jurídica. Os objetos de ambas as ciências são heterogêneos, estão em planos diversos e, assim, não pode haver contato imediato entre eles. Quando se fala de Direito, de ordenamento jurídico, de princípio jurídico, alerta o grande sociólogo, é necessário diferenciar o ponto de vista jurídico do ponto de vista sociológico. Primeiramente se pergunta que coisa deve ser como Direito, ou seja, o que vale? Qual o significado, o sentido normativo que se deve atribuir, de modo correto, a uma formulação linguística que se apresenta como norma jurídica. A pergunta é: o que deve ser validamente? Já no campo da sociologia, o que se investiga é, de fato, que *coisa realmente acontece* no âmbito de uma comunidade. As várias *possibilidades* são investigadas, para se identificar o que os indivíduos participantes no agir da comunidade – sobretudo aqueles que exercem influência de fato nisso – consideram *subjetivamente* e o que tratam como ordenamento válido, orientando seu agir de acordo com ele. Enfim, indaga-se o que, na realidade fática, é norma válida, eficaz. Cf. MAX WEBER. Economia e Sociedade. R. Rossi, Milano, 1968. Vol.1, p. 310. NIKLAS LUHMANN, realçando mais as funções do

Ciente da importância da dogmática/ciência jurídica, *Marina Soares Marinho*, sem qualquer sincretismo questionável ou condenável, destacou como "o valor da legalidade e a essencialidade da segurança jurídica atraem o fechamento conceitual para a análise do tributo", reforçando a centralidade da dogmática jurídica para o estudo do Direito Tributário, na esteira do que também constatei em minha obra "Direito Tributário, Direito Penal e tipo".[2] Reconhecer essa importância não se confunde, porém, com limitar o estudo do Direito Tributário à abordagem *dogmática* da norma. Nem rompimento do sistema jurídico, ao contrário, respeitando as fronteiras do jurídico, que opera autopoieticamente, a Autora observa, porém, a abertura do sistema do ponto de vista cognitivo e interpretativo.

Desde os meus primeiros escritos e reflexões carrego comigo a convicção de que o estudioso do fenômeno jurídico-tributário precisa se abrir para as abordagens e contribuições de outras disciplinas; isso se o estudioso realmente desejar uma compreensão mais profunda da realidade tributária. Incursões nas outras terras epistemológicas permitem aos juristas enriquecer a própria abordagem dogmática, assim como entender o fenômeno jurídico-tributário em suas demais facetas, como sua faceta valorativa e sua faceta sociológica e social. Para separar o que pode ser compreendido dentro da interpretação integrativa da Constituição e exigiria apenas evolução do pensamento jurisprudencial daquilo que enseja verdadeira revisão constitucional/legal, a Autora sabe que é necessário empreender reflexão mais diversificada e transdisciplinar.

Direito do que a metodologia, insurge-se contra a visão unificada dos sistemas jurídico e social. Cf. *La Costituzione come acquisizione evolutiva. In: Il Futuro dela Costituzione.* Org. Gustavo Zagrebelsky, Torino: Einaudi, 1996, p. 83-128.

Assim, no que tange às relações entre o saber jurídico e o saber político-econômico e sociológico, ou seja, entre o sistema jurídico e sua dogmática e outros sistemas existentes no ambiente, podemos alinhar, de um lado, HANS KELSEN, NIKLAS LUHMANN e MAX WEBER, que apresentam para o problema uma solução "separatista", como realça ALBERTO FEBBRAJO, em contraste com as teses de EUGEN EHRLICH e THEODOR GEIGER, que preconizam a investigação do *output* do sistema. Cf. Prefácio in NIKLAS LUHMANN. *Sistema Giuridico e Dogmatica Giuridica*. Trad. e Prefácio de ALBERTO FEBBRAJO, Bologna. Ed. Il Mulino, 1978, p. 8.

2 DERZI, Misabel Abreu Machado. *Direito Tributário, Direito Penal e tipo*. 2. ed. São Paulo: Revista dos Tribunais, 2007, p. 315. "Há todo um esforço da ciência do direito [na] linha do raciocínio [...] tipológico. Esse esforço não advém apenas de uma preocupação com a precisão conceitual e o rigor lógico, mas é inafastável diante dos princípios-valores consagrados nesse ramo jurídico."

O fenômeno jurídico-tributário reclama do estudioso um rigoroso diálogo entre disciplinas; essa reivindicação e esse diálogo não significam a confusão entre domínios estranhos em que se percam os limites do sistema jurídico e as peculiaridades normativas e de princípios que geram e operam o Direito.

Na literatura jurídico-tributária brasileira há uma tradição que respeita, vive e revive esses pontos de síntese. São exemplos disso os mestres que influenciaram a minha geração, bem como as gerações seguintes, dentre eles os inolvidáveis GERALDO ATALIBA e ALIOMAR BALEEIRO. O pensamento de ambos é testemunho dessa abertura para o diálogo entre as disciplinas. Suas grandes contribuições para o Direito Tributário combinaram a consideração de trabalhos que vão da Filosofia, da Teoria Geral do Direito às Ciências Econômicas.

Tenho alegria em redigir o prefácio de um livro que dá, à sua maneira, continuidade a esse diálogo. A obra é fruto dos estudos de Mestrado de sua autora no Programa de Pós-Graduação em Direito da Universidade Federal de Minas Gerais e representa uma amostra do bom trabalho que tem sido desenvolvido pelas novas gerações de estudiosos do Direito Tributário. É importante que a obra seja recebida pelos seus méritos individuais, assim como por sua ligação com uma recente e crescente literatura especializada produzida pelo referido Programa, unida em sua diversidade por uma mesma preocupação: levar a complexidade do Direito Tributário muito a sério.

Neste sentido, o livro cuida de um tema central, as funções da tributação, a partir de uma pesquisa teórica e bibliográfica atenta a autores de diferentes áreas do saber, dentre eles economistas voltados ao estudo das finanças públicas, como RICHARD MUSGRAVE; economistas voltados ao tema da desigualdade, como THOMAS PIKETTY, SÉRGIO WULFF GOBETTI e RODRIGO OCTÁVIO ORAIR; juristas atentos à complexidade tributária dentre eles SACHA CALMON, ONOFRE ALVES BATISTA JR., ALIOMAR BALEEIRO, REUVEN AVI-YONAH e KLAUS VOGEL; filósofos e jusfilósofos preocupados com justiça, com justiça distributiva e/ou com justiça tributária, dentre os quais JOHN RAWLS, RONALD DWORKIN, LIAM MURPHY e THOMAS NAGEL. Quando tratou do direito positivo brasileiro, a Autora examinou suas fontes principais, especialmente a legislação e as interpretações doutrinárias. Conquanto as interpretações jurisprudenciais não tenham sido analisadas com a mesma intensidade, o trabalho traz descrições bem fundamentadas da regulação tributária positiva.

Refletindo um eixo que se tornou central aos estudos desenvolvidos na nossa Universidade Federal de Minas Gerais, a Autora conferiu especial atenção ao tema das funções da tributação frente ao grave problema da desigualdade social e suas diferentes manifestações. Ao fazê-lo, conferiu especial peso à teoria rawlsoniana, o que é coerente com o fato de o livro tratar das funções da tributação tanto de um ponto de vista geral quanto do ponto de vista do direito positivo brasileiro. Isso porque, de fato, nossa Constituição é um documento bastante próximo do liberalismo com viés social em termos da filosofia política por ela expressada e professada. Por outro lado, embora a obra traga alguma análise de contraponto, particularmente a partir do comunitarista Walzer, será de todo interessante se no debate rico que oxalá se produzirá a partir da publicação do livro a Autora puder desenvolver um exame mais detido dos críticos ao seu marco teórico rawlsoniano, como, por exemplo, G. A. Cohen; quem sabe aí, no *contraditório* entre os filósofos políticos, está a senda de seus próximos passos.

Dentre as contribuições da pesquisa bibliográfica encontra-se uma sistematização das funções principais da *tributação*, ou melhor, das *normas tributárias*: a função arrecadatória; a função regulatória ou orientadora, que atende principalmente a atividade financeira pública de alocação e estabilização, interferindo na produção e no consumo; a função distributiva e seu papel na repartição do ônus de financiamento do Estado e na forma como o produto social é distribuído; e a função simplificadora, cuja presença se percebe, em especial, nas respostas às demandas por praticidade. A obra também reflete interessantemente sobre como essas funções podem ser compatíveis com a ordem jurídico-constitucional brasileira. Ainda sobre as contribuições, saliento também a síntese da teoria da justiça rawlsoniana trazida na obra, afiançada por alguns dos principais escritos daquele autor.

Inegável a correção do diagnóstico geral da desigualdade extrema como problema para sociedades que aspiram ideais de justiça e de democracia. O trabalho também está correto ao ressoar os problemas da tributação sobre o consumo e da prevalência dessa base sobre as demais. Aliada a estudiosos importantes, a autora defende que a tributação sobre o consumo seja proporcional para não gerar efeitos de injustiça social. Por outro lado, em quais percentuais da carga total reside a tributação proporcional sobre o consumo? Ademais, como a distribuição do ônus pode ser pensada frente à outra grande esfera de atuação estatal, qual seja, a que se materializa nos gastos públicos? Registro as perguntas pois elas configuram preocupação da ilustre jurista, que prosseguirá investigando o tema em seu doutoramento, utilizando os melhores métodos da economia contemporânea e da administração pública em igual medida com que alimentará os debates sobre justiça empreendidos pela filosofia política e pela filosofia do direito.

Alegro-me com o fato de que as novas gerações estejam atentas à vocação multidisciplinar do Direito Tributário e à importância que a tributação pode ter como meio de construirmos sociedades menos injustas. Altamente regressivo[3] e desnecessariamente complexo, o sistema tributário brasileiro trava o desenvolvimento econômico e social do nosso povo. Dou as boas-vindas ao livro ímpar de *Marina Soares Marinho* com a esperança de que outras vozes se juntem à dela na crítica à injustiça tributária. Temos um país mais solidário a construir. A academia pode e deve dar a sua contribuição para essa meta.

Belo Horizonte, 11 de agosto de 2019.

Misabel Abreu Machado Derzi

Professora Titular de Direito Financeiro e Tributário
Universidade Federal de Minas Gerais

---

3 DERZI, Misabel Abreu Machado. Guerra fiscal, Bolsa Família e Silêncio (Relações, efeitos e regressividade). *Revista Jurídica da Presidência*, v. 16, n. 108 p. 39-64, fev./mai. 2014, p. 60-61.

INTRODUÇÃO

O Direito Tributário muitas vezes é relegado ao posto de disciplina complicada e demasiado técnica, voltada para atividades empresariais, sem apelo para a filosofia ou cujos grupos de estudo não debatem justiça. Paira sobre o estudioso do direito tributário a sombra da ganância e da prolixidade. Ledo engano. Em sociedades democráticas, a institucionalidade tributária reflete perfeitamente os ideais de justiça aceitos pelo Estado. A tributação imposta sobre os menos favorecidos indica a concepção de justiça distributiva dos governantes; a tributação sobre o mercado reflete a sua visão sobre intervir na economia; as bases eleitas para a tributação e os incentivos fiscais apontam para os grupos de influência do país; e a estrutura fiscal da Federação sugere equilíbrios ou desequilíbrios de forças entre as unidades federadas. A tributação é um instrumento do Estado para exercer o seu governo, e não há nenhum demérito nesse reconhecimento.[4]

Perceber que a tributação se relaciona com tantos aspectos da atividade política amplia o leque de estudos possíveis aos pesquisadores do Direito. A dogmática, tão valorizada e tão importante, deve ser posta em contato com a filosofia política, porque existe uma justificação para adotarmos a técnica da maneira como ela está. A integração com a economia e com a história é inarredável, porque a tributação se desenvolve junto ao desenvolvimento do Estado, acompanhando as mutações deste. A norma tributária está incorporada a um ordenamento jurídico coerente e íntegro, razão pela qual, em seus aspectos gerais e específicos, depende da Teoria Geral do Direito, do estudo relativo à interpretação e da consideração do Direito posto em outras disciplinas jurídicas para ser mais bem compreendida.

Um dos objetivos deste trabalho é aclarar a relação do Direito Tributário com outras disciplinas do Direito e das Ciências Sociais. Abordamos questões da dogmática indicando a referência da filosofia política que está por trás das normas tributárias. Oferecemos a tributação como instrumento do governo para lidar com questões de justiça, e assim o fazemos porque os tempos atuais recomendam cautela sobre o agir político. A preservação da democracia, acreditamos, deve ocorrer pela via democrática.

---

4 Nesse sentido é a célebre observação de Aliomar Baleeiro, que abre o seu livro *Limitações Constitucionais ao Poder de Tributar* (BALEEIRO, 2003, p. 1): "[o] tributo é vetusta e fiel sombra do poder político há mais de 20 séculos. Onde se ergue um governante, ela se projeta sobre o solo de sua dominação."

Falamos em <u>preservação</u> da democracia porque não há dúvidas de que o Estado Democrático de Direito vive um momento de crise e passa por ameaças.

> E quem poderia discordar? A comprovação inclui declínios no comparecimento eleitoral, a proliferação da corrupção e do dinheiro graúdo na política, um aumento da concentração da propriedade da mídia, uma elevação do extremismo de direita, o virtual colapso dos partidos tradicionais de esquerda no Norte Global, o agudo estreitamento do espectro das diferenças entre as diretrizes políticas na medida em que quase todos os partidos se apressam para apaziguar os mercados de títulos, a insatisfação generalizada com a União Europeia, o declínio da credibilidade dos Estados Unidos como protagonista de uma hegemonia mundial racional e legítima, a proliferação da violência política – nas mãos de Estados e forças policiais, de extremistas majoritários e minoritários, de redes organizadas e indivíduos insatisfeitos. Não são esses fenômenos sinais inequívocos do penetrante esvaziamento das formas democráticas? (FRASER, 2018, p. 153-154).

Enunciar os motivos é tarefa difícil (FRASER, 2018, p. 154), mas a desigualdade e a concentração de riquezas não podem ser excluídas do quadro de culpados. Desde 2014 o debate político voltou-se energicamente contra a desigualdade social. Não que o problema fosse ignorado anteriormente, pelo contrário, mas a obra de Thomas Piketty aproximou as questões antes restritas ao âmbito acadêmico dos cidadãos leigos preocupados com justiça social. Além dos dados que o economista compilou no livro *O capital no século XXI* (PIKETTY, 2014), é valioso o seu alerta sobre a linguagem científica, sobre a necessidade de aproximar a pesquisa acadêmica do leitor interessado, sem formação específica em determinada área de estudo. Também retiramos do livro a importância de olhar para o passado para realizar previsões sobre o futuro, analisar as mudanças recentes diante do quadro maior de evolução histórica do Estado e dos cidadãos, compreender o que há de diferente agora para não repetir erros, mas, principalmente, entender que alguns movimentos estão em curso há muito mais tempo do que a nossa visão limitada permite alcançar.

Munidos dessas lições, formamos a nossa compreensão sobre as obras que conduziram essa pesquisa (BALEEIRO, 2010, 2015; RAWLS, 2000b, 2003, 2016; MUSGRAVE, 1957, 1973, 1989a, 1989b; MURPHY; NAGEL, 2005b) e estruturamos um trabalho que reunisse, ainda que modestamente, dogmática, filosofia, economia e política. A leitura desses autores foi muito influenciada pelo conteúdo estudado durante o Programa de Pós-Graduação da UFMG. Muitos dos autores, livros e artigos mencionados ao longo do texto foram abordados em sala de aula ou em grupos de estudos, produzidos ou compartilhados pelos colegas da Universidade. A visão crítica do Direito Tributário é característica da Área de Pesquisa que este trabalho integra.

Olhar o Direito Tributário para além dos manuais e da letra fria da lei conduz à conclusão de que a tributação é instrumento para garantir o *valor equitativo das liberdades políticas iguais* (RAWLS, 2000b, 2003, 2016) e assim viabilizar um Estado de Direito verdadeiramente democrático. A tributação pode realizar mudanças significativas na estrutura social. Políticas públicas que focam em retirar a população da pobreza, alargando a classe média, embora muito relevantes, são suficientes para promover mudanças estruturais em nosso sistema? Ou é preciso atacar o topo da pirâmide e dar voz política aos menos favorecidos para que se tornem senhores de seus destinos? Acreditamos nessa última opção e oferecemos a tributação como instrumento para tanto. Questionamos a justificativa usualmente apresentada para afastar a tributação sobre rendas e patrimônios, baseada na proposição de que *a arrecadação não será relevante*. Esperamos demonstrar que tributar as grandes fortunas e heranças no Brasil, por si só, possui efeitos, diferentes da pura arrecadação, que não podem ser desconsiderados por aqueles que acreditam verdadeiramente no Estado Democrático de Direito.

No **Primeiro Capítulo** tratamos das funções da tributação, revisando a bibliografia sobre a matéria. Buscamos demonstrar como a tributação se relaciona às atividades de governo do Estado, motivo pelo qual deve ser frequentemente revista. Justificamos a pertinência de classificar a tributação em funções, ampliando a ideia geralmente adotada de fiscalidade *versus* extrafiscalidade [e parafiscalidade]. Elencamos as classificações mais relevantes e uniformizamos o conteúdo apresentado em uma classificação própria, com a finalidade de auxiliar na formulação e na interpretação de normas tributárias.

A integração mais consistente entre o nosso estudo e a filosofia política se inicia no **Segundo Capítulo**, quando apresentamos a *Justiça como Equidade*, concepção política de justiça de autoria de John Rawls (2000b, 2003 e 2016), marco teórico deste trabalho. A sua teoria nos é importante porque não ignora que a concentração de riquezas pode levar à concentração de poder político, afetando os direitos políticos iguais dos cidadãos. Em geral, os estudos de Direito Tributário que utilizam o mesmo marco teórico destacam o princípio da diferença,[5] porque ele possui claro

---

5 O princípio da diferença é enunciado por John Rawls da seguinte forma: "as desigualdades sociais e econômicas [...] têm de beneficiar ao máximo os membros menos favorecidos da sociedade" (RAWLS, 2003, p. 60). Analisamos o princípio e suas implicações sobre a tributação no Segundo Capítulo.

objetivo redistributivo. Entretanto, como reconhecemos que a tributação além de redistribuir pode ter a função imediata de desconcentrar riquezas, focamos a nossa análise no primeiro princípio de justiça de John Rawls, mais especificamente na garantia de valor equitativo às liberdades políticas.

No **Terceiro Capítulo** trouxemos breves considerações acerca da atual conjuntura de classes sociais, o momento político em que vivemos e a análise de importantes economistas sobre a acumulação e a centralização de riquezas no capitalismo. Não obstante este trabalho seja essencialmente sobre Direito, reforçamos ao longo do seu desenvolvimento que a tributação está conectada com a política e com a economia. Isso porque a tributação é um instrumento de governo e porque envolve a propriedade privada, central para o capitalismo. Conferimos especial atenção à questão da desigualdade intergeracional, destacando que a herança também é transferida em vida, e muitas vezes por meio de capital não financeiro.

Apresentadas as funções da tributação, descrito o parâmetro filosófico que julgamos o mais adequado para tratar de justiça distributiva em democracias capitalistas e tecidos breves comentários sobre o contexto econômico e social da atualidade, dedicamos o **Quarto Capítulo** à função distributiva da tributação. Optamos por dar destaque a essa função porque nos preocupamos com o cenário de concentração de riquezas exposto no capítulo anterior. Pouco explorada, embora largamente reconhecida, a função de distribuição pode ser desdobrada em três dimensões (repartição do ônus de financiamento do Estado; redistribuição; desconcentração de riquezas). Explicamos no que consiste cada uma dessas dimensões e como se relacionam com as demais funções, e entre si.

Finalmente, no **Quinto Capítulo**, aplicamos a classificação que propusemos à tributação brasileira. Mencionamos alguns tributos e tecemos reflexões sobre as funções que podem assumir. O objetivo central dessa seção é demonstrar, com exemplos, que a tributação pode ter funções diferentes da arrecadatória, sem a menor pretensão de esgotar todas as possibilidades para todos os tributos existentes no país. Este último capítulo interliga a dogmática às ponderações sobre filosofia e economia colocadas nas seções anteriores.

Justifica-se o estudo proposto pela ausência de obras que reúnam a bibliografia sobre a classificação da tributação em funções e, mais especificamente, que disponham sobre a sua faceta de desconcentrar riquezas. Ganhou força no Brasil o discurso de que devemos combater a pobreza, não a desigualdade social. Tal argumento remete à ideia de que às camadas menos favorecidas da população devem ser assegurados renda e patrimônios mínimos, geralmente associados à subsistência.

Consequentemente, a redistribuição estaria delimitada no fornecimento desse mínimo econômico, e não haveria que se preocupar com desconcentrar riquezas. Discordamos dessa posição, especialmente porque a distância entre mais e menos favorecidos reflete-se no exercício dos direitos políticos iguais dos cidadãos.

CAPÍTULO 1

AS FUNÇÕES DA TRIBUTAÇÃO NA LITERATURA

1.1. O ESTADO E A TRIBUTAÇÃO

O objeto de estudo do Direito Tributário é amplo e tem se desenvolvido ao longo do tempo. Porquanto seja possível investigar com profundidade questões muito específicas, como o fato gerador do tributo, é impossível afastar a tributação da realidade econômica e não considerar os demais ramos do Direito que com ela se comunicam. Essa relação se apresenta desde a instituição do tributo na Constituição (Direito Constitucional) até a regulamentação e operacionalização do lançamento e da cobrança fiscal (Direito Administrativo), nas circunstâncias do fato gerador (Direito Civil, Direito Empresarial, Direito Internacional, Direito Penal etc.) e na destinação do produto da arrecadação (Direito Financeiro, Direito Administrativo). A visão holística do sistema é fundamental para a interpretação de qualquer norma jurídica, porque ela não se apresenta isolada do ordenamento (e há coerência entre uma e as demais normas). No Direito Tributário, dada a sua relação íntima com a atividade política e o seu contato direto com o sistema econômico, é ainda mais difícil se fechar na análise isolada da lei e relegar ao tributo papel meramente instrumental.[6]

Aliás, por muito tempo prevaleceu a visão de que o Direito Tributário diria respeito apenas às regras de arrecadação estatal, o que levava à compreensão de que a atividade fiscal teria natureza adjetiva (atividade-meio). Sob esse ponto de vista, não apenas os tributos, mas toda a atividade financeira do Estado se prestaria a simplesmente possibilitar o atendimento de necessidades sociais, como a segurança pública (ativi-

---

6 Nesse sentido, acreditamos que o Direito seja uno, não sendo apropriado falar na existência de ramos autônomos, a menos que para fins didáticos, e não científicos. Retoma-se, aqui, a lição de Alfredo Augusto Becker (1972, p. 27) de que a autonomia de qualquer ramo do Direito é problema falso. Por outro lado, é necessário separar o campo do Direito Tributário com o das Ciências das Finanças Públicas, porque é o Direito que dá a dimensão do que é jurídico, que pesquisa e aplica a interpretação jurídica (BECKER, 2018, p. 4-5); é o Direito que se preocupa com o que seja *justo*.

dade-fim). Autores como Achille Donato Giannnini, Emílio Sax, Alberto Schaffle e Giovanni Ingrosso (BORGES, 1998, p. 39)[7] defendiam que entre a atividade financeira do Estado e a prestação de serviços públicos existiria apenas relação de meios para fins.

Porém, a definição do papel da atividade público-financeira está intrinsicamente vinculada ao papel que o próprio Estado representa para seus concidadãos. É comum relacionar o Estado, mesmo nos dias de hoje, à proteção da propriedade privada (ainda que essa propriedade consista no corpo e na força de trabalho do indivíduo) e, realmente, a passagem do absolutismo para o Estado liberal calcou-se na defesa da propriedade. John Locke, considerado "o pai do liberalismo", defendeu, a partir da sua teoria da apropriação, que o Estado deveria proteger exclusivamente a propriedade privada de seus cidadãos.[8] Seus escritos, que datam do final do século XVII, expressam a insatisfação da classe capitalista emergente com o absolutismo e inspiraram a concepção moderna de Estado e de propriedade. É interessante o trabalho de Crawford Brough Macpherson (1962), no qual o autor defende que, mais do que narrar a insatisfação das classes burguesas com o absolutismo, Locke teria modelado a sua teoria especialmente para fornecer as bases morais para a acumulação desenfreada de capital (na forma de moeda). Em outras palavras, as lições *lockeanas* sobre a racionalidade capitalista teriam sido desenvolvidas sob medida para permitir o enriquecimento ilimitado da burguesia.

---

7 Importa destacar que em sua obra *Introdução ao Direito Financeiro*, José Souto Maior Borges (1998) faz minucioso levantamento de autores que entendem haver apenas função fiscal nas finanças públicas, em oposição aos que entendem existir também a função extrafiscal da atividade público-financeira. Alguns dos autores mencionados por Maior Borges estão mencionados também neste trabalho, pela profundidade com que abordaram especificamente as funções da tributação ou por sua influência sobre o Direito brasileiro contemporâneo. Para os que se interessarem pelo estudo ainda mais aprofundado da extrafiscalidade, sem o recorte das funções da tributação, recomenda-se a leitura do Capítulo 2 do mencionado livro.

8 A teoria de propriedade de John Locke, grosso modo, determina a propriedade privada a partir do trabalho que o homem misturou com a terra ou a partir da aquisição legítima de quem o tenha feito. Esse indivíduo possui interesse de desenvolver a propriedade, o que gerará efeitos positivos para todos. Por isso, o seu interesse deve ser respeitado pelo Governo, diferentemente daquele de que não tomou nenhuma dessas medidas e possui o mero interesse de ser proprietário de coisas, apropriar-se delas (WALDRON, 1988).

A ascensão do Estado Liberal trouxe consigo a noção de Estado de Direito. A proteção da propriedade privada e das liberdades individuais passam a ser o objeto do governo moderno. Narra Friedrich Engels (2012, p. 18 e 19) que o desenvolvimento pleno do intercâmbio de mercadorias em escala social engendrou relações contratuais recíprocas que exigiam regras universalmente válidas. Além disso, apregoou-se que a concorrência corresponderia à forma fundamental das relações entre livres produtores, o que elevou a igualdade jurídica como mote da luta burguesa, classe que estava muito interessada em ampliar sua produção e o comércio.[9]

Como ensina Bonavides (2007, p. 40), "na doutrina do liberalismo, o Estado sempre foi o fantasma que atemorizou o indivíduo. O poder, de que não pode prescindir o ordenamento estatal, aparece, de início, na moderna teoria constitucional, como maior inimigo da liberdade." Se o

---

9 É interessante notar que a relação umbilical entre Estado de Direito e propriedade privada não se restringe ao posicionamento de autores socialistas/marxistas. Jeremy Bentham, reconhecido autor utilitarista, sustentou que a propriedade é criação do Direito; afirmava que "Direito e propriedade nasceram juntos e morrem juntos. Antes de o Direito existir não havia propriedade; acabe com o Direito e a propriedade acaba" (BENTHAM *Apud* MERRILL; SMITH, 2007, p. 1849 – tradução livre). A mesma visão pode ser encontrada na obra de Batista Junior (2015, p. 22): "[o] Estado Liberal, como Estado burguês, identifica-se, sobretudo, com os interesses e valores da burguesia, que conquistou o poder político e econômico, o que justifica o realce dado às liberdades individuais (como a liberdade contratual e a reverência à absolutização da propriedade privada). Nos moldes liberais, em uma sociedade presumivelmente livre e igualitária, o poder estatal deve retrair-se, e o poder político é limitado, tanto internamente, pela separação dos poderes, como externamente, com a redução de suas funções perante a sociedade. A teoria liberal, ao condenar os privilégios nobiliárquicos e hereditá-rios, bem como o protecionismo mercantilista, o parasitismo social da aristocracia e o absolutismo político, levanta as bandeiras da liberdade e da igualdade, mas de uma 'igualdade formal', que encobre, na realidade, sob seu manto de abstração, um mundo de desigualdades de fato (econômicas, sociais, políticas e pessoais). Ao Estado burguês, em sintonia com as máximas do liberalismo, cabia tão somente garantir a segurança interna e externa, como um 'Estado-árbitro', não intervencionista na vida econômica e social. À burguesia em rápida ascensão interessava, sobretudo, a salvaguarda jurídica de sua posição, com a eliminação dos privilégios do clero e da aristocracia, e, por outro lado, o reconhecimento da igualdade formal perante a lei, consubstanciada no respeito aos direitos civis e políticos, a par da manutenção de certa desigualdade ao nível econômico e social (desigualdade material). Para a lógica liberal clássica, eventuais desigualdades materiais não decorrem das regras do jogo (que devem ser iguais para todos) e não exigem quaisquer reações do Estado, mas se originam da natural desigualdade (de fato) entre os jogadores."

Estado liberal partia da premissa de que a propriedade privada e a livre concorrência deveriam ser garantidas, o sacrifício de parcela do patrimônio individual para abastecer os cofres públicos apenas seria justificável para a promoção de segurança (pública e jurídica). Era preciso manter afastado, o máximo possível, o Estado do cidadão. Ou seja, a atuação estatal deveria se limitar ao mínimo necessário para proteger o patrimônio individual, representativo da liberdade dos cidadãos.[10] Dessa forma, para combater o Absolutismo, criou-se a imagem de que o Estado é inimigo do indivíduo livre e que possui interesses contrários aos privados. Essa concepção ganhou força ao longo de muitas décadas e tem sido reforçada até os dias atuais.

Aproveitando-se desse discurso e vinculando a aristocracia latifundiária ao Estado, a burguesia conseguiu capitanear movimentos populares, como a Revolução Francesa, valendo-se da dinâmica dos conflitos de classes para fazer crer que as suas demandas seriam universais. A luta burguesa era elementar a qualquer indivíduo que se sentisse oprimido, já que a liberdade representava o oposto diametral à opressão; o consentimento com a transmissão da propriedade (ainda que do próprio corpo) libertaria os trabalhadores. O mesmo pôde ser observado na Inglaterra. Entre os anos 1830 e 1840, por exemplo, a burguesia industrial se aliou às classes médias profissionais para reformar o sistema parlamentar e, assim, ampliar o seu poder político no Estado – o direito de voto aos artesãos e a regulação da jornada de trabalho foram algumas das promessas em troca de apoio para a ocupação do Parlamento. Após promover a mudança almejada no Poder Legislativo por meio do *Reform Act*, em 1832, entretanto, a burguesia traiu as classes trabalhadoras e, inclusive, aprovou leis que tornaram mais precárias as condições de trabalho na indústria (HARVEY, 2013, p. 161-162).[11] Os episódios de alianças e traições ao longo do tempo, por todo o globo, repetem-se sucessivamente, dado o antagonismo de classes que é inerente à nossa história política.

---

10 Essa visão é compartilhada por Robert Nozick (1991, p. 171): "[o] Estado mínimo é o mais extenso que se pode justificar. Qualquer outro mais amplo viola direitos das pessoas."

11 Os muitos exemplos disponíveis de alianças e traições entre a burguesia e as classes de trabalhadores reforça a constatação de Marx e Engels no *Manifesto Comunista* de que aquela é o produto de um longo processo de desenvolvimento, de uma série de transformações no modo de produção e de circulação capitalista. A burguesia suplantou a organização feudal da indústria e os mestres das corporações; assumiu o seu lugar. À medida em que a indústria, as navegações, o comércio e os meios de comunicação se desenvolveram, se desenvolveu também a burguesia, que assumiu posição distinta das demais classes legadas pelo feudalismo (MARX; ENGELS, 1998, p. 41).

No final do séc. XIX, tornam-se frequentes na Europa as disputas entre a burguesia, já então muito poderosa, e os proletários, explorados sob condições que em nada se aproximavam dos ideais de liberdade e igualdade defendidos pelos capitalistas. Ganhou relevo a ideologia socialista, definitiva para o surgimento do Estado Social (BONAVIDES, 2007, p. 183).

Não seria apropriado atribuir unicamente ao socialismo a concepção de que o Estado deveria prover direitos sociais aos seus cidadãos.[12] Onofre Alves Batista Júnior (2015, p. 24) expõe que a aparição do Estado Social "é fruto de uma pluralidade de fatores que alteram o mundo e a sociedade". Para o Professor, é interessante observar a força da economia na determinação do modelo estatal a ser adotado: a crise financeira do capitalismo liberal foi determinante para a virada social que passou a guiar os Estados, principalmente depois da primeira guerra mundial e da quebra da bolsa de Nova York em 1929.[13]

Ao longo dos anos 1920, a segunda revolução industrial acarretou a produção em massa de bens de consumo (automóveis, telefones, geladeiras e outros bens duráveis), houve crise de demanda causada pela ausência de mercado consumidor, o que agravou o desemprego e prejudicou, em uma espécie de espiral recessiva, a circulação de mercadorias (BATISTA JÚNIOR, 2015, p. 25). A concentração de riquezas aumentou e os grandes oligopólios tornaram-se muito influentes em *Wall Street*.[14]

---

12 A garantia estatal de direitos sociais não se confunde com o Estado Socialista. Cf. Bonavides (2007, p. 188): "[q]uando a presença do Estado, [...], se faz ainda mais imediata e ele se põe a concorrer com a iniciativa privada, nacionalizando e dirigindo indústrias, nesse momento, sim, ingressamos na senda da socialização parcial."

13 Batista Júnior (2015, p. 28) chama atenção para o fato de que já seria possível falar na presença do Estado Social na Alemanha, desde 1871. Nesse período o Estado alemão assumiu o encargo de intervir nas relações trabalhistas, o que permite vislumbrar uma primeira fase de implantação de direitos sociais, mesmo que isso tenha ocorrido no contexto de promoção de um líder carismático que pretendia se legitimar no poder, e não como direitos conquistados pelos cidadãos.

14 Cf. Pochmann (2017, p. 4): "[a] vigência de uma primeira onda de globalização capitalista, iniciada no século XIX e prolongada até a Primeira Guerra Mundial (1914-1918), tinha a predominância da ordem liberal hegemonizada pela Inglaterra, que se ancorava no padrão monetário do ouro-libra e na plena liberdade comercial e dos fluxos de capitais e de mão de obra. Com a economia operando sem fronteiras e submetida à dinâmica do imperialismo, ao final do século XIX, as políticas nacionais apresentavam-se frágeis no âmbito do Estado mínimo, quando não submetidas à lógica de dominância das altas finanças da época."

Acrescenta-se a isso a queda dos preços agrícolas durante a transição da economia agrária norte-americana para a matriz industrial. Instaurou-se a Grande Depressão, que se abateu não apenas sobre os Estados Unidos da América, mas também sobre países europeus, grandes afetados pela Primeira Guerra Mundial (1914-1918), e, por propagação, por sobre a maioria dos países ao redor do globo.

Nos Estados Unidos, para estimular a demanda efetiva entre as classes trabalhadoras e evitar o colapso da ordem capitalista, a política do *New Deal*, implementada por Franklin Roosevelt, apoiou o sindicalismo, realizou mudanças na seguridade social para prover subsídios aos desempregados e idosos e conceder pensões aos veteranos de guerra, subsidiou os agricultores, desvalorizou o dólar, baixou as taxas de juros, fixou o salário mínimo, entre outras medidas de intervenção do Estado na economia.[15]

No restante do mundo, a crise econômica aliada ao clima político pós-Primeira Guerra Mundial favoreceu o apoio popular a governos autoritários que, pela própria natureza do que propõem, utilizam o aparato estatal para intervir na economia e na liberdade individual de seus cidadãos. Após a Segunda Guerra Mundial entra em cena o Estado Providência (BATISTA JÚNIOR, 2015, p. 30), pautado pela doutrina do *welfare state* de John Maynard Keynes. De acordo com o britânico, o Governo teria a responsabilidade de estabilizar a economia, garantir segurança financeira e realizar alguma redistribuição de recursos dos ricos para os pobres (KEYNES, 1996, p. 301). Tal atribuição estatal ganhou contornos de direitos públicos subjetivos, que passaram a integrar as Constituições nacionais (em alguns países como México e Alemanha esse processo se iniciou já no período entreguerras). Quando a intervenção estatal ganha o *status* de direito, o Estado, por sua vez, ganha os *status* de "Social", conforme a descrição de Paulo Bonavides:

> [q]uando o Estado, coagido pela pressão das massas, pelas reivindicações que a impaciência que o quarto estado faz ao poder político, confere, no Estado constitucional ou fora deste, os direitos do trabalho, da previdência, da educação, intervém na economia como distribuidor, dita o salário, manipula a moeda, regula os preços, combate ao desemprego, protege os enfermos, dá ao trabalhador e ao burocrata a casa própria, controla as profissões, compra a produção, financia as exportações, concede crédito, institui comissões de

---

15 É preciso não perder de vista que, embora tenham sido implementadas inúmeras medidas de cunho social, uma vez que o objetivo era de manutenção do capitalismo e não de seu rompimento, também os grandes capitalistas foram beneficiados, ganhando maior participação no governo e no mercado financeiro.

abastecimento, provê necessidades individuais, enfrenta crises econômicas, coloca na sociedade todas as classes na mais estreita dependência de seu poderio econômico, político e social, em suma, estende sua influência a quase todos os domínios que dantes pertenciam, em grande parte, à área de iniciativa individual, nesse instante o Estado pode, com justiça, receber a denominação de Estado Social. (BONAVIDES, 2007, p. 186)

O Estado interventor, por óbvio, precisa financiar a sua atuação. No Estado Providência, a arrecadação dos tributos é ampliada, porque foi ampliado também o leque de serviços prestados pelo Governo. O crescimento da máquina estatal acabou levando ao descontrole das finanças públicas, e o aumento recorrente de tributos gerou a insatisfação com o nível considerado insuficiente do serviço prestado.[16] A partir de diversas frentes começam a circular as ideias neoliberais (universidades, *think tanks*, mídia, órgãos internacionais de negociações multilaterais, fundações filantrópicas etc.), as quais formariam a cartilha de políticos como Margareth Thatcher, no Reino Unido; Ronald Reagan, nos Estados Unidos da América; e Augusto Pinochet, no Chile.

A visão compreensiva do mundo pelas lentes neoliberais nunca permitiu, ao contrário do liberalismo clássico, afastar o Estado da economia. A intenção sempre foi a de formatá-lo, torná-lo forte, para exercer influência sobre o mercado. Apesar de haver descontentamento da população com o Estado inflado, o neoliberalismo se apresentava como essencialmente diferente do Estado Providência, o que foi determinante para a sua aceitação e difusão ao redor do globo. É muito pertinente a analogia traçada por Philip Mirowski (2013) sobre a "boneca russa" do pensamento coletivo neoliberal. Ela seria formada por uma série de camadas, cada uma representando diferentes atores que divulgariam suas ideias com vestes liberais, frequentemente associadas ao termo "livre mercado". As camadas mais externas da boneca esconderiam e protegeriam a camada mais interna, esta, convicta de que o Estado deveria atuar para guiar o mercado conforme os seus interesses.

A democracia é vista pelos neoliberais como o pano de fundo perfeito para o mercado, devido à proteção das liberdades individuais, basilares para as relações de consumo. Todavia, é preciso mantê-la enfraquecida, de forma que iniciativas populares não provoquem mudanças indesejadas no projeto daqueles que integram o interior da boneca, ou seja, o núcleo político e econômico da sociedade (MIROWSKI, 2013, p. 59).

---

16 A visão doutrinária do tributo como contraprestação por serviços prestados pelo Estado e a mudança da lógica do benefício para a do sacrifício foram muito bem trabalhadas por Klaus Vogel (1988).

É importante notar que, independentemente do discurso de seus governantes, ou daqueles que comandam os centros acadêmicos, a mídia e toda espécie de analistas especializados, o Estado dos sécs. XX e XXI comporta-se como interventor, mesmo os reconhecidos como legítimos liberais. A intervenção será mais ou menos incisiva conforme o poder de influência dos atores na sua relação com o Governo.

Em economias capitalistas, nas quais a propriedade privada não é apenas admitida, mas protegida, a forma mais coerente de financiar as intervenções estatais é com a tributação. Regulada por normas que limitam o seu alcance, como o não-confisco ou a capacidade contributiva, a tributação fornece os recursos necessários para a atuação positiva do Estado. Essa lógica já era reconhecida pelo Estado Liberal, uma vez que mesmo o chamado Estado mínimo (ou *guarda noturno*, para usar o termo de John Locke) arrecadava recursos para garantir a segurança patrimonial e jurídica. Mas a tributação, como meio de intervenção, não se restringe ao fornecimento de serviços ou financiamento da máquina burocrática.

A superação do Estado Liberal pelo Estado Social capitalista (Providência ou Neoliberal) abre espaço para a utilização extrafiscal dos tributos, os quais deixam de servir apenas à arrecadação e passam a ser utilizados como instrumentos de interferência direta na economia e na vida social. Como dito, a mudança de entendimento quanto ao papel do Estado provoca também a mudança de entendimento sobre o papel do tributo. No Estado Liberal as finanças eram guiadas primordialmente pela máxima da neutralidade, ao passo que no Estado Social ganha relevo a já mencionada noção de intervencionismo.

A neutralidade prescreve que a atividade financeira do Estado deveria se abster de reger ou alterar a estrutura econômica ou política da sociedade.[17]

---

17 A neutralidade do tributo é uma das máximas dos impostos em geral cunhadas por Adam Smith no Volume II de sua obra *A Riqueza das Nações*. De acordo com o economista, os impostos devem: I) respeitar a capacidade contributiva dos cidadãos, em respeito à equidade (justiça); II) todos os elementos que permitam a sua cobrança devem ser previamente estabelecidos (certeza); III) a cobrança do imposto deve ocorrer em momento conveniente (comodidade) e IV) o imposto deve retirar o mínimo possível do patrimônio do contribuinte além do que ele paga ao Estado (economia) (SMITH, 1996, p. 282-283). A quarta máxima expõe a neutralidade: "Todo imposto deve ser planejado de tal modo, que retire e conserve fora do bolso das pessoas o mínimo possível, além da soma que ele carreia para os cofres do Estado. Há quatro maneiras de fazer com que um imposto retire ou então conserve fora do bolso das pessoas muito mais do que aquilo que ele carreia para os cofres públicos. Primeiramente, o recolhimento do imposto pode exigir um grande número de funcionários, cujos salários podem

Esse tipo de pensamento tem adeptos até hoje, mesmo que a maioria das ordens constitucionais atribuam aos Estados o dever de realizar a redistribuição do produto social, em alguma medida. Já o intervencionismo por meio das finanças públicas (extrafiscalidade) representa ideia diametralmente oposta, porque possibilita a alteração da dinâmica econômica e social, influenciando a escolha de consumo do contribuinte, ou promovendo a redistribuição de rendas riquezas e a desconcentração de patrimônio.

Aliomar Baleeiro alerta para que a concepção neutra das finanças públicas não é menos política que a concepção intervencionista: "[...] deixando a sociedade como estava, a atividade financeira obedecia a uma política eminentemente conservadora. Em verdade, abriam-se largas concessões ao intervencionismo, sobretudo em matéria de protecionismo alfandegário." (BALEEIRO, 2015, p. 30) Similar é a conclusão de Alberto Deodato (1949, p. 147): "[n]unca houve imposto neutro. Se esse pensamento teve opositores, deve-se aos escritores do liberalismo antigo que defendiam a própria neutralidade do Estado diante da vida social".

O fundamental, nesse momento, é compreender que **os objetivos da tributação, mesmo dos tributos fiscais, estão relacionados com os objetivos do Estado** (NABAIS, 2012, p. 226; VOGEL, 1988, p. 33).

---

devorar a maior parte do montante do imposto, e cujas gorjetas podem impor ao povo uma nova taxa adicional. Em segundo lugar, o imposto pode dificultar a iniciativa das pessoas e desestimulá-las de aplicar em certos setores de negócios que poderiam dar sustento e empregos a grandes multidões. Ao mesmo tempo em que o imposto obriga as pessoas a pagar, ele pode assim diminuir, ou talvez até destruir alguns dos fundos que lhes poderiam possibilitar fazer isto com mais facilidade. Em terceiro lugar, devido aos confiscos e outras penalidades em que incorrem aqueles infelizes indivíduos que tentam, sem êxito, sonegar o imposto, este pode muitas vezes arruiná-los e com isto pôr fim ao benefício que a comunidade poderia ter auferido do emprego de seus capitais. Um imposto pouco criterioso representa uma grande tentação para o contrabando. Ora, as penalidades para o contrabando devem aumentar em proporção à tentação. Contrariando a todos os princípios normais da Justiça, a lei primeiro cria a tentação e depois pune aqueles que a ela sucumbem; ela costuma também aumentar a punição em proporção à circunstância que certamente deveria diminuir a tentação de cometer o crime. Em quarto lugar, o imposto, por sujeitar as pessoas às visitas frequentes e à odiosa inspeção dos coletores, pode expô-las a muitos incômodos, vexames e opressões desnecessários; e embora o vexame não seja, no sentido estrito da palavra, uma despesa, ele certamente é equivalente à despesa pela qual cada um gostaria de livrar-se dele. É devido a um ou outro desses quatro modos inadequados de impor ou recolher tributos, que estes muitas vezes acarretam muito mais incômodos para as pessoas do que benefícios para o soberano." (SMITH, 1996, p. 282-283)

Benvenuto Griziotti estabelece de maneira muito clara essa relação ao distinguir as finanças públicas fiscais das extrafiscais (o que será melhor analisado adiante): as primeiras perseguem a satisfação dos bens públicos indiretamente, porque consistem na atividade de arrecadar os recursos para realizá-los; as segundas perseguem a satisfação dos fins públicos diretamente (GRIZIOTTI *Apud* BORGES, 1998, p. 49-50).

Tratando especificamente do Brasil, Heleno Taveira Torres corrobora o entendimento de que os fins da arrecadação seguem os fins do Estado. Para ele, a Constituição brasileira, notadamente intervencionista, definiu objetivos do Estado e disponibilizou diversos meios e receitas para alcançá-los, afora a autorização de despesas pelo orçamento. Assim, **o aparato financeiro estatal é meio para atingir o que a Constituição prescreve**, sendo a gestão desse aparato uma função do Estado, primária e não instrumental (TORRES, 2014, p. 61).

É preciosa, também, a lição de Emanuele Morselli. O Professor da Faculdade de Palermo inaugura a sua obra *Curso de Ciência das Finanças Públicas – Introdução e princípios gerais* declarando que "a atividade financeira é um determinante particular da política, ou seja, do governo do Estado, com os quais as finanças se confundem na realidade, manifestando-se em toda multiplicidade dos seus modos de agir" (MORSELLI, 1959, p. 11). Nesse sentido:

> [a]s constantes da atividade financeira são determinadas por certo finalismo, visto ser uma vontade definida que a governa; é a vontade do Estado de fazê-la servir a si próprio, segundo o que se vem manifestando na ordem, no grau e na proporção de suas necessidades. É finalismo que não desaparece por causa daquele tão diferente da determinação de prover, ainda, à finança pela força do efeito mecânico, conforme é, principalmente, atribuição da economia e com a qual estabelece a primeira e a maior ligação.
>
> Assim, pode-se continuar dizendo que o fenômeno financeiro é fenômeno original, porque essa atividade que, com ele, constitui a causa mais próxima e exclusiva, possui caráter original em si. Em verdade, está na natureza do Estado que, sem ela, não poderia subsistir. Tal fato se afirma porque o Estado e as Finanças sempre se manifestaram juntos.
>
> Outrossim, o caráter original da atividade financeira está a tal ponto evidente no direito do imposto, que provaria, com tal direito do Estado, a origem do ordenamento jurídico. **"A obrigação do tributo é típica manifestação do ordenamento jurídico; uma vez que fique ressalvada ser a expressão física de tal ordenamento a organização do Estado, a qual sem tributos não seria possível, melhor do que típica, pode-se considera-la elementar... <u>O convite a 'dar a César o que é de César', símbolo sutil</u>**

com que o Mestre afirma a obrigação de pagar o imposto, implica no reconhecimento da necessidade do ordenamento jurídico ou do Estado, sob diversos pontos de vista, a mesma coisa". (Francesco Carnellutti, *I valoru giuridice del messaggio cristiano*, Cedam, Pádua, 1950, pág. 18.) Muitas foram as dificuldades que a ciência financeira teve de superar antes de começar a firmar-se como disciplina específica e autônoma de estudo e isso, principalmente, nos confrontos com a econômica política. Então, compreende-se por que se declara, neste início, não ser tema para divagações o caráter da atividade financeira e suas constantes. (MORSELLI, 1959, p. 11-12 – sem destaques no original)

A tributação é fato político: "[t]ributar – exigir dinheiro sob coação – é uma das manifestações de exercício do poder. A classe dirigente, em princípio, atira o sacrifício às classes subjugadas e procura obter o máximo de satisfação de suas conveniências com o produto das receitas" (BALEEIRO, 2015, p. 235). O que muda, ao longo dos anos, é como as diferentes classes acessam o poder e como elas conseguem moldar as instituições. É preciso Alfredo Augusto Becker (1972, p. 544) ao afirmar que "[o] Direito Tributário não tem objetivo (imperativo econômico-social) próprio; ou melhor, como todo Direito positivo, o Direito Tributário tem natureza instrumental e seu 'objetivo próprio' (razão de existir) é ser um instrumento a serviço de uma Política".

Nesse sentido, a ampliação do papel do Estado, mais permeável às demandas populares e guardião de direitos fundamentais, dotou de relevância os estudos das finanças públicas e do Direito Tributário. Diante de sistemas capitalistas, como observou John Rawls (e os dados sobre desigualdade de renda e riqueza corroboram), as relações econômicas podem determinar as relações sociais. Para perseguir seus objetivos, então, o Estado deve se valer de instrumentos de impacto na economia, como, por exemplo, os tributos.[18]

---

18 Nas palavras precisas de Aliomar Baleeiro (2015, p. 35): "[a]o invés das 'finanças neutras' da tradição, com seu código de omissão e parcimônia tão do gosto das opiniões individualistas, entendem hoje alguns que maiores benefícios a coletividade colherá de 'finanças funcionais', isto é, a atividade financeira orientada no sentido de influir sobre a conjuntura econômica. Destarte, o setor público – 'a economia pública' – não se encolhe numa vizinhança pacífica e tímida junto às lindes da economia privada. A benefício desta é que deve invadi-la, para modificá-la, como elemento compensador nos desequilíbrios cíclicos. Em verdade, a despeito das novidades terminológicas, a 'Política Fiscal' é apenas nova aplicação dos instrumentos financeiros para fins 'extrafiscais'. A Política Fiscal, no campo econômico, era bem conhecida dos clássicos para o protecionismo por meio de impostos alfandegários."

1.2. POR QUE FALAMOS EM FUNÇÕES DA TRIBUTAÇÃO?

Em linha ao que foi exposto, tradicionalmente os juristas que estudam o Direito Tributário reconhecem a extrafiscalidade dos tributos.[19] Analisando os manuais de autores brasileiros, não é difícil concluir que há consenso quanto à superação da noção de tributo exclusivamente como meio de arrecadação para o erário público. A extrafiscalidade, no entanto, é reconhecida e admitida, em geral, se houver fundamentação constitucional para tanto, e conforme os limites constitucionalmente fixados para a sua utilização (princípios gerais do Direito e específicos do Direito Tributário). Todos os autores mencionados alertam para que as pretensões do Estado se circunscrevem aos parâmetros constitucionais, não podendo ser ultrapassados os limites ao poder de tributar estabelecidos na Constituição em prol de razões extrafiscais.[20]

Hugo de Brito Machado, em seu *Curso de Direito Tributário*, dedicou breve tópico às funções dos tributos. Segundo o autor, no mundo moderno o tributo é utilizado largamente com o objetivo de influenciar a economia privada e não apenas para carrear recursos financeiros para o Estado. Haveria, portanto, uma função intervencionista do tributo, chamada de *função extrafiscal* (MACHADO, 2010, p. 74). Categorizando os tributos a partir de seus objetivos, eles podem ser fiscais, extrafiscais ou parafiscais. Os tributos fiscais são aqueles que têm como principal objetivo a arrecadação; os extrafiscais são os dedicados a interferir no domínio econômico; e os parafiscais são os destinados ao custeio de atividades que não integram, em princípio, funções próprias do Estado (MACHADO, 2010, p. 74).

Quanto à parafiscalidade, Hugo de Brito Machado defende que se enquadram nesse espectro apenas aqueles tributos cujo produto da arrecadação fosse destinado especificamente a entidades de direito público. É dizer, as contribuições de interesse de categorias profissionais ou econômicas não seriam tributo (MACHADO, 2010, p. 75). Hugo de Brito Machado Segundo (MACHADO SEGUNDO *In* BALEEIRO, 2015, p. 360) comple-

---

19 A posição contemporânea a respeito da extrafiscalidade não foi construída sem percalços. Alberto Deodato (1949, p. 44-60) relembra a discussão travada no Congresso de Roma (Instituto Internacional de Finanças Públicas), em 1948, por Fritz Neumark, que oferecia a sua tese de que o tributo atua como instrumento exclusivamente da realização de fins sociais, e Henri Laufenburger, relator da tese e defensor de que o tributo é puramente fiscal. Laufenburger, escorado no pensamento de Edwin Seligman, acreditava que os tributos deveriam ser neutros, pelo menos quanto a seus objetivos, porque caberia à despesa realizar projetos sociais e políticos.

20 Nesse sentido, ver, por exemplo, Derzi (*In* BALEEIRO, 2012, p. 157 – nota de atualização).

menta que a jurisprudência do STJ pacificou entendimento no sentido de que as anuidades de profissionais têm natureza tributária e, reforçando a terminologia utilizada por seu pai, consigna que "[a]s contribuições, notadamente as destinadas ao custeio da seguridade social, deveriam ter *função parafiscal*, por expressa determinação da Constituição" (MACHADO SEGUNDO *In* BALEEIRO, 2015, p. 361).[21]

Paulo de Barros Carvalho indica a mesma classificação em seu manual. Partindo dos signos que a ciência financeira utiliza para expressar fins dos tributos, seria possível distingui-los entre fiscais, extrafiscais e parafiscais. O modo de identificar em que classe se localiza o tributo depende de como o Estado o utiliza, se para fins de arrecadação ou para prestigiar certas situações, tidas como social, política ou economicamente valiosas, ou ainda para nomear sujeito ativo diverso da pessoa que expediu a norma tributária, atribuindo-lhe a disponibilidade dos recursos auferidos para o implemento de seus objetivos específicos (CARVALHO, 2012, p. 247-250).

Comentando a influência do princípio da igualdade no Direito Tributário, Sacha Calmon Navarro Coêlho leciona que, em algumas situações, o legislador está autorizado a estabelecer tratamento desigual entre os contribuintes sem ofender esse princípio, em razão da extrafiscalidade. Em suas palavras, "a extrafiscalidade é a utilização dos tributos para fins outros que não os da simples arrecadação de meios para o Estado. Nesta hipótese, o tributo é instrumento de políticas econômicas, sociais, culturais etc." (COÊLHO, 2016, p. 390).

André Folloni, que trabalha com a perspectiva de funções e subfunções da tributação, explica que a tributação extrafiscal é destinada a induzir alguém a fazer algo, ou a deixar de fazê-lo. Nesse sentido, o destinatário da norma tributária de função extrafiscal é o contribuinte que age em sentido diverso ao pretendido (FOLLONI, 2014, p. 208).

---

21 Embora não seja objeto deste trabalho, é interessante mencionar visão de Ricardo Lobo Torres de que a CRFB/88 trouxe para o campo da fiscalidade a parafiscalidade (contribuições sociais) e a extrafiscalidade (contribuições de intervenção no domínio econômico). Isso porque essas exações não possuiriam destinação pública, requisito essencial para a conceituação do tributo. Então, a CRFB/88 instituiu como substituto a destinação constitucional do tributo. Ou seja, o reconhecimento do tributo não depende mais de sua destinação pública, a partir de 1988, mas de sua destinação conforme os mandamentos constitucionais. Para Ricardo Lobo Torres essa construção é problemática, porque transmudou a natureza do ingresso: de contribuição parafiscal para tributo, mas foi posta na própria CRFB/88 e considerada constitucional pelo STF (TORRES, 2007, p. 57-58).

Ademais, Aliomar Baleeiro destaca 3 (três) características da atividade fiscal do Estado que estão presentes, via de regra, em todos os atos relacionados ao fenômeno financeiro. Esses caracteres se assemelham a funções:[22]

> a) um processo de repartição do custo do financiamento do Estado, ou de outras pessoas de Direito público, que se distingue dos métodos da economia privada porque repousa no princípio da capacidade contributiva e no da máxima conveniência social;
> b) a redistribuição da renda nacional que resulta desse processo de repartição dos encargos públicos;
> c) o caráter coativo desse processo, graças a institutos políticos e jurídicos, que marcam a ação do Estado, no campo econômico, para a obtenção dos recursos necessários a seus fins (BALEEIRO, 2015, p. 27).

Alberto Deodato sentencia que "[t]odos os impostos têm função social, econômica e política, porque os próprios impostos chamados de pura fiscalidade são transferidores de riquezas de uma para outra classe ou criadores de novas fontes de produção para o bem-estar social" (DEODATO, 1949, p. 148).

A literatura estrangeira também trabalha com o conceito de extrafiscalidade. Entre os autores clássicos, destacamos o economista norte-americano Edwin Seligman, que, em 1895, propôs a sua classificação dos tributos entre taxas (*fees*), contribuições de melhoria (*special assessments*) e impostos (*taxes*). Afastou o critério utilizado pelo juiz da *Michigan Supreme Court*, Thomas McIntyre Cooley, de se valer da distinção entre poder de polícia (*police power*) e poder de tributar (*taxing power*) para identificar as espécies tributárias. De acordo com juiz Cooley, as exações instituídas com base no poder de polícia do Estado seriam regulatórias e, por isso, classificáveis como taxas, ao passo que as exações decorrentes do poder de tributar seriam impostos e teriam fins exclusivamente arrecadatórios (SELIGMAN, 1895, p. 269-270). Seligman defende que tanto as taxas quanto os impostos seriam reflexos do poder de tributar, já que ambos poderiam ter fins regulatórios ou arrecadatórios. O seu signo diferencial seria, na verdade, a prevalência do interesse particular a justificar o seu pagamento pelo contribuinte (taxa) ou do interesse público (imposto) (SELIGMAN, 1895, p. 273).

José Casalta Nabais, por sua vez, apresenta detalhada narrativa acerca do desenvolvimento da extrafiscalidade na doutrina, em sua obra *O dever fundamental de pagar impostos*. Demonstra, a partir de uma perspectiva histórica, que o conceito de imposto foi progressivamente afetado por finalidades ou objetivos extrafiscais, sendo considerado, ao longo do tempo, como "compa-

---

22 Como o autor não promove uma sistematização de funções, optamos por mencioná-lo apenas na parte introdutória deste capítulo.

tível com uma função exclusivamente fiscal, [...] principalmente fiscal, [...] paritariamente fiscal, [...] ao menos secundariamente fiscal e até com uma função exclusivamente extrafiscal" (NABAIS, 2012, p. 227). Destaca que a extrafiscalidade foi bastante explorada na Alemanha, por Klaus Vogel, Adolph Wagner e D. Birk; na Itália, principalmente por B. Griziotti e F. Fichera; e na Espanha, onde, inclusive, foi incorporada à *Ley General Tributaria* (Ley 58/03):

> [a]rtigo 2º: Conceito, fins e classes dos tributos
> 1. Os tributos são os ingressos públicos que consistem em prestações pecuniárias exigidas pela Administração pública como consequência da realização da hipótese de incidência [*supuesto de hecho*] a que a norma vincula o dever de contribuir, com o fim primordial de obter os ingressos necessários para sustentar os gastos públicos.
> Os tributos, além de serem meios para obter os recursos necessários para sustentar os gastos públicos, poderão servir como instrumentos da política econômica geral e atender à realização dos princípios e fins contidos na Constituição. (ESPANHA, 2003 – tradução livre)[23]

Também os economistas se debruçaram sobre a finalidade da arrecadação tributária. É digno de nota, por se diferenciar bastante da visão usualmente apresentada pelos juristas, o que expõe L. Randall Wray, sobre a teoria cartista do dinheiro e do tributo. De acordo com essa linha teórica, a tributação tem o papel de obrigar o uso do câmbio local.

> Na abordagem cartista, o público procura o dinheiro do Governo local porque essa é a forma pela qual os tributos são pagos. Não é coincidência que o Estado moderno use o mesmo câmbio [*valuta money*], em seus pagamentos apocêntricos, que ele aceita em pagamentos epicêntricos – o Governo usa os tributos como forma de induzir a população ao fornecimento de merca-

---

[23] Cf. redação original: "[a]rtículo 2. Concepto, fines y clases de los tributos. 1. Los tributos son los ingresos públicos que consisten en prestaciones pecuniarias exigidas por una Administración pública como consecuencia de la realización del supuesto de hecho al que la ley vincula el deber de contribuir, con el fin primordial de obtener los ingresos necesarios para el sostenimiento de los gastos públicos. Los tributos, además de ser medios para obtener los recursos necesarios para el sostenimiento de los gastos públicos, podrán servir como instrumentos de la política económica general y atender a la realización de los principios y fines contenidos en la Constitución."

A extrafiscalidade já constava da versão anterior da Ley General, de 1963, no seu art. 4º, com a seguinte redação, em tradução livre: "os tributos, além de serem meios para arrecadar ingressos públicos, hão de servir como instrumento da política econômica geral, atender às exigências de estabilidade e progressos sociais e procurar uma melhor distribuição da renda nacional" (ESPANHA, 1963). Percebe-se que a redação mais recente vai de encontro à ressalva que fizemos sobre os limites da extrafiscalidade estarem dispostos na Constituição.

dorias e serviços para o Estado, provendo, em retorno, o dinheiro que será usado para afastar a responsabilidade fiscal. Na economia moderna, há a impressão de que os tributos são pagos por meio de dinheiro bancário, mas análises da contabilidade das reservas locais mostram que os pagamentos de tributos sempre levam à drenagem dessa reserva (isto é, reduzem o passivo do banco central), de modo que, na realidade, apenas o dinheiro do governo é definitivo (finalizando a obrigação tributária) (WRAY, 2003, p. 37).[24]

Não há a pretensão de esgotar as definições doutrinárias de extrafiscalidade ou descer a considerações puramente econômicas sobre tributação. O que se pretende é demonstrar que no contexto do Estado Social, garantidor de direitos aos seus cidadãos, os tributos são ferramentas por meio das quais são colocados em prática os comandos constitucionais, direta ou indiretamente. Tanto, que o Estado passa a ser identificado como Estado Tributário (VOGEL, 1988, p. 57) e, mais especificamente, como Estado Tributário Redistribuidor (BATISTA JÚNIOR, 2015, p. 89).

É importante ter em mente que mesmo os tributos chamados "fiscais", em última análise, serão utilizados com os mesmos fins que os chamados "extrafiscais", porque se tratam, igualmente, de meio para cumprir objetivos do Estado. Heleno Taveira Torres, com base nessa conclusão, afasta a distinção entre tributos fiscais e extrafiscais:

> [o] destino da arrecadação será sempre aquele tipicamente "fiscal", ainda que cumpra outras funções legítimas de intervencionismo na economia ou na concretização dos fins constitucionais do Estado, para o atendimento da função distributiva da Constituição.
>
> O sistema constitucional e a economia interagem sempre com o propósito de gerar o bem-estar social. Por isso, não obstante a função fiscal dos tributos, alguns também são utilizados como instrumentos intervencionistas.
>
> Em termos jurídicos a "extrafiscalidade" pode ser concebida, quando muito, como uma tributação com fim "fiscal" (competência tributária) adicionada de "motivos constitucionais" materiais de outras competências (da Constituição Econômica ou da Constituição Social, por exemplo), como

---

24 Cf. redação original: "In the Chartalist approach, the public demands the government's money because that is the fonm in which taxes are paid. It is not a coincidence that the modem state uses the same valuta money in its apocentric payments that it accepts in epicentric payments – it uses taxes as a means of inducing the population to supply goods and services to the state, supplying in return the money that will be used to retire the tax liability. In the modem economy, it appears that taxes are paid using bank money, but analysis of reserve accounting shows that tax payments always lead to a reserve drain (that is, reduce central bank liabilities), so that in reality only the government's money is definitive (finally discharging the tax liability)."

concretização dos fins constitucionais do Estado, na forma e condições autorizadas pela própria Constituição. (TORRES, 2014, p. 203)[25]

Então, por que insistir na separação de funções do tributo se, em última análise, toda a atividade financeira do Estado está dirigida para atender a objetivos constitucionalmente estabelecidos?

A resposta está na normatividade. O exercício de classificação é de grande relevância para a pesquisa científica e, no caso do Direito, auxilia o intérprete da norma jurídica a aplica-la de maneira adequada:

> [...] a correta classificação pode ser útil por várias razões. Para classificar, são necessários criticismo lógico e análise rigorosa, e dessa forma a classificação se torna um teste de vigor mental; conduz a uma definição e previne a perda de expressão e confusão do pensamento; a classificação pode levar a resultados práticos importantes na decisão de questões de fato e a associar valores definidos a categorias por vezes duvidosas; a classificação realça contrastes e semelhanças, e por meio da eliminação ou combinação do que é comum, geralmente sugere uma concepção mais clara da matéria discutida. A correta classificação é, na verdade, uma condição necessária de todo o progresso científico (SELIGMAN, 1895, p. 265).[26] [27]

Observação similar é feita por Nazaré Da Costa Cabral (2015, p. 55-56), para quem a perspectiva normativa permite a segmentação de critérios

---

25 Nesse sentido é muito pertinente a sentença de Alfredo Augusto Becker (1972, p. 545): "na construção jurídica de todos e de cada tributo, nunca mais estará ausente o finalismo extrafiscal, nem será esquecido o fiscal. Ambos coexistirão sempre – agora de um modo consciente e desejado – na construção jurídica de cada tributo; apenas haverá maior ou menor prevalência neste ou naquele sentido, a fim de melhor estabelecer o equilíbrio econômico-social do orçamento cíclico". O mesmo entendimento é revelado por Alberto Deodato (1949, p. 61-62).

26 Cf. redação original: "[...] correct classification is helpful in many ways. It requires logical criticism and rigorous analysis, and thus becomes a test of mental vigor; it conduces to accurate definition and prevents looseness of expression and confusion of thought; it may have important practical results in deciding questions of fact and in assigning definite values to doubtful categories; it points out contrasts and resemblances, and by eliminating or combining what is common, often suggests a clearer conception of the subject-matter. Correct classification is, in truth, an essential condition of all scientific progress."

27 Importante ressaltar que o trecho mencionado não possui relação com a estratificação de funções da extrafiscalidade tributária, como neste trabalho. Como dissemos na nota 16, Seligman concebia o tributo como puramente fiscal, cabendo às despesas a realização de fins políticos ou sociais.

claros que orientam as grandes decisões relacionadas às finanças públicas[28] e, por vezes, acabam se projetando no plano jurídico-constitucional.

Reconhecemos que o Direito Tributário é um ramo de estudo comandado pela dogmática, diante do qual o valor da legalidade e a essencialidade da segurança jurídica atraem o fechamento conceitual para a análise do tributo. Cuida-se de exação que atinge a propriedade privada, estritamente relacionada à liberdade individual. Há um esforço na ciência para definir os institutos do Direito Tributário, diante dos princípios-valores consagrados nesse ramo jurídico (DERZI, 2007, p. 315). A estratificação de funções cumpre a demanda de conceituar e classificar as normas jurídicas. Ao mesmo tempo, a visão funcional dos tributos permite analisá-los de forma integrada com o sistema de normas público-financeiras. Há certo fechamento conceitual, mas há também contato com a realidade e as exigências práticas do Estado. Esse tipo de leitura evita o reducionismo sedutor de isolar as pesquisas do Direito Tributário das demais matérias relacionadas às atividades públicas de governo.

Mais uma vez recorrendo a Edwin R. A. Seligman (1895, p. 265-266), tão importante quanto classificar é estabelecer classes que acompanhem as mudanças circunstanciais e que deem conta da realidade no momento atual. O quadro apresentado no Cap. I dessa dissertação evidencia que além da redistribuição do produto social a manutenção da democracia exige a desconcentração de riquezas.

Em vista disso, analisaremos as classificações mais detalhadas das funções da atividade financeira e da tributação formuladas por autores da economia, da filosofia política, da filosofia do Direito Tributário e da teoria geral do Direito Tributário para concluir como, normativamente, a tributação pode atuar em duas frentes distributivas: redistribuição do produto social e desconcentração de riquezas.

1.3. AS FUNÇÕES DO ESTADO

A percepção de que a tributação serve aos objetivos do Estado, estabelecidos constitucionalmente, permite que ela seja analisada como parte constitutiva da atividade financeira estatal. É dizer, o Estado se utilizará do tributo, no exercício de suas atividades financeiras, como uma das ferramentas de persecução de seus objetivos. Por isso, nas obras dos autores apresentados a seguir, a tributação é mencionada ocasionalmente, sem a intenção de delimitar e classificar suas funções como objeto central de pesquisa.

---

28 No caso específico de seu estudo, as decisões relativas à descentralização financeira e ao federalismo fiscal.

1.3.1. As funções da atividade financeira do Estado segundo Richard Musgrave

Entre os autores que propõem uma visão normativa das funções do Estado Fiscal, sem dúvidas o mais influente até hoje é o professor de economia Richard Abel Musgrave (1910–2007). Em 1957, Musgrave publicou o artigo *A Multiple Theory of Budget Determination*, apresentando uma visão de orçamento ramificado para atender a 3 (três) objetivos principais: o ramo do serviço público [*service branch*]; o ramo da distribuição [*distribution branch*]; e o ramo da estabilização [*stabilization branch*]. Essa divisão foi aprimorada, mas é muito importante destacar que as pequenas mudanças realizadas ao longo de quatro décadas de estudos não alteraram substancialmente a proposta elaborada no fim dos anos 1950.

A necessidade de uma resposta normativa para as questões fiscais é traço que acompanhou os trabalhos de Richard Musgrave desde a sua primeira publicação sobre o assunto até as últimas. No artigo mencionado, de 1957, o Professor inicia seus escritos com o alerta: "esse *paper* diz respeito a certos problemas básicos que surgem na formulação de uma teoria normativa das finanças públicas" (MUSGRAVE, 1957, p. 333 – tradução livre)[29]. No artigo *The Three Branches Revisited*, de 1989, ressalta que a sua intenção sempre foi a de fornecer um esquema normativo para a determinação adequada de políticas públicas (MUSGRAVE, 1989c, p. 1). No artigo *Micro and Macro Aspects of Fiscal Policy* (MUSGRAVE, 2003, p. 19), justifica que a abordagem normativa é possível porque há como acomodar metas políticas diversas em uma estrutura não conflitante. Já em um debate com o economista James Buchanan, afirmou que, mesmo após quatro décadas, continuava a acreditar que sua estrutura normativa era útil, seja por fins didáticos, seja como ferramenta analítica (BUCHANAN; MUSGRAVE, 1999, p. 4).[30] Nessa oportunidade, explicou a metodologia normativa que utilizou e da qual nos aproveitamos neste estudo:

---

29 Cf. redação original: "[t]his paper is concerned with certain basic problems which arise in formulating a normative theory of the public household."

30 Em suas palavras: "[e]u continuo achando que elas [as três funções] sejam uma estrutura útil, não apenas para os propósitos expositivos dos livros didáticos, para os quais elas têm servido bem, mas também como um dispositivo analítico para distinguir entre questões centrais, quais sejam, a natureza dos bens públicos e porque eles precisam ser providos, o lugar da equidade e da justiça distributiva na formatação de sistemas fiscais e o papel dos orçamentos na performance macro da economia" (BUCHANAN; MUSGRAVE, 1999, p. 36-37 – tradução livre). Cf. redação original: "[i] still find them a useful framework, not only for expository textbook purposes that they have served well but also as an analytical device to distinguish between the key issues, that is, the nature of public goods and why they need be pro- vided for, the place of equity and distributive justice in the design of fiscal systems and the role of budgets in the macro performance of the economy."

[r]esta anotar dois pontos de metodologia, ambos traçados pela figura imponente de Max Weber no começo da minha carreira. Primeiro, há o seu conceito de "tipo ideal", como um conjunto de ações racionais e consistentes direcionadas para atingir um objetivo normativo. Ainda que a performance atual de agentes e instituições sociais, sejam eles do setor público ou do setor privado, sigam um padrão misto, é frutífero definir um objetivo normativo e modelar ações a partir dele. Assim como o *homo economicus* ou um sistema *Walrasiano* competitivo são ficções úteis para modelar um mercado ideal, o mesmo pode ser dito sobre visualizar o setor público funcionando perfeitamente. Não obstante essa visão do setor público bem-comportado (ou mesmo do mercado) permaneça uma abstração normativa, ela é necessária. **A menos que soluções corretas sejam estabelecidas para servir como padrões, defeitos e falhas da performance atual não podem sequer ser identificados.** Pragmatismo, por si só, não possui qualquer significado para guiar o setor público. **Seja para o mercado ou para o setor público, a visão da melhor solução de todas é necessária para identificar uma factível segunda melhor.**[31] (BUCHANAN; MUSGRAVE, 1999, p. 35 – tradução livre; sem destaques no original)

Também é interessante notar que Richard A. Musgrave não concordava com as teorias fiscais baseadas no interesse pessoal dos membros da administração pública, segundo as quais os agentes estariam mais preocupados com a sua atuação no livre mercado. Ao contrário, para ele o Estado seria uma associação de indivíduos engajados em um empreendimento cooperativo, visto por uma ótica contratualista, e formado para resolver problemas da sociedade de forma democrática e justa (BUCHANAN; MUSGRAVE, 1999, p. 31). Por isso, o economista estava preocupado em formatar uma estrutura fiscal que fosse eficiente no fornecimento de bens públicos, mas que também fosse justa e pudesse reparar falhas do sistema de mercado.

---

31 Cf. Richard A. Musgrave, em redação original: "[i]t remains to note two points of methodology, both traced to Max Weber's towering figure in my early years. First, there is his concept of "ideal type" as a rational and consistent set of actions directed at achieving a normative goal. While the actual performance of agents and of social institutions, be they market or public sector, follow a mixed pattern, it is nevertheless fruitful to define a normative goal and to model how actions should be shaped so as to meet it. Just as homo economicus or a competitive Walrasian system are useful fictions to model an ideal market, so it is helpful to visualize how a correctly functioning public sector would perform. While the resulting vision of the well-behaved public sector (or market) remains a normative abstraction, it is needed nevertheless. Unless "correct" solutions are established to serve as standards, defects and failures of actual performance cannot even be identified. Pragmatism, standing by itself, is meaningless as a guide to public policy. Whether for the market or the public sector, the vision of a first-best solution is needed to identify a feasible second-best."

A partir dessas ideias [normatividade e Estado como sistema cooperativo democrático], são apresentadas as três funções das finanças públicas.[32] Em sua formatação final (MUSGRAVE, 2008), as funções são chamadas de (i) alocativa [*allocation branch*]; (ii) distributiva [*distributive branch*] e (iii) de estabilização [*stabilization branch*], assim como era desde *Teoria das Finanças Públicas: teoria e prática* (1989a).

1.3.1.1. A função alocativa

A função alocativa está relacionada, basicamente, ao provimento de bens públicos pelo Estado. Por meio dessa função, as medidas fiscais determinam como a totalidade dos recursos é dividida para utilização no setor público e no setor privado, além de ser estabelecido o que deve ser provido como bem público e em que quantidade. As políticas reguladoras não devem ser classificadas como produto desta função porque elas não são basicamente um problema orçamentário (MUSGRAVE, 1989a, p. 6).

De início, é preciso diferenciar bens públicos de bens privados. A melhor forma, de acordo com Richard e Peggy Musgrave (1989a, p. 6), é considerar a rivalidade no aproveitamento dos benefícios de seu consumo.[33] No caso dos primeiros, os seus benefícios podem ser aproveitados por mais de uma pessoa (consumo desse bem não é rival), ao passo que os bens privados, por via de regra, terão seus benefícios aproveitados por apenas um indivíduo (consumo rival). Em outras palavras, o consumo de bens públicos não exclui a disponibilidade dos seus benefícios para outros consumidores. Exemplos claros são a iluminação pública e as políticas de preservação do meio ambiente.

Por serem de consumo excludente, os bens privados exigem que a sua propriedade seja exclusiva. Assim, eles podem ser trocados de forma eficiente no sistema de mercado: as aquisições sinalizam para os produtores o volume da demanda, havendo exclusão daqueles que não possam pagar

---

32 O termo em inglês utilizado por Musgrave é *branch*, melhor traduzido para o português como *ramo/ramificação*. Na obra *Teoria das Finanças Públicas*, traduzida para o português em 1973 por Auriphebo Berrance Simões, a palavra empregada foi *divisão* (MUSGRAVE, 1973). Optamos por adotar neste trabalho a tradução por *função*, cunhada na versão traduzida por Carlos Alberto Primo Braga na edição brasileira de *Finanças Públicas: Teoria e Prática* (MUSGRAVE, 1989a).

33 Em *The three branches revisited* (1989c), Richard Musgrave alerta para que, no mundo real, as características dos bens públicos e dos bens privados aparecerão misturadas nos bens e serviços, sendo quase impossível encontrar as formas puras descritas. Entretanto, para fins didáticos, é pertinente se valer das formas puras para diferenciá-las.

pela troca. Normativamente falando, o "princípio da exclusão" permite que a produção se adeque à demanda (MUSGRAVE, 1989a, p. 7). Cenário diferente é desenhado para os bens públicos, já que o "princípio da exclusão" não pode sinalizar as preferências individuais do consumidor e, portanto, determinar a demanda (seja por ineficiência, seja por impraticabilidade de excluir). Surge, então, o problema de saber qual o volume de bens públicos a ser provido pelo Estado e como fazê-lo da forma mais eficiente.

A medida da alocação eficiente de recursos para prover bens públicos é matéria de discussão da economia que não pode ser abordada com profundidade neste trabalho, mas alguns pontos merecem nota.[34] Musgrave analisa principalmente dois modelos sobre a provisão de bens públicos, o de Knut Wicksell (aprimorado posteriormente por Lindahl) e o de Paul Samuelson. Para o primeiro, uma vez que as preferências de consumo sobre bens públicos são desconhecidas, seria necessário substituir o "princípio da exclusão", atuante no sistema de mercado, pelo processo político de votação (MUSGRAVE, 1957, p. 335), de forma que os eleitores revelassem as suas preferências sobre a composição do orçamento. Isso seria possível por meio da utilização de tributação sobre benefícios, posta em oposição à dominante tributação conforme a capacidade de pagar (melhor associada à função distributiva). Samuelson, por outro lado, concebeu a figura do planejador onisciente, o qual, em linha gerais, tem a tarefa de extrair da realidade a demanda por bens públicos, que os indivíduos não revelam. Para ele, não seria possível separar a função alocativa da função distributiva, porque a decisão sobre o que deveria ser produzido seria tomada simultaneamente à distribuição, em termos de bem-estar (MUSGRAVE, 1989c, p. 2-3).

Prover é diferente de produzir: provisão significa o processo de escolha e financiamento da produção do bem público. Por isso, não falamos aqui sobre a produção de bens públicos pelo Estado, pois eles podem ser produzidos por agentes que atuam no sistema de mercado. Na verdade, a função alocativa se relaciona com os gastos que o Estado efetuará para tornar disponíveis os bens públicos, que precisam, por sua vez, ser financiados. Nesse sentido, os tributos arrecadados em razão da função alocativa das finanças públicas seriam os destinados a cobrir os custos dos bens e serviços públicos, ou interferir na sua disponibilidade ou nos seus preços de aquisição (inclusive por meio de incentivos fiscais). Em outras palavras, a tributação é apenas um dos mecanismos da atividade financeira do Estado para realizar a sua função alocativa.

---

34 Sobre modelos de alocação eficiente ver Musgrave (1989a, p. 55-65).

1.3.1.2. A função distributiva

Richard A. Musgrave percebe que diferenças de habilidades individuais e herança prejudicam a distribuição uniforme da renda.[35] Por isso, mesmo que o sistema de mercado funcionasse perfeitamente, ainda assim poderia acontecer de o resultado distributivo não ser compatível com a visão de justiça da sociedade.

Sobre essa função, é muito pertinente a este estudo o comentário tecido pelo economista em *The Three Branches Revisited*, sobre o limitado alcance das ferramentas econômicas para determinar padrões distributivos:

> [a] história, assim como o cenário atual, nos diz que a distribuição do produto social, assim como a sua provisão eficiente, é uma parte importante do problema. Economia sem filosofia social, e vice-versa, é apenas um lado da história.
>
> Tanto é assim que o problema da distribuição justa não é solucionável pelas ferramentas de análise econômica. Essas ferramentas nos permitem explorar a interação entre padrões de distribuição, níveis de produção, ou taxas de crescimento, assim estabelecendo uma fronteira multidimensional de possibilidades. Todavia, a economia não pode nos dizer como escolher o melhor ponto de distribuição. Com certeza, existem movimentos que permitem que A ganhe sem que B perca, e por isso esses movimentos devem ser preferidos, desde que a inveja seja proibida. A economia ajuda, mesmo que apenas para evitar a estupidez.
>
> Não há uma solução única na qual cada membro da comunidade estará melhor do que nas demais. Considerações de direitos, diferentemente de ganhos de transação, deverão ser enfrentadas (MUSGRAVE, 1989c, p. 3)[36] [37]

---

35 Questionado em 1999 sobre sua posição filosófica, Musgrave responde que, com relação à dimensão econômica, concorda com o princípio da diferença de John Rawls. Não obstante, enxerga valor nas teorias de apropriação da propriedade de John Locke, no caso dos frutos do trabalho, e na tradição formada por Adam Smith. Em suas palavras, quanto à filosofia política, ele seria "3/4 rawlsiano" (BUCHANAN; MUSGRAVE, 1999, p. 56).

36 Cf. redação original: "[h]istory, as well as the current scene, both tell us that the distribution of output, as well as its efficient provision, is an important part of the problem. Economics short of social philosophy and vice versa is but half the story. Such is the case, even though the issue of just distribution is not resolvable by the tools of economic analysis. These tools do permit us to explore the interaction between patterns of distribution, levels of output, or rates of growth, thus establishing a multidimensional possibility frontier. But economics does not tell us how to choose the best point thereon. There are, to be sure, moves which will permit A to gain without B's losing, and hence to be preferred, provided only that envy is disallowed. Economics helps, if only to avoid stupidity. But there is no single solution at which each member of the community will be better off. Considerations of rights, as distinct from gains by trade, must be faced."

37 Observação muito semelhante é feita em *Public finance in theory and practice*, em tópico específico intitulado *Does equity belong in economics?* ("a igualdade pertence à economia?") (MUSGRAVE, 1989b, p. 74).

De fato, a propositura de uma função distributiva da atividade financeira deixa muito evidente a necessidade da interface entre economia, filosofia e direito. Especialmente porque a sua razão de existir é equalizar a distribuição do produto social às considerações de justiça da sociedade.

Segundo a orientação econômica do *welfarismo*, em voga quando dos primeiros trabalhos de Musgrave, uma mudança seria considerada eficiente se o benefício de alguém não representasse a perda do outro (MUSGRAVE, 1989a, p. 10). De acordo com essa definição, mudanças de caráter redistributivos seriam ineficientes, já que alguém tem a sua situação melhorada às expensas de outro. Principalmente por isso, Musgrave aponta que a função distributiva não deveria ser determinada à luz apenas da economia: pela régua da eficiência, o resultado distributivo nunca poderia provocar mudanças estruturais. A "distribuição ótima" não corresponderia a uma distribuição justa.

Sem a interferência estatal, a distribuição de renda e riqueza dependeria, basicamente, do desempenho do agente no sistema de mercado de uma dada dotação de fatores de produção. Ou seja, a distribuição seria conforme a atuação de cada indivíduo no mercado e dos preços nas trocas de produção. O mercado não remunera de maneira uniforme todos os agentes, questões como estrutura salarial de determinadas carreiras na mesma profissão, conexões familiares, *status*, gênero, raça e outras distorções não relacionadas diretamente à produção influenciam o mercado. Por isso, a ideia de eficiência dos preços no sistema livre não pode ser aceita sem discussão, pois nem sempre a garantia de competição garante o melhor resultado (pode gerar lucros monopolistas, por exemplo). E mesmo que os resultados distributivos fossem considerados ótimos, do ponto de vista da economia, ainda assim é discutível se eles seriam justos, dadas as circunstâncias que permitem que alguns agentes possuam vantagens mercadológicas sobre os outros.

A medida da justiça é problema trabalhado pela filosofia política.[38] Cabe ao Direito espelhar os apontamentos filosóficos em normas jurídicas, na maioria das vezes valendo-se de abordagens diferentes de justiça, dada a pluralidade dos atores políticos. É a distribuição do produto social considerada justa que pode ser apreendida pela interpretação do ordenamento jurídico. A partir disso, o foco das políticas públicas deve migrar da

---

38 Em *Public finance in theory and practice*, Richard Musgrave (1989b, p. 76-82) apresenta e critica, brevemente, diferentes abordagens da filosofia política sobre distribuição justa.

distribuição para a redistribuição (MUSGRAVE, 1989b, p. 82).[39] O Estado, portanto, coloca em prática sua concepção de distribuição justa a partir de políticas públicas redistributivas, executadas à luz das normas jurídicas.

Nesse sentido, para promover redistribuição de renda a partir de políticas fiscais, são encontrados pelo menos dois grandes problemas: (i) elas podem provocar a diminuição do montante total a ser distribuído (pelo desincentivo ao trabalho, à poupança ou a investimentos); (ii) existem custos de eficiência[40] (o ganho de bem-estar de alguém representa a perda de outro). Por isso é preciso que a implementação de políticas públicas seja formatada em consonância com as demais funções da atividade financeira.

Indicar os mecanismos de política fiscal que melhor promovem a redistribuição de renda é razão de debate frequente entre juristas e economistas, envolvendo, em uma ponta, considerações sobre a realização direta de transferências ou o pagamento de subsídios e, na outra, considerações sobre a tributação. Como adiantado na introdução, nossa seara de estudo é a tributária, mas essa delimitação temática não afasta a convicção de que a tributação não resolve sozinha o problema da redistribuição nas sociedades capitalistas.

A percepção de que o sistema tributário deve ser analisado em conjunto com as ações de transferência de renda e pagamento de subsídios perpassa a teoria das funções de Musgrave:

> [e]ntre os vários mecanismos da política fiscal, aquele que favorece a redistribuição de renda de forma mais direta (1) é um esquema de "transferências" que combine um imposto de renda progressivo para famílias de nível de renda elevado e subsídios para a família de baixo nível de renda. Alternativamente, a redistribuição pode ser implementada pela (2) utilização de imposto de renda progressivo para o financiamento de serviços públicos, como por exemplo programas de moradia populares. Uma outra opção consiste na utilização de (3) um conjunto de impostos e subsídios, sendo os primeiros aplicados àqueles bens consumidos pelas camadas superiores de renda, enquanto que os subsídios favoreceriam o bem de consumo popular (MUSGRAVE, 1989a, p. 11).

---

39 A ponderação de custos de eficiência quando da instituição de políticas públicas redistributivas é assunto que ganha limites mais amplos quando a meta governamental for desconcentrar riquezas, já que, à primeira vista, não há necessidade de contrapartida do Estado para justificar a sua atuação. Entretanto, essa compreensão se limita ao campo normativo, porque, na prática, a análise da realização de políticas públicas deve ser feita com base na integridade do seu orçamento.

40 Eficiência visto sob a ótica *welfarista*.

As finanças públicas devem ser pensadas como um sistema, e a avaliação do melhor instrumento redistributivo é política. Cabe fornecer justificações normativas para que, sendo feita a opção por atuar na seara tributária, seja possível alcançar os objetivos pretendidos pelo agente político, em conformidade com as demais regras do ordenamento jurídico. No campo da tributação, deveria ser dada preferência para impostos incidentes sobre a renda porque eles não influenciam as decisões de produção e consumo (MUSGRAVE, 1989a, p. 11).

Embora a função distributiva acabe se relacionando com a provisão de bens específicos (como moradia, alimentação, saúde e educação), ela se diferencia da função alocativa pela finalidade da provisão, não limitada a bens públicos (de consumo não rival), mas também aos privados (de consumo rival) (MUSGRAVE, 2003, p. 20).[41] Contudo, haverá interferência de uma função sobre a outra. Os ganhos e os preços relativos dos bens privados dependem de quais serviços e bens públicos forem providos por meio da função alocativa. Assim, é possível inferir que a função distributiva será determinada simultaneamente à função alocativa, o que terminaria por inviabilizar o modelo de três funções de Musgrave. Isso aponta, como o próprio autor reconhece, para a seguinte questão: é melhor um modelo correto, mas inviável normativamente ou um modelo que pode ser aplicado teoricamente com falhas, desconsiderando os efeitos da função alocativa sobre a distribuição? Para o economista, o melhor é adotar o modelo possível, tendo em mente as suas falhas (MUSGRAVE, 1989, p. 5). Aliás, em seus primeiros estudos já alertava para o fato de que uma divisão precisa entre tributação nos diferentes níveis normativos não seria inteiramente permitida (MUSGRAVE, 1973, p. 44).

---

41 A diferença do arranjo tributário na função de alocação para a função de distribuição também foi destacada em *Teoria das Finanças Públicas* (MUSGRAVE, 1973, p. 41): "[a]o contrário das despesas e impostos da Divisão de Alocação, que têm por fim transferir recursos da satisfação das necessidades públicas, os tributos e as transferências da Divisão de Distribuição são destinados a passar os recursos de que um indivíduo dispõe para outro. Como no caso da Divisão de Alocação, o orçamento da Divisão de Distribuição é planejado, sob a suposição de que o pleno emprego está garantido pela Divisão de Estabilização. O orçamento, aqui também, deve ser equilibrado tem termos reais. Já que o problema tem como pano de fundo renda de pleno emprego, a mesma quantidade de recursos reais que for retirada do indivíduo X deverá ser posta à disposição do indivíduo Y." Sobre a passagem, é importante recordar que à época eram influentes as teorias de bem-estar social. Além disso, quanto à transferência de recursos entre indivíduos em razão do pressuposto de pleno emprego, ela deixou de ser mencionada nos trabalhos posteriores do autor sobre a função distributiva.

1.3.1.3. A função de estabilização

A função de estabilização, assim como a política monetária, direciona o nível de demanda agregada[42] (MUSGRAVE, 2003, p. 20). Da mesma forma que as demais funções, a de estabilização é justificada pela impossibilidade de o mercado fornecer, autonomamente, pleno emprego ou estabilidade dos preços. Sua origem tem forte apelo *keynesiano*, já que se relacionava primordialmente a ajustes cujos objetivos eram os de influenciar no mercado de trabalho e controlar a inflação:

> [o] problema das finanças compensatórias veio à tona pela primeira vez durante a depressão da década de 1930 e, subsequentemente, assumiu nova forma pela pressão inflacionária da guerra e dos anos seguintes. Há pouca razão para esperar-se que as décadas futuras assegurem uma situação mais estável, a menos que sejam adotadas medidas apropriadas. Ainda que passem as sombras da guerra, o problema de instabilidade permanecerá. Uma economia livre, se descontrolada, tende a flutuações mais ou menos drásticas em preços e emprego; e, aparte das variações de duração relativamente curta, podem surgir desajustamentos do tipo secular, ocasionando desemprego ou inflação. A política governamental deve assumir uma função estabilizadora para que possa manter quedas no nível de emprego e na estabilidade dos preços dentro de limites razoáveis (MUSGRAVE, 1973, p. 45-46).

A lógica das finanças compensatórias obedeceria a três regras básicas: (i) prevalecendo o desemprego involuntário, deveria aumentar o nível de procura, ajustando para cima as despesas agregadas, até que se atingisse o valor da produção a pleno emprego; (ii) prevalecendo a inflação, deveria reduzir o nível da procura, ajustando para baixo as despesas agregadas, até alcançar o valor da produção, medida a preços correntes; (iii) prevalecendo o pleno emprego e a estabilidade dos preços, seria mantido o nível agregado dos dispêndios monetários, para prevenir desemprego e inflação (MUSGRAVE, 1973, p. 46).

Desde os anos 1970, muito se alterou no campo das teorias econômicas a respeito da intervenção das finanças públicas no mercado, mas o problema da regulação de demanda é encarado como necessidade até os dias de hoje. O foco da regulação orçamentária mudou das despesas, que viabilizam o provimento de bens públicos e privados pelo Governo, para a inclusão de incentivos tributários como estímulo da demanda, agora no setor privado (MUSGRAVE, 2008, p. 338).

---

42 Demanda agregada é sinônimo da demanda total por bens e serviços em um certo período de tempo. O nível geral de empregos e de preços depende da demanda agregada.

Apenas para deixar mais claro, o Governo pode influenciar a demanda agregada para estabilizar empregos e preços quando provê bens ou quando adquire fatores de produção (contrata funcionários públicos ou se utiliza de empresas públicas em setores específicos); ou por meio dos efeitos provocados pelos impostos e pagamentos de transferências sobre a renda disponível, influenciando os gastos privados (MUSGRAVE, 1989a, p. 13).

1.3.2. As instituições básicas do Estado segundo John Rawls

Partindo da divisão proposta por Richard A. Musgrave,[43] John Rawls, em *Uma teoria de justiça*, defende que, no contexto das instituições básicas, o governo se dividiria em setores. Cada um deles se constituiria de vários órgãos, ou atividades a eles relacionadas, encarregados da preservação de certas condições econômicas e sociais, devendo ser entendidos, nas palavras do autor, como *funções diferentes*, e não como os departamentos tradicionais de um governo (RAWLS, 2016, p. 342).

Martin O'Neil e Thad Williamson, autores que se dedicam ao estudo da democracia de cidadãos proprietários *rawlseana*,[44] explicam que o filósofo não forneceu, em sua obra, descrição detalhada das instituições políticas e econômicas necessárias para assegurar condições estáveis de justiça como equidade. Apesar disso, as "instituições de fundo para a justiça distributiva" permitem inferir, pelo menos, um esboço das instituições centrais para governar uma democracia de cidadãos proprietários (O'NEIL; WILLIAMSON *In* MANDLE; REIDY, 2015, p. 65). Na verdade, Rawls descreve as instituições de apoio que devem existir em um Estado democrático, no qual seja permitida a propriedade privada de capital e recursos naturais. Porém, ele próprio ressalva que esse sistema está apto a sofrer leves modificações para ser utilizado em eventual regime socialista que venha a ser bem-sucedido (RAWLS, 2016, p. 342).

---

43 A nota de rodapé nº 14, na página 343, de *Uma teoria de justiça* (RAWLS, 2016), indica a leitura do capítulo I de *Teoria das finanças públicas*, de Richard Musgrave (1973), para entender a ideia da divisão setorial do Estado.

44 A democracia de cidadãos proprietários, em uma grosseira simplificação, é o regime democrático que realiza todos os principais valores políticos expressos pelos dois princípios de justiça de John Rawls (RAWLS, 2003, p. 191). Ao contrário do capitalismo de bem-estar social, a democracia de cidadãos proprietários impede o controle político pelo grupo mais favorecido economicamente pela dispersão da propriedade de recursos produtivos e de capital humano (isto é, educação e treinamento de capacidades) no início de cada período (e não pela redistribuição ao final do processo produtivo) (RAWLS, 2003, p. 197).

Sem replicar o modelo do economista que o inspirou, Rawls sugere a divisão em quatro setores (e não em três): (i) alocação; (ii) estabilização; (iii) transferências e (iv) distribuição. Os quatro setores formam um sistema social que deve ser coeso e permitir que a distribuição resultante do funcionamento das instituições seja justa, independentemente do que aconteça. Para tanto, há a presunção de que a estrutura básica é regulada por normas que garantam a justiça. Trata-se do desenvolvimento natural das instituições dentro de sua teoria ideal, segundo a qual os resultados de um procedimento justo são igualmente justos:

> [e]m primeiro lugar, presumo que a estrutura básica é regulada por uma constituição justa, que assegura as liberdades da cidadania igual [...]. Pressupõem-se a liberdade de consciência e a de pensamento e garante-se o valor equitativo da liberdade política. O processo político é conduzido, até onde permitam as circunstâncias, como um procedimento justo para a escolha do tipo de governo e para a produção de legislação justa. Também suponho que há uma igualdade de oportunidades que é equitativa (em oposição à igualdade formal de oportunidades). Isso significa que, além de manter as formas usuais de capital social de "overhead", o Estado tenta assegurar oportunidades iguais de educação e cultura para pessoas semelhantemente dotadas e motivadas, seja subsidiando escolas particulares, seja implantando um sistema de ensino público. Também impõe e assegura a igualdade de oportunidades nas atividades econômicas e na livre escolha de ocupação. Isso se consegue fiscalizando-se a conduta de empresas e associações privadas e impedindo-se a criação de restrições e barreiras monopólicas que dificultem o acesso às posições mais cobiçadas. Por último, o Estado garante um mínimo social, seja por intermédio de benefícios familiares e de transferências especiais em casos de doença e desemprego, seja mais sistematicamente por meio de dispositivos tais como a complementação progressiva da renda (denominado imposto de renda negativo) (RAWLS, 2016, p. 342-343).

Assim como a visão normativa das funções, a perspectiva ideal dos setores governamentais serve como modelo e orientação para construção de estruturas não ideais. A partir de seu desenho é possível dizer se nos aproximamos ou nos distanciamos do que seria o funcionamento institucional perfeito. No campo da política, torna-se mais fácil definir objetivos institucionais e estabelecer programas que sejam funcionais. Por isso, ainda que a sociedade real não atenda a todos os pressupostos dos quais parte John Rawls, reafirmamos a importância de estabelecer sistemas sociais que guiem os agentes políticos em suas atividades de governo.

1.3.2.1. Setor de alocação

O setor de alocação tem a função de manter o sistema de preços razoavelmente competitivo e impedir a concentração de poder de mercado (monopólios). O setor de alocação também se encarrega de identificar e corrigir os desvios mais óbvios de eficiência, percebidos quando os preços não exprimem de maneira apropriada os benefícios e os custos sociais. A correção de desvios de eficiência é realizada por meio de impostos e subsídios adequados, bem como por alterações nos direitos de propriedade (RAWLS, 2016, p. 243).

Com relação ao modelo de Richard Musgrave, o setor de alocação *rawlsiano* se assemelha mais à função de estabilização proposta pelo economista, já que não há qualquer referência à provisão de bens públicos (cujo consumo é não rival) e tem por fim regular, principalmente, a inflação.

É importante perceber, também, que mesmo diante de um modelo de instituições ideal o mercado não é capaz de, autonomamente, garantir resultados distributivos justos. Ainda que haja garantia de liberdades de cidadania igual; que a Constituição seja justa e induza o processo legislativo justo; que o Estado tente assegurar oportunidades iguais de educação e cultura para pessoas semelhantemente dotadas e motivadas; que haja a imposição e seja assegurada a igualdade de oportunidades nas atividades econômicas e na livre escolha de ocupação, ainda assim é necessário estabelecer no Estado um setor de controle do mercado. Isso, para impedir a contaminação de toda a institucionalidade pela concentração de poder (econômico ou político).

1.3.2.2. Setor de estabilização

O setor de estabilização, por sua vez, buscaria criar condições de pleno emprego e possibilitar a livre escolha de ocupação, assegurados por forte demanda efetiva. Em conjunto com o setor de alocação, tem o propósito de manter a eficiência geral da economia de mercado (RAWLS, 2016, p. 344). A descrição de John Rawls em *Uma teoria de justiça* é bastante curta (apenas um parágrafo), e não foi retomada nas suas obras posteriores. Mesmo em tão poucas palavras é possível identificar o setor de estabilização como parte da função de mesmo nome, de Richard Musgrave, já que ambos se preocupam com o pleno emprego.

Mais uma vez é possível inferir que o mercado, mesmo em condições ideais, não pode ser deixado ao seu livre funcionamento. Nas palavras do autor, "[m]ercados competitivos adequadamente regulamentados asseguram livre escolha de ocupação e conduzem a um uso de recursos e a uma alocação de mercadorias eficientes entre os consumidores" (RAWLS, 2016, p. 344).

1.3.2.3. Setor de transferências

A grande contribuição *rawlsiana* para uma teoria das funções da tributação, especialmente por toda a sua construção acerca da justiça distributiva, está nos setores de transferências e distribuição. O primeiro seria responsável pelo mínimo social.

Pela perspectiva de John Rawls, o mercado consegue promover de forma eficiente a alocação do produto social, por sinalizar adequadamente a demanda. Entretanto, não leva em conta as necessidades dos indivíduos ao realizar a sua divisão conforme o sistema de preços.[45] Uma vez que é racional que os indivíduos se protejam contra contingências de mercado, o objetivo principal do setor de transferências é o de viabilizar, no mínimo, determinado nível de bem-estar social, consoante a concepção política de justiça adotada pela sociedade (RAWLS, 2016, p. 344).

1.3.2.4. Setor de distribuição

Finalmente, o setor de distribuição deveria preservar uma justiça aproximada das partes a serem distribuídas, por meio da tributação e de ajustes nos direitos de propriedade (RAWLS, 2016, p. 345). O setor possuiria dois aspectos: (i) arrecadar a receita exigida pela justiça, para fornecer os bens

---

45 Isso fica patente no seguinte trecho de *Uma Teoria de Justiça* (RAWLS, 2016, p. 350): "[a]lguns socialistas fizeram objeção a todas as instituições de mercado, alegando que elas eram em si mesmas degradantes; essas pessoas alimentavam a esperança de formar uma economia na qual os homens fossem predominantemente movidos por interesses sociais e altruístas. Em relação à sua alegação, é certo que o mercado não é, de fato, uma organização ideal, mas, com certeza, dadas as necessárias instituições básicas, os piores aspectos da assim chamada escravidão salarial são eliminados. A questão, portanto, torna-se da comparação entre as alternativas possíveis. Parece improvável que o controle da atividade econômica pela burocracia que tenderia a se desenvolver em um sistema de sociedade dirigida (ou por direção centralizada ou por determinação dos acordos firmados por associações industriais) seja mais justo, considerando todos os fatores, do que o controle exercido por meio dos preços (supondo-se, como sempre, a infraestrutura necessária). Com certeza, um esquema competitivo é impessoal e automático nos detalhes de sua operação; seus resultados particulares não expressam a decisão consciente dos indivíduos. Mas, em muitos aspectos, essa é uma virtude da organização; e o uso do sistema de mercado não implica na falta de autonomia humana. Uma sociedade democrática pode fazer a opção por basear-se nos preços com vistas às vantagens que isso possa trazer, e, ao mesmo tempo, manter as instituições básicas exigidas pela justiça. Essa decisão política pode, assim como a regulação das organizações decorrentes, pode ser perfeitamente racional e livre."

públicos e fazer pagamentos de transferências; (ii) instituir vários impostos sobre heranças e doações, fixando restrições ao direito de legar. Sobre o segundo, Rawls deixa evidente que o foco é desconcentrar riquezas:

> [a] finalidade desses tributos e normas não é aumentar a receita (liberar recursos para o governo), mas corrigir, gradual e continuamente, a distribuição da riqueza e impedir concentrações de poder que prejudiquem o valor equitativo da liberdade política e da igualdade equitativa de oportunidades (RAWLS, 2016, p. 346).

Um exemplo utilizado para explicar como os tributos podem servir à desconcentração de poder é a tributação progressiva das heranças aplicada aos beneficiários, nos termos propostos por J. E. Meade. Quando trata de redistribuição pela tributação, Meade elenca quatro possíveis princípios sobre os quais os tributos sobre heranças e sobre doações *inter vivos* podem ser avaliados. Entre eles está o princípio da tributação sobre a renda do beneficiário, progressiva. Assim, não seria considerado apenas o valor recebido, mas a riqueza já existente (MEADE, 2012, p. 54-59). Tributos desse tipo favoreceriam a dispersão da propriedade, "que é, ao que parece, uma condição necessária à manutenção do valor equitativo das liberdades iguais" (RAWLS, 2016, p. 346).

John Rawls propõe uma concepção de justiça que se realiza pela via institucional, baseada na cooperação. Na posição original, as partes compreendem e concordam que a justiça que buscam deve ser promovida pelas instituições de fundo da estrutura básica em que vivem, e cooperam, desde então, para a formatação de uma sociedade bem ordenada. Dessarte, após a avaliação comparativa de diferentes teorias de justiça, as partes concordariam em adotar os dois princípios enunciados em ordem de prioridade lexical:

> (a) cada pessoa tem o mesmo direito irrevogável a um esquema plenamente adequado de liberdades básicas iguais que seja compatível com o mesmo esquema de liberdades para todos; e
> (b) as desigualdades sociais e econômicas devem satisfazer duas condições: primeiro, devem estar vinculadas a cargos e posições acessíveis a todos em condições de igualdade equitativa de oportunidades; e, em segundo lugar, têm de beneficiar ao máximo os membros menos favorecidos da sociedade. (RAWLS, 2003, p. 60)

Então, o setor de distribuição espelha, em seus dois aspectos, os dois princípios de justiça (RAWLS, 2016, p. 348). A desconcentração de rendas e riquezas atende ao primeiro princípio, porque em uma sociedade que preserva o mercado, a desigualdade nas relações econômicas pode facilmente subverter as liberdades individuais: a concentração de poder econômico gera concentração de poder político. Por outro lado, a arrecadação para prover bens públicos e realizar transferências atende ao princípio da diferença (as desigualdades apenas são permitidas se beneficiarem ao máximo os membros menos favorecidos da sociedade).

Apesar de ser intuitivo relacionar o princípio da diferença com a aptidão para pagar tributos, é feita ressalva quanto aos princípios de justiça não imporem, necessariamente, respeito à capacidade contributiva (RAWLS, 2016, p. 348). Linda Sugin explica que a teoria de justiça de John Rawls leva em consideração um arranjo institucional maior que um esquema tributário isolado (SUGIN, 2004, p. 2001). Por isso, é plenamente possível que a tributação regressiva isolada considerada (pessoas com menor condição econômica comprometem parcela maior de seus recursos com determinado tributo) faça parte da estrutura *rawlsiana*. Hipoteticamente, por exemplo, seria possível se valer da tributação sobre o consumo (tipicamente regressiva) para financiar o provimento mais eficiente de bens públicos e realizar transferências financeiras, ocasionando, assim, a distribuição do produto social. O importante é o conjunto das ações institucionais produzir resultados distributivos considerados justos.

Nesse sentido, o primeiro princípio de justiça influenciaria mais os esquemas tributários do que o princípio da diferença, tanto porque as liberdades básicas configuram limitações ao poder tributar (SUGIN, 2004, p. 2005) como porque as liberdades políticas iguais demandam, como o próprio autor reconhece, desconcentrar poder econômico, o que, pela via da tributação, acaba impondo a tributação da renda e do patrimônio também.

1.3.2.5. Setor de trocas

É esperado que, se a estrutura-básica for formada por instituições de fundo justas, o resultado produzido pela atuação dessas instituições também será justo; se as instituições funcionarem conforme descrito para cada um dos quatro setores do Estado, a distribuição resultante será justa. Ainda assim, os cidadãos podem decidir que o Estado aumente o provimento de bens públicos, gerando aumento de gastos. Nesses casos, o princípio orientador da atuação estatal muda. Se não é do desejo de todos os cidadãos aumentar os gastos, não é justificável compelir alguns cidadãos a custearem os bens e serviços adicionais. Uma opção, aponta Rawls, seria utilizar o critério da unanimidade de Wicksell:

[a] ideia de Wicksell é de que, se o bem público é um emprego eficiente de recursos sociais, deve haver algum sistema de distribuição do acréscimo de impostos entre diversos tipos de contribuinte que obterá a aprovação de todos. Se não existir tal proposta, o gasto sugerido é um desperdício e não deveria ser feito. Assim, o setor de trocas trabalha segundo o princípio da eficiência e institui, com efeito, um organismo especial responsável por negociações, que fornece os bens e serviços públicos onde o mecanismo do mercado falha (RAWLS, 2016, p. 352).

Entende-se que, diante da distribuição justa de renda e riqueza, o aparato estatal não pode obrigar aqueles que não desejem o provimento de determinado bem público a custeá-lo, porque é do agrado de alguns. O setor de trocas colocaria em prática o princípio do benefício: realizaria acordos sobre os tributos necessários para custeio do bem público. O montante do orçamento do setor de trocas, separado do orçamento fiscal público, corresponderia ao total dos gastos negociados, abastecido pelo total de tributos arrecadados de forma vinculada (RAWLS, 2016, p. 353).

Não contamos com o setor de trocas, e apresentamos a versão de que os setores do Estado *rawlsiano* seriam quatro, porque ele não é guiado pelos princípios de justiça, mas pelo princípio do benefício. Como decorrência, a atuação política para implementá-lo acontece de forma completamente diferente do idealizado para os demais conjuntos de instituições:

[d]evemos também observar que, no setor de trocas, os representantes (e os cidadãos, por intermédio de seus representantes) se orientam, de maneira bem adequada, por seus interesses, ao passo que, na descrição dos outros setores, partimos da hipótese de que os princípios de justiça se aplicam às instituições unicamente com base em informações gerais. Tentamos definir o que legisladores racionais, adequadamente limitados pelo véu de ignorância, e, nesse sentido, imparciais, promulgariam para aplicar a concepção de justiça. Legisladores ideais não votam segundo seus próprios interesses. Estritamente falando, então, a ideia do setor de trocas não faz parte da sequência de quatro estágios (RAWLS, 2016, p. 354).

Rawls conclui que é muito provável que um arranjo desse tipo provoque confusão entre as atividades do Estado e na separação entre as despesas públicas que decorram do princípio do benefício e as que atendam à manutenção de instituições básicas justas. Porém, os problemas práticos relacionados à atuação concomitante dos setores devem ser deixados de lado para os fins teóricos empreendidos no seu trabalho (RAWLS, 2016, p. 354).

1.4. AS FUNÇÕES DA TRIBUTAÇÃO

Os autores elencados a seguir descreveram funções específicas das normas tributárias e foram organizados por ordem cronológica de publicação dos seus trabalhos.

1.4.1. Os propósitos da tributação para Adolph Wagner

Ao longo de nossa pesquisa encontramos referências a economistas que, conquanto não tenham sistematizado uma classificação de funções tributação, impulsionaram o debate a seu respeito. É o caso de Adolph Wagner, citado por Musgrave (1999, p. 43; 2008, p. 334), Vogel (1988, p. 29), Baleeiro (2015, p. 11, 35, 234, 236-237, 238) e Schoueri (2005, p. 113), em razão de sua contribuição para a superação da visão puramente arrecadatória do tributo. Em breve visita, vale a pena introduzir a sua teoria sobre a tributação a partir de seu artigo *Three Extracts on Public Finance*, escrito em 1883.

De acordo com Alberto Deodato (1949, p. 20), Adolph Wagner deu cunho científico à teoria social do tributo ao classificar, preliminarmente, o imposto "como uma categoria de direito histórico", porque a tributação sofre as influências, que lhe são correlatas, 1) da organização da economia pública; 2) da construção política; 3) dos agrupamentos de interesses econômicos; 4) das classes sociais. Nas palavras de Alberto Deodato (1949, p. 29): "[d]epois dele [Wagner], todos os financistas incluíram como capítulo da Ciência a teoria sócio-política das Finanças".

Wagner questionava se a tributação deveria se limitar à finalidade puramente financeira de cobrir os gastos da máquina pública ou se poderia haver outra concepção para o tributo. A resposta foi que existe outra finalidade, pertencente à esfera das políticas sociais.

> A tributação pode se tornar um fator regulatório na distribuição da renda e da riqueza nacional, geralmente a partir da modificação da distribuição posta pelo livre mercado. Eu mantenho firme essa concepção, contra todas as polêmicas. Eu inclusive vou além agora e digo que essa segunda finalidade regulatória pode ser ampliada para interferir no uso das rendas e riquezas individuais. A afirmação da segunda finalidade leva a uma ampliação, ou se preferir, uma segunda concepção da tributação. Trata-se de uma concepção de bem-estar social, além da puramente financeira (WAGNER, 1883 *In* MUSGRAVE; PEACOCK, 1994, p. 8-9 – tradução livre).[46]

---

46 Cf. redação original: "[t]axation can become a regulating factor in the distribution of national income and wealth, generally by modifying the distribution brought about by free competition. I stand firmly by this conception, against all polemics.

Na visão de Wagner, a concepção social da tributação não é questionável, nem mesmo com relação ao passado. O único ponto de controvérsia admissível é sobre a limitação dessa finalidade (qual a sua extensão e em que condições ela é justificável ou exigível), já que a realidade não deixa dúvidas quanto ao uso da tributação para influenciar a distribuição de renda e riqueza, principalmente para beneficiar as classes mais abastadas. Os efeitos sobre a distribuição são, por vezes, não intencionais, mas tolerados, o que não afasta a possibilidade de serem intencionais e deliberados (WAGNER, 1883 *In* MUSGRAVE; PEACOCK, 1994, p. 9).

> A redistribuição da renda nacional e favor das classes mais baixas é um objetivo consciente da política social moderna; a prática anterior de utilizar a tributação em favor das classes mais altas laborava na direção oposta, mas ainda assim representava intervenção regulatória na distribuição da renda nacional, mesmo que isso não tenha sido sempre reconhecido. Qualquer um que negar esse propósito redistributivo da tributação como um propósito distinto do financeiro deve, logicamente, recusar-se a admitir como tributos todos aquelas exações financeiras que, de fato, possuam esse efeito regulatório – ou, para ser mais preciso, aquela parte ou elemento dos tributos em que isso seja verdade – pelo menos onde a função redistributiva é conhecida ou realmente pretendida (WAGNER, 1883 *In* MUSGRAVE; PEACOCK, 1994, p. 9 – tradução livre)[47]

Percebemos, então, que para Wagner a tributação possui duas funções: (i) arrecadação e (ii) redistribuição. O propósito financeiro pode acompanhar a tributação mesmo quando houver a finalidade redistributiva. Quando a tributação parecer não atender completamente ao propósito financeiro, a segunda finalidade deverá ser presumida para a definição da exação como tributo. Para Seligman (1895, p. 269), Wagner coloca o elemento sócio-político do tributo como aspecto fundamental para o

---

I should even go further now and say that this second, regulatory purpose can be extended to interference with the uses of individual incomes and wealth. The statement of this second purpose leads to an extended, or if preferred a second concept of taxation. This is a 'social welfare' concept besides the 'purely financial' one."

47 Cf. redação original: "[t]he redistribution of national income in favour of the lower classes is a conscious aim of modern social policy; the earlier practice of taxation in favour of the upper classes worked in the opposite direction but still represented regulatory interference with the distribution of national income, even though this was not always recognized. Whoever denies this redistributive purpose of taxation as a purpose distinct from the financial one, must logically refuse to admit as taxes all those which in fact do have such a regulatory effect – or, to be more accurate, that part or element in such taxes of which this is true – at least where the redistributive function is known or indeed intended."

seu reconhecimento: qualquer exação que tivesse como finalidade exclusivamente a arrecadação não deveria ser compreendida como tributo.

Entender o propósito político-social como natural ao tributo terá as seguintes consequências diretas:

> 1)   O princípio da universalidade, decorrente da perspectiva de justiça distributiva da tributação não será entendido literalmente. Pessoas que não possuam capacidade contributiva poderão ser poupadas da obrigação de recolher determinados tributos.
> 2)   O princípio da igualdade é entendido como "tributar, na medida do possível, de acordo com a capacidade contributiva". (WAGNER, 1883 *In* MUSGRAVE; PEACOCK, 1994, p. 14).[48]

Parâmetros para a determinação de tributação justa precisam ser adotados ainda que o sistema tributário seja formatado como puramente arrecadador. O que varia é a medida do justo. Quando Adolph Wagner escreveu o artigo analisado (1883), comentou que a defesa dos direitos sociais dos indivíduos era contrária ao caráter puramente arrecadador dos sistemas tributários da época, mas que as mudanças estavam começando. O trabalhos mencionados demonstram que várias mudanças efetivamente ocorreram.

> [A] resposta para o que constitui "justiça" na tributação se diferencia daquilo que era válido no período dos direitos políticos individuais, assim como essa resposta é diferente daquela no período das corporações de ofício. Todo conceito de justiça muda e é, dessa forma, mais uma vez revelado como concepção histórica. Quanto maiores essas mudanças forem, e quanto mais elas forem aceitas com clareza e conscientemente pelas pessoas, tanto maiores serão as mudanças na tributação e na distribuição, por meio das quais serão implementados os postulados de universalidade e igualdade em seu novo sentido (WAGNER, 1883 *In* MUSGRAVE; PEACOCK, 1994, p. 15). [49]

---

48 Nesse ponto, com mais força, emerge a crítica de Edwin Seligman: "a teoria *soi-disant* sócio-política é insustentável no ponto em que implique, da parte do Estado, um esforço consciente para perceber impostos mais elevados sobre os ricos com o fim de os levar ao nível de pobres" (SELIGMAN *In* DEODATO, 1949, p. 33).

49 Cf. redação original: "the answer to what constitutes 'justice' in taxation comes to differ from that which was valid in the period of individualistic political rights, just as that period's answer differed from that of the earlier days of the guild system. The whole concept of justice changes and is thereby once more revealed as an historical concept. The greater these changes are, and the more consciously and clearly they are accepted by the people, the greater will be the changes in taxation and its distribution, by which to implement the postulates of universality and equality in the new manner."

A passagem acima, com a qual Wagner conclui seu artigo, sintetiza a premissa básica da qual partimos para os estudos que realizamos: toda concepção de justiça muda e a tributação, estreitamente relacionada com a propriedade privada e, por isso, com a ideia de liberdade, será sempre impactada pelos novos postulados refletidos pelo ordenamento jurídico.

1.4.2. As funções da legislação tributária para Klaus Vogel

Klaus Vogel entende que a tributação representa intromissão do Estado na propriedade privada, porquanto transfere recursos do mercado para o setor público (VOGEL, 1988, p. 56). O jurista concorda com a visão de Lorenz von Stein de que a tributação se insere numa relação triangular histórica entre Estado, Economia e Sociedade. Essa relação muda ao longo dos anos e, como consequência, a justificação para a tributação deve ser reavaliada. Se antes as justificativas eram circunstanciais e específicas, como defendiam os escolásticos, agora o Estado de bem-estar social [*welfare State*] precisa se financiar para fornecer uma gama variada de bens e serviços e garantir que mesmo no sistema de mercado seja possível alcançar determinados parâmetros sociais (VOGEL, 1988). A tributação necessita de justificação porque, na medida em que os empreendimentos privados são tributados, isso influencia a distribuição de atribuições e o equilíbrio entre Estado e economia (VOGEL, 1988, p. 56).

O sistema tributário é estruturado para que cada tributo, isoladamente ou em conjunto com outros instrumentos financeiros, atenda a determinadas finalidades governamentais. Como consequência, a finalidade das normas tributárias será fundamental para distinguir a natureza jurídica de determinados institutos, como as subvenções. Identificar com precisão a razão pela qual o tributo específico foi adotado é tarefa de êxito duvidoso, principalmente se o seu uso se prolonga no tempo. O problema, como apontado por Vogel, é o mesmo já enfrentado pela teoria geral da interpretação, que discute há décadas se o fator determinante para a interpretação da norma é a "vontade do legislador" ou a "vontade da lei";[50] se a análise da norma deve buscar uma finalidade objetiva ou subjetiva. A similitude não é ocasional, já que o exercício de *estratificar* normas tributárias é, de fato, exercício interpretativo (VOGEL, 1977, p. 106).

No âmbito da teoria geral da interpretação foi possível combinar posições subjetivas e objetivas. O mesmo caminho deve ser seguido para a

---

50 Especialmente neste capítulo, utilizamos "lei" em sentido lato.

estratificação [*Abschichtung*][51] das normas tributárias. "O fator determinante é a vontade dos membros dos órgãos legisladores, contanto e até o ponto em que esta tenha sido expressada na lei" (VOGEL, 1977, p. 106 – tradução livre)[52]. Então, nos casos em que a finalidade subjetiva do legislador não puder ser identificada, ou quando as circunstâncias de aplicação da lei tiverem mudado radicalmente, a análise deverá focar no efeito pretendido a partir da aplicação da norma, na sua função.

Assim, a legislação tributária teria, além da função de arrecadação, outras três funções: (i) função distributiva, ou função de distribuição de encargos [*Lastenausteilungsfunktion*]; (ii) função orientadora[53] [*Lenkungsfunktion*];[54] e (iii) função simplificadora [*Vereinfachungsfunktion*].

A função de arrecadação foi isolada das demais porque ela é comum a qualquer norma tributária. Mesmo normas que tratem de incentivos e subvenções fiscais possuem a função de arrecadação, que também pode ser negativa. Por ser uma constante, essa função não auxilia na interpretação da lei, devendo ser utilizada alguma das outras três, conforme as descrições a seguir:

> - É uma tarefa indispensável do direito tributário distribuir as necessidades financeiras aos cidadãos sujeitos à tributação conforme critérios de justiça distributiva ("função distributiva" [= função de distribuição de encargos]);
> - Paralelamente, muitas disposições das leis tributárias são usadas para a perseguição "indireta" e "motivadora" de finalidades de administração concretas, especialmente de política econômica ("função orientadora");
> - Por fim, disposições do direito tributário também podem ser usadas para a mera simplificação da administração ("função simplificadora") (VOGEL, 1977, p. 107 – tradução livre)[55]

---

51 O autor parece se valer do termo *Abschichtung* em sentido próprio, razão pela qual optamos pela tradução literal de estratificação, em detrimento, por exemplo, de classificação.

52 Cf. redação original: „Maßgebend ist der Wille der Mitglieder der gesetzgebenden Organe, sofern und soweit er im Gesetz seinen Ausdruck gefunden hat; im übrigen ist zu entfalten, was im Gesetz an Entscheidungen objektiv angelegt ist."

53 Traduzida por Luís Eduardo Schoueri como função *indutora* (SCHOUERI, 2005, p. 27).

54 Schoueri relata que a função orientadora ou indutora de Vogel se assemelha à *função de estruturação* [*Gestaltungswirkung*] de Dieter Birk. Existe ainda, para Birk, a função de carga [*Belastungswirkung*], assemelhada à função de arrecadação, e dificilmente se encontra um tributo que não desempenhe as duas funções (SCHOUERI, 2005, p. 27-28).

55 Cf. original: „- unverzichtbare Aufgabe des Steuerrechts ist es, den notwendigen Finanzbedarf nach Kriterien austeilender Gerechtigkeit auf die aufbringungspflichtigen Bürger zu verteilen (*„Austeilungsiutikiion [= Lastenausteilungsfunktion]*);

A função simplificadora deixa claro que a estratificação de Vogel abrange a norma tributária, não o simples ato de tributar. É a norma que tem função simplificadora, não o tributo. A conclusão parece ser a mesma alcançada por Schoeuri (2005, p. 32), que exemplifica a função com a forma de apuração do Imposto de Renda, no Brasil, pela sistemática do lucro presumido.

Quanto à função orientadora, Vogel possui um artigo publicado em português, em 1984, no qual trata dos impostos regulatórios. Indaga sobre a justificativa para instituir tal tributo e a justificação da sua alíquota. Sobre a primeira questão, entende que "se o fim regulatório é justificado, então o tributo também o será de qualquer modo, quando o contribuinte tiver a possibilidade de cumprir o objetivo da regulamentação, e for livre em sua resolução" (VOGEL, 1984, p. 552). Já a respeito da justificação da alíquota, ela deve estar em sintonia com a função de distribuição de encargos da tributação, porque essa temática se vincula à justiça da tributação. Vejamos o exemplo fornecido por Vogel:

> [o] direito alemão do imposto de renda da pessoa física permite a dedução, como despesa, do custo do transporte até o local do trabalho; desde 1967, no entanto, permite-se a dedução do custo de transporte com veículo próprio apenas no montante de uma alíquota forfetária [que não possua valor pré-estabelecido], que, como está reconhecido, se situa muito abaixo da despesa média efetiva de tais viagens (Lei do Imposto de Renda, §4º seç. 5, n. 6, §9, seç. 1, n. 4). Isso ocorre em razão de motivos de política de transporte; limitando-se o benefício fiscal – que, visto do outro lado, é um ônus fiscal adicional – espera-se uma mudança de atitude do usuário de transporte, que, em vez do veículo próprio, passará a usar os meios de transporte público. A alíquota fortetária, fixada conscientemente em base muito reduzida, produz, pois, conforme o caso, um *tributo adicional*, que o legislador impõe aos contribuintes do imposto de renda que vão ao trabalho com veículo próprio, porque deseja com isso induzi-los a utilizar, em vez do automóvel, os meios de transporte público. Este "tributo", no entanto, por ter sido escolhido o expediente fiscal de um limitação na dedução do custo, é paradoxalmente calculado de maneira que: 1) aumenta com o montante da renda, 2) aumenta com a distância entre a residência e o local de trabalho, 3) atinge apenas os que trabalham fora, não também outros motoristas que igualmente congestionam o tráfego na hora do rush (como donas-de-casa, estudantes) (VOGEL, 1984, p. 553 – destaques no original).

– daneben dienen viele Bestimmungen der Steuergesetze auch der „indirekten", „motivierenden" Verfolgung konkreter Verwaltungszwecke, insb. Wi rtschaftspolitischer *(Lenkungsfunktion);* – steuergesetzliche Bestimmungen können schließlich auch lediglich der Verwaltungsvereinfachung dienen *(Vereinfachungsfunktion).*"

Conclui o autor que dificilmente uma norma desse tipo se justifica, porque fere a isonomia. As pessoas que moram mais longe já possuem gastos mais elevados por estarem nessa situação e são ainda oneradas com o *tributo adicional* por utilizarem veículo próprio (VOGEL, 1984, p. 553-554). Por esse motivo, a utilização de tributos com função regulatória não pode se descolar da função de distribuição de encargos, a qual, por sua vez, deve observar critérios de justiça para determinar *quem* e *quanto* paga por meio da norma tributária.

A partir da estratificação em três funções, Klaus Vogel pretende que as normas tributárias sejam aplicadas por meio do regime jurídico adequado. É essa a justificativa para que a estratificação seja relevante, já que (i) permite identificar incentivos fiscais, os quais poderiam receber tratamento normativo diverso dos tributos; (ii) auxilia a interpretação das leis tributárias, e (iii) compõe a dogmática do direito tributário (VOGEL, 1984, p. 548 – 549). Defesa muito similar à realizada pelos demais autores para a necessidade de identificar funções para a tributação.

1.4.3. As funções da tributação para Liam Murphy e Thomas Nagel

No campo específico da filosofia do Direito Tributário, a obra *O mito da propriedade*, de Liam Murphy e Thomas Nagel (2005b), é aclamada, entre outras razões, pela perspectiva que apresenta sobre a propriedade privada.[56] Na visão dos filósofos, não existe propriedade pré-tributária (antes de ocorrer o pagamento de tributos). Isso quer dizer que os valores pagos em decorrência de obrigações tributárias não representam sacrifício do patrimônio do contribuinte, já que o recolhimento de tributos é exatamente o pressuposto para determinar a parcela do produto social a que se faz jus. A teoria não é nova, mas, como os próprios autores destacam, "a natureza convencional da propriedade é ao mesmo tempo perfeitamente óbvia e facílima de ser esquecida" (MURPHY; NAGEL, p. 11, 2005b).

Com efeito, o surgimento do Estado de Direito tem relação estreita com a demanda burguesa de proteção da propriedade privada. Proteção que não é apenas oponível aos indivíduos, mas também ao Estado. O estudo do Direito em torno da propriedade privada determinou como opostos

---

56 O título do livro remete justamente a essa mudança de paradigma: "O mito da propriedade, que arruína o debate sobre a política tributária, é o mito da propriedade de toda a nossa renda antes dos tributos" (MURPHY, 2005c, p. 985 – tradução livre). Cf. redação original: "The myth of ownership that ruins tax policy debate is the myth of ownership of the whole of our pretax income."

os sujeitos que estejam em condições de afetar o patrimônio individual.[57] Como decorrência, o tributo é encarado como a forma pela qual o Estado afeta, legitimamente, o patrimônio e a renda do cidadão, retirando da propriedade privada aquilo que foi adquirido de maneira justa. Liam Murphy e Thomas Nagel propõem, então, inverter a lógica usualmente adotada de que a propriedade privada existe antes de existir Estado de Direito. Primeiro o Estado, por meio de seu aparato jurídico, inclusive os tributos, delimita a propriedade privada e, a partir daí, os indivíduos geram o produto social, que será dividido no âmbito institucional, de acordo com as preferências de justiça da comunidade:

> a propriedade é uma convenção jurídica definida em parte pelo sistema tributário; logo o sistema tributário não pode ser avaliado segundo seus efeitos sobre a propriedade privada, concebida como algo dotado de existência e validade independentes. Os impostos têm de ser avaliados como um elemento do sistema geral de direitos de propriedade que eles mesmos ajudam a criar. A justiça ou injustiça na tributação não pode ser outra coisa senão a justiça ou injustiça no sistema de direitos e concessões proprietárias que resultam de um determinado regime tributário (MURPHY; NAGEL, 2005b, p. 11).

Esse raciocínio traz subjacente a concepção das instituições como espaço para o relacionamento do indivíduo com a coletividade, espaço que é proporcionado, por sua vez, pelo Estado. É por isso que o governo é percebido, pelos autores, como em grande parte responsável pelo tipo de vida que as pessoas podem ter (MURPHY; NAGEL, 2005b, p. 56). A renda e a riqueza pré-tributária dependem do Estado, que depende da tributação. Logo, não é possível sustentar que existe um direito de propriedade pré-existente à tributação. Caso ele existisse, seria impossível que o Estado acessasse esses recursos.[58] Esse é precisamente o argumento de Robert Nozick (1991).

---

57 Não seria razoável atribuir a ideia de oposição entre Estado e cidadão apenas à proteção do direito de propriedade privada. Platão já alertava n'*A República*, escrita por volta de 380 a.C., para a degeneração dos regimes em tirania, o que colocaria em risco não apenas o patrimônio e a renda individuais, mas à própria vida. O destaque dado à propriedade privada neste trabalho, em especial à propriedade patrimonial, deve-se ao seu objeto de estudo: o tributo, instituto que afeta, diretamente, o patrimônio e a renda dos indivíduos.

58 Em publicação na qual Liam Murphy responde aos comentários de críticos de *O mito da propriedade*, com relação ao que alega Geoffrey Brennan, fica claro que a preocupação dos autores é com a concepção libertária de que as pessoas possuem direitos *prima facie* ao seus rendimentos pré-tributários. Por isso, a tributação, para ser justa, deveria satisfazer algum critério de distribuição que fosse mensu-

O Estado é formado por concidadãos, em atividade política, que são legitimados pelos demais para atuar na regulação da estrutura institucional; para coagir os indivíduos a obedecerem às decisões que forem tomadas, na maioria das vezes, por meio de procedimentos não unânimes. Logo, deve-se questionar quais são os objetivos que legitimam o uso da autoridade estatal e, por consequência, quais são os meios legítimos para realizar esses objetivos. Uma das respostas possíveis, em linha ao que foi abordado pelos demais autores citados neste trabalho, é a tributação (MURPHY; NAGEL, 2005b, p. 56).

A imposição do pagamento de tributos faz parte do aparato estatal que lida com a propriedade privada e tem, ao menos, duas funções distintas. A segmentação entre as funções mais uma vez é ressaltada como uma necessidade normativa, para avaliar as políticas públicas que envolvam a tributação (MURPHY; NAGEL, 2005b, p. 102). O destaque é que, diferente de Richard Musgrave e John Rawls, os autores tratam especificamente das funções da tributação, e não da atividade financeira do Estado em geral. O que não significa que a tributação seja percebida como a solução dos problemas distributivos e redistributivos para os quais pode contribuir.[59]

1.4.3.1. A função de repartição entre o público e o privado e a função de distribuição

Em tópico breve de *O mito da propriedade*, Liam Murphy e Thomas Nagel destacam duas funções da tributação.[60] A primeira é a de *repartição entre o público e privado*, a qual "determina que proporção dos recursos da sociedade vai estar sob o controle do governo para ser gasta de acordo com algum procedimento de decisão coletiva, e que proporção será deixada,

---

rado conforme o patamar das rendas pré-tributárias (MURPHY, 2005a, p. 148). O argumento contrário, melhor formulado por Liam Murphy em *Taxes, Property, Justice* (2005c), é de que, não há justificação moral para a distribuição da renda antes da tributação, razão pela qual a distribuição dos encargos sobre a renda antes da tributação também não possui justificação moral. Não faz sentido usar a renda pré-tributária como patamar de avaliação da tributação justa, porque esse parâmetro só pode ser verificado nos termos em que o Estado delimitar o patrimônio, por meio, entre outros mecanismos, da tributação (MURPHY; NAGEL, 2005a, p. 148).

59 Pelo contrário, assim como John Rawls, Liam Murphy e Thomas Nagel entendem que o sistema tributário será justo se as instituições jurídicas e econômicas de fundo forem justas. O sistema tributário é apenas uma parte da estrutura responsável por garantir justiça (MURPHY, 2005c, p. 983).

60 O tópico é uma reprodução do artigo *Taxes, Redistribution, and Public Provision* (MURPHY; NAGEL, 2001), publicado anteriormente, quando o livro estava sendo produzido.

na qualidade de propriedade pessoal, sob o arbítrio de indivíduos particulares". A outra é a *função de distribuição*, "um dos principais fatores que determinam de que modo o produto social é dividido entre os diversos indivíduos, tanto sob a forma de propriedade privada, tanto sob a forma de benefícios fornecidos pela ação pública" (MURPHY; NAGEL, 2005b, p. 101).

Há certa dificuldade, na leitura do livro, de diferenciar exatamente as duas funções – o que é admitido pelos próprios autores, já que muitos programas públicos financiados por tributos as desempenham simultaneamente.[61] Ademais, não há descrição detalhada de cada função, nem mesmo em nível conceitual, e a diferença entre elas não foi explicitada em estudos posteriores sobre o tema. O foco da exposição no Capítulo 4 de *O mito da propriedade* é desmitificar a ideia de que a provisão de bens públicos está necessariamente associada à redistribuição de rendas e riquezas, e a delimitação das funções da tributação contribui para esse propósito.

As duas funções não são precisamente determinadas porque cumprem um objetivo maior: determinar a propriedade privada. Somente após a tributação, os contribuintes adquirem direito às rendas e riquezas que passam a ser de sua propriedade. A medida dessa determinação [quanto deve permanecer com o setor público e quanto deve ser deixado com o setor privado] é um dos panos de fundo para as demais discussões travadas no decorrer da obra.

A função de repartição atua na primeira fase dessa delimitação: pela alocação de recursos públicos e estabilização do mercado, estabelece o que cabe ao Estado e o que cabe ao setor privado na produção e circulação produtiva. Já a função distributiva está relacionada ao problema de divisão do produto social: quanto do que foi produzido caberá a cada cidadão. A divisão adequada do produto social é objeto de análise de teorias distributivas liberais e libertárias de conteúdo diversos: os limites da desigualdade material, a existência de parâmetros mínimos a serem mantidos entre os indivíduos, os serviços essenciais a serem prestados e quem deve prestá-los, entre outras questões. Mesmo as teorias libertárias

---

61 Por exemplo, na página 104 de O mito da propriedade, os autores alertam: "[n]ão se sabe qual a melhor maneira de conceber essa interdependência dos dois elementos da tributação. A implementação de qualquer objetivo distributivo depende de alguma forma de repartição entre o público e o privado, e qualquer repartição entre o público e o privado só pode ser justificada no contexto de algum postulado distributivo. A questão não é tão simples quanto resolver duas equações simultaneamente. As inter-relações são por demais complicadas" (MURPHY; NAGEL, 2005b, p. 104). O mesmo pode ser observado na página 117 (MURPHY; NAGEL, 2005b, p. 117).

de distribuição do produto social admitem que algum nível de atuação é necessária, ao menos para garantir a segurança (pública e jurídica). Advêm da arrecadação tributária os recursos para financiar essa atuação, sobretudo se o Estado não atua na economia (como idealizam os libertários). A função distributiva diz respeito à interferência do Estado na economia, seja para prover determinados bens ou serviços, seja para garantir o seu acesso, pelo mercado, a todos. De certa forma é apenas a partir da função distributiva que se determina a propriedade privada individual, porque é ela que especifica a quota-parte do produto social a ser entregue a cada indivíduo ou grupo social.

1.4.4. As funções da tributação para Avi-Yonah[62]

Reuven S. Avi-Yonah publicou um artigo em 2006 no qual analisava a proposta de substituir, integralmente, a tributação sobre a renda pela tributação sobre o consumo, discutida no âmbito da reforma tributária do Presidente George W. Bush. Alegava-se que a tributação sobre o consumo seria mais eficiente, isonômica e de mais fácil administração. Avi-Yonah então apresenta, desde logo, dois questionamentos: (i) por que a maioria dos países desenvolvidos adotam tanto os tributos sobre consumo quanto tributação sobre a renda?; e (ii) por que os próprios Estados Unidos da América (EUA) substituíram a tributação integral sobre o consumo, adotada por mais de um século, pela tributação principalmente da renda?[63] Para resolver esses questionamentos, seria necessário ressuscitar outro: "para que serve a tributação?"[64]

A resposta óbvia é que a tributação serve para arrecadar recursos para que o Estado cumpra suas atribuições governamentais. Não obstante todos

---

62 Embora o título do artigo seja *The three goals of taxation*, cuja melhor tradução em português seria *Os três objetivos da tributação*, a opção por utilizar *função* decorre de o próprio autor tratar como *function* a arrecadação [*revenue*], a redistribuição [*redistribution*] e a regulação [*regulation*] ao longo do artigo.

63 Cf. Reuven S. Avi-Yonah (2006, p.2 – tradução livre): "[f]irst, why do most developed countries employ both income and consumption taxes, and more specifically, the value-added tax (VAT)? And second, after having employed only consumption taxes at the federal level for over a century spanning the Jefferson to the Taft administrations, with the exception of the short-lived Civil War income tax, why did the United States switch to taxing primarily income for most of the past century?"

64 Cf. Reuven S. Avi-Yonah (2006, p.3 – tradução livre): "[t]o answer these puzzles, it is necessary to resurrect a question that has not been considered recently in the tax policy literature: What are taxes for?"

os tributos devam realizar essa função para serem efetivos, existem outras duas, mais controversas: a função redistributiva e a função regulatória.

Antes de adentrar na descrição específica de cada uma das funções, Avi-Yonah ressalta que a reforma tributária discutida à época partia da premissa errônea de que seria preciso optar por um ou outro tributo (AVI-YONAH, 2006 p. 5). Na verdade, em sentido similar ao que os demais autores citados neste trabalho concluem, tanto a justiça quanto a eficiência do sistema tributário devem ser perquiridas pela avaliação de toda a estrutura das finanças públicas, como um conjunto íntegro. A tributação, sozinha, não é capaz de sanar os problemas de justiça distributiva sob nenhum enfoque, menos ainda um tributo isoladamente considerado.

Não obstante seja necessária a avaliação do sistema como um todo para verificar a realização de determinada função, Avi-Yonah acredita ser possível simplificar o sistema tributário se alguns tributos servirem a apenas uma função. Por exemplo, a tributação sobre o consumo em vários países é complexa porque exceções à regra geral do imposto são instituídas para tentar mitigar a sua regressividade. Utilizar o imposto sobre o consumo apenas com finalidade arrecadatória poderia favorecer que as demais funções se realizassem quando analisado o quadro geral da tributação (AVI-YONAH, 2011, p. 8).

1.4.4.1. Função de arrecadação

Na esteira do debate que introduziu as funções da arrecadação, Reuven S. Avi-Yonah discute a tributação sobre a renda *versus* a tributação do consumo, do ponto de vista da arrecadação. Descreve que a expansão global do VAT [*Value-Added Tax*, tributo sobre o valor agregado] pode ser encarada como a mais importante política fiscal desenvolvida na segunda metade do século XX, mas que não foi capaz de afastar a tributação sobre a renda nos países desenvolvidos. A resposta para que a tributação sobre a renda tenha sobrevivido ao fenômeno VAT seria a expansão do Estado de bem-estar social [*welfare State*]. Os custos de manutenção do aparato social demandariam o esgotamento da base da tributação sobre o consumo, razão pela qual a medida mais inteligente para o custeio do Estado seria diluir a tributação em duas bases distintas (AVI-YONAH, 2006, p. 6 – 9).

A função de arrecadação da tributação responde à primeira pergunta colocada por Avi-Yonah, sobre por que a maioria dos países desenvolvidos manteve a tributação sobre a renda paralelamente à tributação sobre o consumo.

1.4.4.2. Função de redistribuição

A segunda questão que Avi-Yonah pretende responder é por que qualquer país deixaria de adotar a tributação sobre o consumo para substitui-la, primariamente, pela tributação sobre a renda. Esse é o caso dos Estados Unidos a partir de 1913, quando se promulgou a 16ª Emenda.[65]

Historicamente, segundo o autor, a resposta para essa pergunta é clara: o efeito redistributivo de tributar a renda. A industrialização e a urbanização após a Guerra Civil norte-americana provocaram mudança nas circunstâncias sociais e econômicas do país, pelo aumento da desigualdade em razão da transição de uma sociedade majoritariamente agrária para a dominação das grandes corporações industriais. A tributação, nesse contexto, foi considerada inadequada, já que era focada no consumo, desde já percebida como regressiva porque os menos favorecidos comprometiam maior parcela de sua renda no comércio (AVI-YONAH, 2006, p. 11). O movimento no sentido de redistribuir a renda e as riquezas nesse período é muito claro.[66]

Além da perspectiva histórica, é mencionado artigo de Joseph Bankman e David A. Weisbach (2006) em que se defende a superioridade da tributação ideal sobre o consumo, em oposição à renda. De acordo com os autores, existiriam 3 (três) argumentos principais para tributar a renda: (i) ausência de evidências *a priori* de que a tributação sobre consumo é mais eficiente; (ii) a tributação sobre a renda é melhor para fins redistributivos; e (iii) a riqueza por si só traz benefícios como poder, prestígio e segurança e a tributação sobre a renda é melhor para evitar a consolidação desses privilégios. O primeiro argumento (*trade off teory*) compara as distorções da tributação sobre a renda *versus* as distorções da tributação sobre o consumo (por exemplo, não alcançar a poupança). O segundo também foca no patrimônio de poupança/investimentos, que, por não serem

---

65 Emenda XVI (1913): "[o] Congresso terá o poder de estabelecer e arrecadar impostos sobre as rendas, oriundas de qualquer fonte, sem rateio entre os diversos Estados, e sem considerar qualquer censo ou enumeração" (ESTADOS UNIDOS DA AMÉRICA, 1913 – tradução livre). Cf. redação original: "[t]he Congress shall have power to lay and collect taxes on incomes, from whatever source derived, without apportionment among the several States, and without regard to any census or enumeration."

66 Anos mais tarde, Thomas Piketty demonstraria, a partir das séries históricas que construiu, que a política tributária de "sugar os ricos" teve efeitos positivos na redução da desigualdade social e para impedir a concentração de riquezas (PIKETTY, 2014, p. 272; p. 346-349; p. 362-365).

tributados, resultariam em "bolsões" protegidos de dinheiro, provocando desigualdade social injustificada, já que toda a sociedade contribuiu para a geração daquela riqueza. O terceiro argumento é de que a tributação sobre o consumo não é capaz de afetar privilégios relacionados à propriedade.

Bankman e Weisback tentam combater cada um desses argumentos, mas Avi-Yonah aponta um problema maior quanto ao que é dito sobre o segundo [a tributação sobre a renda é melhor para fins redistributivos]. Isso porque a visão dos autores reduz a função redistributiva da tributação a uma aplicação utilitarista. Em suas palavras: "[a] versão mais técnica deste argumento é que a transferência de um dólar dos ricos para os pobres aumenta o bem-estar porque a utilidade marginal do dinheiro para as pessoas ricas é menor que para as pessoas pobres" (BANKMAN; WEISBACK, 2006, p. 1.421 – tradução livre).[67] Entretanto, quando os defensores da tributação sobre a renda alegam que o capital privado é em parte resultado de condições sociais, e por isso deve ser distribuído, não se trata de utilitarismo, justamente porque, ao contrário de focar no indivíduo, analisa-se a sociedade como um todo; o grau de desigualdade entre os cidadãos é mais importante do que a maximização do bem estar para uma parte deles (AVI-YONAH, 2006, p. 14).

Questiona-se então por que combater a desigualdade é importante.[68] A resposta é, em última análise, política, posto que a população pode democraticamente decidir pela redistribuição, por qualquer razão. Mas Avi-Yonah fornece outros 3 (três) fundamentos para a redivisão do produto social. O primeiro é a defesa da democracia, uma vez que a acumulação de poder por entes privados não decorre da delegação conferida pela população em geral (os indivíduos que concentram poder econômico não foram eleitos para atuarem na esfera política). O segundo é baseado na concepção liberal de igualdade, que para os verdadeiros liberais não deve ser meramente formal, mas material. O terceiro fundamento é baseado na observação dos efeitos negativos das desigualdades extremas, como as revoluções sociais (AVI-YONAH, 2006, p. 15-17).

---

67 Cf. redação original: "[t]he more technical version of this argument is that transferring a dollar from the wealthy to the poor increases welfare because the marginal utility of that dollar to a wealthy person is likely to be lower than it is to a poor person. If utility goes up with income from capital as well as with income from labor, both should be used as a basis for redistributing."

68 Consoante o próprio autor explica, a premissa de que a sociedade contribui para a criação do patrimônio privado é apenas legitimador da redistribuição, não explica porque ela é desejável (AVI-YONAH, 2006, p. 14).

Avi-Yonah (2006, p. 16-17) utiliza-se da Teoria de Michael Walzer (1983) sobre as esferas de justiça para conectar democracia e tributação. A conexão estabelecida é similar à oferecida no próximo capítulo desta dissertação, a partir da obra de John Rawls. Apesar de comporem correntes filosóficas distintas, o que implica que partem de pressupostos diferentes para a formulação de suas teorias de justiça distributiva (Walzer é comunitarista e Rawls é liberal igualitário), ambos reconhecem que a concentração de poder econômico leva à concentração de poder político, o que interfere não apenas nas oportunidades, poder e reputação dos indivíduos, mas na capacidade de participação política, o que acaba por minar a Democracia. Da mesma forma, ambos sugerem a tributação como um dos instrumentos disponíveis para promover redistribuição (de recursos e de poder).

A função redistributiva da tributação não é verificada apenas na tributação da renda, até porque ela possui limites. Mais uma vez temos o alerta de que efeitos redistributivos podem ser provocados por diferentes políticas públicas e devem ser verificados a partir da análise holística do sistema jurídico. Então, a tributação sobre o consumo não pode ser demonizada. É possível a formatação de um arranjo que contemple a tributação do consumo e da renda para promover, em seu conjunto, a redistribuição do produto social.

1.4.4.3. Função de regulação

Pensava-se que a tributação sobre a renda, em especial a tributação sobre a renda da pessoa jurídica, possuía grande potencial para promover regulações setoriais, principalmente a partir de incentivos tributários [*tax expenditures*]. O problema é que essa função colidiu com as demais, porque diminuía a arrecadação e, em geral, os incentivos tributários beneficiavam os mais ricos. O resultado foi que acadêmicos como Stanley Surrey lideraram movimentos para reformar a legislação tributária, de forma que ela expressasse apenas as funções de arrecadação e redistribuição, enquanto que objetivos regulatórios seriam alcançados pela concessão de subsídios e por medidas diretas de regulação (AVI-YONAH, 2006, p. 23; 2011, p. 3).

A concessão direta de "despesas fiscais" [*tax expedintures*] é controversa, porque, de acordo com os críticos, é impossível definir uma linha de base objetiva, e não política, para medir o montante razoável dos gastos com impostos (AVI-YONAH, 2011, p. 3). Nesse sentido é a posição de Saldanha Sanches:

o benefício fiscal tem um elevado custo sistemático na medida em que desonera alguns contribuintes, mas aumenta a oneração dos restantes: este resultado é inevitável, uma vez que a distribuição da carga fiscal é um jogo de soma zero, isto é, um jogo em que aquilo que um jogador recebe é diretamente proporcional ao que os demais perdem (SANCHES, 2010, p. 48)

A superioridade da concessão subsídios sobre incentivos fiscais não é uma verdade absoluta, e a tributação também persegue objetivos regulatórios ao incidir de forma mais pesada sobre determinado comportamento ou atividades que se pretende evitar. Por isso, o autor não considera desejável que a função regulatória da tributação seja excluída do ordenamento jurídico (AVI-YONAH, 2006, p. 23-24), já que a escolha pelo melhor instrumento depende do contexto político.

O exemplo utilizado pelo autor é o combate ao aquecimento global, cujos instrumentos regulatórios seriam as normas para comandar e controlar a emissão de gases; a distribuição de permissões para a emissão de gases, com volumes máximos estipulados e que podem ser comercializados [*cap and trade*]; e a tributação sobre a emissão de carbono. Uma vez que o governo não possui as informações necessárias para garantir que as metas de emissões são distribuídas de forma mais eficaz entre os atores do mercado privado, o que afasta a regulamentação de controle e comando, e que o *cap and trade* no mercado de carbono é de difícil implementação e imposição (depende um sistema complexo para viabilizá-lo, normas que o regule e imponham sanções, corpo técnico para operar o comércio etc.), ademais de possuir custos de transação e gerar resíduos tributários. Por isso, nesse caso, a tributação sobre as emissões de carbono parece ser, idealmente, a opção política mais adequada para combater o aquecimento global. Outro exemplo é a chamada *tributação pigouviana* sobre itens como o tabaco e o álcool, com a finalidade de reduzir comportamentos que provoquem externalidades negativas. Os exemplos históricos de proibição direta da venda de bebidas alcóolicas e de cigarro se mostraram menos eficientes do que a tributação regulatória sobre esses produtos (AVI-YONAH, 2011, p. 5).

1.5. REDEFININDO AS FUNÇÕES

Neste capítulo elencamos o trabalho de seis autores, do Direito, da Economia e da Filosofia do Direito, os quais classificaram as atividades financeiras do Estado, ou os tributos, em funções. A razão para procederem à essa classificação, como demonstramos, era conceder força normativa ao conteúdo de cada espécie funcional, para direcionar o trabalho do legislador e facilitar a interpretação da norma jurídica. Musgrave relatou que esse é um dos principais méritos de sua classificação e Vogel forneceu essa justificativa [identificar subsídios tributários e tratá-los conforme dispusesse a norma tributária] para a estratificação que propôs.

Em primeiro lugar, agrupamos classificações das atividades financeiras do Estado juntamente às funções da tributação porque poucas funções são executadas puramente por se exigir a obrigação tributária. Se o tributo é ferramenta política de cunho financeiro, a sua utilização, via de regra, decorre do cumprimento de alguma função da atividade financeira do Estado.

Por exemplo, para cumprir a função alocativa de Musgrave, relacionada ao provimento de bens públicos (e não à sua produção), o Estado exigirá tributos com finalidade predominantemente arrecadatória. Ainda para cumprir essa função, uma das opções do Governo é interferir na disponibilidade e nos preços de aquisição dos bens públicos por meio da concessão de incentivos fiscais. O mesmo caminho é sugerido por Rawls quando apresenta o seu setor de alocação, o qual se encarrega de identificar e corrigir os desvios mais óbvios de eficiência, percebidos quando os preços não exprimirem de maneira apropriada os benefícios e os custos sociais (RAWLS, 2016, p. 243). Mesmo a função redistributiva do tributo, destacada por Murphy & Nagel, Avi-Yonah e Wagner, no mais das vezes, depende de atuação posterior do Estado para ser perfeitamente alcançada. A redistribuição não acontece simplesmente pelo ato de arrecadar tributos. Como Musgrave expõe, a função alocativa está muito ligada à função de distribuição.

O mais adequado é falar em *funções da norma tributária*, e não do tributo. O tributo, por si só, sem a execução de outras ações públicas, dificilmente consegue atuar de forma funcional. Trabalhar com a norma tributária é mais adequado porque a norma não é a lei sozinha, é a totalidade das disposições sobre a matéria (DERZI, 2009, p. 540). **Falamos em funções da tributação como sinônimo, portanto, de funções das normas tributárias.**

A primeira e mais evidente função da tributação é *função de arrecadação*. Além dela, dado que o tributo atua conforme a atividade financeira do Estado, para influenciar a produção e o consumo, bem como para financiar bens e serviços públicos e ações diretas, julgamos que a uniformização de funções da tributação seja bem-sucedida se partirmos das classificações propostas por Vogel ou Avi-Yonah. No que chamam de função orientadora (indutora) ou regulatória, cabe a utilização do tributo para executar as funções de alocação e estabilização da atividade financeira. Nesse sentido, optamos por utilizar a nomenclatura *função de regulação*, porque já está difundida na literatura nacional.

A função distributiva, de alguma forma, aparece em todas as classificações. Embora o conteúdo das funções para Vogel e Avi-Yonah seja diferente, entendemos que possam se acomodar como duas dimensões da mesma função. Aliás, se considerarmos também a questão da desconcentração de riquezas, como faz Rawls, é possível falarmos em três dimensões – o assunto será abordado com detalhes no capítulo 4. Por ora, antecipamos a conclusão de que há uma *função de distribuição* da tributação, com dimensões de (i) repartição do ônus de financiamento do Estado;[69] (ii) redistribuição de rendas e riquezas e (iii) desconcentração de riquezas.

Quanto à *função de simplificação* proposta por Vogel, estabelecida a premissa de que a classificação de funções se refere à norma tributária e não ao tributo, concordamos que seja acertado acrescentá-la ao quadro que estabelecemos. O Direito Tributário é uma área em que a simplificação da execução das normas tributárias é bastante difundida e não raras vezes o Poder Judiciário é chamado a decidir sobre a sua possibilidade. Existem áreas ainda cinzentas para a identificação de normas de simplificação e normas de regulação, o que motiva o estudo mais específico dessa função.

Finalmente, as funções descritas por Murphy e Nagel não são especificamente incluídas em nossa proposta de uniformização, por não serem perfeitamente identificáveis. Apesar de os filósofos partirem de premissas muito particulares sobre o direito à propriedade privada, diferente de todos os demais autores pesquisados, acreditamos que seja possível visualizar suas funções transitando entre a *arrecadação e regulação* (no que se referem à alocação de recursos para provisão de bens e serviços públicos) e a *distribuição* (redividir o produto social).

Julgamos, portanto, que a classificação que melhor acomoda as obras analisadas seja a seguinte:

---

[69] A função de determinação da propriedade privada individual, sugerida por MURPHY E NAGEL (2005, p. 101), se insere nessa primeira dimensão da função de distribuição.

1) ARRECADAÇÃO: função inerente à tributação, instrumental para as demais.

2) REGULAÇÃO: cumpre atender, principalmente (mas não apenas), às funções da atividade financeira pública de alocação e estabilização, interferindo na produção e no consumo.

3) DISTRIBUIÇÃO: possui três dimensões, (i) repartir o ônus de financiamento do Estado; (ii) redistribuir rendas e riquezas; e (iii) desconcentrar riquezas.

4) SIMPLIFICAÇÃO: responde às demandas de praticidade no tratamento da norma tributária e afeta, principalmente, obrigações acessórias e procedimentos de arrecadação.

Para finalizar, reforçamos que as funções não são desempenhadas exclusivamente, mas preponderantemente, a depender da finalidade imediata que se pretenda alcançar com a norma tributária.

CAPÍTULO 2

O PRIMEIRO PRINCÍPIO DE JUSTIÇA DE JOHN RAWLS, A IGUALDADE EQUITATIVA DE OPORTUNIDADES E A JUSTIFICATIVA PARA A DESCONCENTRAÇÃO DE RIQUEZAS

A definição do que é "o justo" é objeto de disputa de diferentes correntes filosóficas. Se para alguns a concepção de justiça deve priorizar o indivíduo e a sua autonomia, no campo oposto do debate ela deve se traduzir em igualdade. O liberalismo igualitário de John Rawls, contempla, em alguma medida, os dois polos dessa discussão.[70]

A concepção política de justiça de John Rawls cristaliza-se na *justiça como equidade*. Trata-se de uma concepção política porque possui 3 (três) características principais: (i) seu objetivo é servir para as instituições polí-

---

70 Rawls foi um filósofo liberal americano que estudou em *Princeton e Oxford*, serviu às forças armadas na Segunda Guerra Mundial e lecionou na *Cornell University* e no *Massachusetts Institute of Technology* (MIT) antes de se juntar à universidade de *Harvard*, onde foi professor por mais de 30 (trinta) anos. A sua concepção política de justiça foi discutida e aprimorada desde a sua apresentação, em 1971, no livro *Uma Teoria de Justiça* (RAWLS, 2016), culminando na *Justiça como equidade: uma reformulação* (RAWLS, 2003), publicado originalmente em 2001. Essa brevíssima retomada do seu currículo realiza-se apenas para salientar a contemporaneidade de sua obra e o mérito de ter o filósofo reexaminado a sua teoria ao longo de sua trajetória acadêmica, o que permitiu torná-la mais coerente e mais didática para os seus leitores. John Rawls busca fornecer uma resposta para o impasse de nossa história política recente de não haver concordância "sobre a forma pela qual as instituições sociais básicas devem ser organizadas para se harmonizarem com a liberdade e igualdade dos cidadãos enquanto pessoas" (RAWLS, 2000a, p. 354, 427), objetivo com o qual comungamos. Para as mudanças realizadas em sua teoria a partir de suas principais obras, ver Carvalho (2018, p. 6-9) e Reis (2018, Primeiro Capítulo). Como exemplo, ver a introdução de *Political Liberalism: Reply to Habermas* (RAWLS, 1995, p. 132). Além disso, em diversas notas de rodapé do *Liberalismo Político*, Rawls agradece comentários e críticas que o auxiliaram naquela determinada parte.

ticas, quer dizer, objetiva ser aplicada à "estrutura básica da sociedade"[71]; (ii) apresenta-se como uma concepção autossustentada, ou seja, que não deriva de nenhuma doutrina religiosa, filosófica ou moral abrangente; e (iii) seu conteúdo é expresso por meio de algumas ideias fundamentais, entendidas como implícitas na cultura política pública de sociedades democráticas (RAWLS, 1995, p. 134-135; 2000a, p. 53-56).

O fato de a concepção de justiça *rawlsiana* servir para a estrutura básica implica que o seu núcleo é o arranjo e as normas institucionais (princípios, preceitos e critérios), além da forma pela qual devem ser conduzidas as relações entre os membros da sociedade que as adotam (RAWLS, 2000a, p. 54).[72] Essa concepção é diferente, portanto, da ideia de justiça segundo doutrinas filosóficas, religiosas ou morais abrangentes,[73] que possuem suas próprias noções de razão e justificação, por se aplicarem a todos os temas e abarcarem todos os valores – o alcance da *justiça como equidade* é muito mais restrito, se limitando ao político, que é somente um campo da moral (RAWLS, 2003, p. 19). A terceira característica pressupõe que em sociedades democráticas exista uma tradição de pensamento que é, pelo menos, familiar e compreensível ao senso comum dos cidadãos. Esse pensamento faz parte de uma cultura pública que envolve as instituições políticas e as tradições de interpretação do regime constitucional (inclusive as do Judiciário), além dos textos e documentos históricos que são de conhecimento geral (RAWLS, 2000a, p. 56).

---

71 Entende-se como *estrutura básica da sociedade* a forma como as principais instituições sociais se relacionam, construindo um sistema de cooperação social, bem como a maneira pela qual determinam a divisão das vantagens provenientes da cooperação social no transcurso do tempo. Ela garante justiça de fundo [*background justice*] (RAWLS, 1978, p. 47; 2003, p. 13-14).

72 Rawls entende como *instituição* um sistema político de normas que define os cargos e funções, com seus direitos e deveres, poderes e imunidades etc. São normas que definem obrigações, permissões e proibições. Para o filósofo, as instituições podem ser vistas de duas formas: um objeto abstrato, que representa um sistema de normas, ou como a efetivação dos atos especificados pelas normas (RAWLS, 2016, p. 66-67). Em *Justiça como equidade* são elencadas como exemplo a constituição política; as formas legais reconhecidas de propriedade; a organização da economia; e até mesmo a família (RAWLS, 2003, p. 13-14).

73 Como a diferença entre a concepção política de justiça e as doutrinas religiosas, filosóficas ou morais abrangentes é o leque de objetos que elas acolhem, inclusive podendo abranger todos (concepções gerais/doutrinas globais), vamos nos referir, nesta dissertação, a "doutrinas abrangentes". Mesmo que se tratem de religião ou filosofia, elas podem ser plenamente abrangentes. Ver Rawls (2000a, p. 222).

Podemos assumir que a razão pela qual a *justiça como equidade* trabalha com a política, e não com doutrinas mais abrangentes, é justamente a sua feição liberal, a consideração de que os indivíduos possuem um senso de justiça e que podem autonomamente decidir qual projeto de vida boa perseguir e como.[74] Aceita-se a existência de *pluralismo razoável*, ou seja, de uma diversidade muito grande de doutrinas abrangentes. Estas, ao pretenderem arrazoar e justificar todos os campos da moral, acabam proferindo juízos sobre a conduta daqueles que não compartilham de seus valores. A religião é um bom exemplo. Se as instituições sociais passam a se guiar por concepções religiosas, então seu regramento passa a excluir aqueles que não dividem o mesmo credo. É plausível cogitar que haveria permissões ou proibições sobre casamento, família, ciência, caridade, usura e consumo, pelo menos. Logo, fica patente que o acordo sobre doutrinas abrangentes, diante do pluralismo razoável, é impossível, mas Rawls acredita que as pessoas possam cooperar no âmbito institucional (RAWLS, 2003).[75]

Todo indivíduo é capaz de cooperar, especialmente porque a cooperação social é o melhor caminho razoável e racionalmente para perseguir sem interferências as concepções particulares de vida boa. Os termos equitativos para a cooperação social envolvem a ideia de reciprocidade, o que quer dizer que é razoável aceitar o cumprimento de obrigações sociais, conforme critérios públicos e consensuais prévios, uma vez que todos se comprometem com eles. Já a racionalidade também favorece a cooperação porque os termos equitativos refletem o que os cidadão procuram promover do ponto de vista de seu próprio bem (RAWLS, 2000a, p. 355;

---

74 A justiça como equidade considera que cidadãos livres e iguais possuem duas faculdades morais: (i) a capacidade de ter um senso de justiça, que é "a capacidade de compreender e aplicar os princípios de justiça política que determinam os termos equitativos de cooperação social, e de agir a partir deles (e não apenas de acordo com eles)"; e (ii) "a capacidade de formar uma concepção do bem: é a capacidade de ter, revisar e buscar atingir de modo racional uma concepção do bem. Tal concepção é uma família ordenada de fins últimos que determinam a concepção que uma pessoa tem do que tem valor na vida humana ou, em outras palavras, do que se considera uma vida digna de ser vivida. Os elementos dessa concepção costumam fazer parte de, e ser interpretados por, certas doutrinas religiosas, filosóficas ou morais abrangentes à luz das quais os vários fins são ordenados e compreendidos." (RAWLS, 2003, p. 26).

75 Sobre a questão é interessante o §5º do inc. I de *Liberalismo Político* (RAWLS, 2000a, p. 72-78), no qual Rawls explica que a concepção de bem dos cidadãos livres e iguais pode mudar (é possível se converter a outra religião, por exemplo), mas as pessoas, aos olhos das instituições, continuam as mesmas: possuem os mesmos direitos e deveres básicos.

2003, p. 9). A ideia de cooperação, que é central na teoria de justiça *rawlsiana*, evidencia estarmos diante de uma formulação contratualista (os cidadãos concordam em viver na estrutura básica de acordo com os preceitos da justiça como equidade).

Reconhecido o pluralismo razoável e pressupondo que os cidadãos podem cooperar no campo político, porque são livres e iguais e porque há racionalidade e razoabilidade nisso,[76] resulta que o poder político (poder coercitivo do corpo coletivo) somente deve ser exercido da forma que se espera que todos os cidadãos tenham endossado, à luz de uma razão humana comum (RAWLS, 2000a, p. 185). Supõe-se que os cidadãos possuam duas visões sobre as mesmas questões, uma política e uma abrangente, pois mesmo sobre o campo político as doutrinas abrangentes espraiam as suas razões e justificações. Por isso, é preciso que haja consenso sobreposto, que a mesma concepção política seja afirmada, ainda que os cidadãos divirjam sobre doutrinas abrangentes.[77]

Para definir os termos equitativos de cooperação social, Rawls se vale de uma abstração, a posição original. Nela, as partes são descritas como *representantes* dos demais cidadãos e vestem o véu da ignorância. Assim, sem saberem da sua posição na sociedade, nem de seus representados, se

---

76 Samuel Freeman (2007, p. 435-436) entende que os direitos humanos sejam a condição primária para cooperação social entre os cidadãos porque especificam os padrões mínimos para instituições políticas decentes, portanto necessários para qualquer sistema de cooperação social, liberal ou não. Na ausência de direitos humanos as pessoas não cooperam, assim como os escravos são coagidas e tratadas como descartáveis. Nesse sentido, o rol de direitos humanos são mais restritos que as liberdades básicas liberais, porque efetivamente representam o mínimo [de liberdades, poderes e proteções] que uma pessoa necessita para ser vista como um agente independente que merece respeito e consideração moral. Já os direitos liberais são as liberdades, poderes e proteções necessárias para o desenvolvimento completo e o exercício adequado de poderes morais em uma sociedade liberal. Na nota de rodapé nº 7, na página 62 de *Justiça como equidade*, Rawls menciona que o primeiro princípio de justiça "é precedido por um princípio lexicalmente anterior que exige a satisfação das necessidades básicas, pelo menos na medida em que sua satisfação é uma condição necessária para que os cidadãos compreendam e possam exercer proveitosa e plenamente os direitos e liberdades básicos" (RAWLS, 2003, p. 62), circunstância na qual indica a obra de R. G. Peter para formulação e debate desse princípio anterior.

77 Ver Rawls (1995, p. 136), em que a partir de um trecho de *Faticidade e validade*, de Habermas, John Rawls demonstra como o liberalismo político apresenta sua concepção política sem adentrar questões mais apropriadas ao domínio de doutrinas religiosas, filosóficas e morais abrangentes.

entre os mais favorecidos ou entre os menos favorecidos, sem considerar as diversas concepções de bem, as condições históricas, as circunstâncias sociais e os dons naturais que podem determinar uma ou outra posição, devem estabelecer os termos segundo os quais os cidadãos livres e iguais concordam em cooperar uns com os outros, racional e razoavelmente. Os termos são estabelecidos a partir da seleção de princípios de justiça elencados de acordo com concepções da filosofia moral e política.[78] As partes compreendem e concordam que a justiça que buscam deve ser promovida pelas instituições de fundo da estrutura básica em que vivem, e cooperam, desde então, para a formatação de uma sociedade bem ordenada.

Cooperação, como dissemos, envolve benefício mútuo. Rawls (2003, p. 88) afirma que "a cooperação social é sempre produtiva, e sem cooperação nada seria produzido e, portanto, nada seria distribuído". Os menos favorecidos concordam em cooperar na produção guiada pelos mais favorecidos porque isso também lhes é vantajoso; compreende-se que é preciso manter os incentivos desiguais para que a produção se desenvolva e a riqueza seja distribuída. A permissão da desigualdade pela estrutura básica é inevitável, necessária ou extremamente benéfica para manter a cooperação social (RAWLS, 2000a, p. 323). Os cidadãos irão cooperar porque se beneficiam das desigualdades existentes no sistema (principalmente de talentos e habilidades) e porque é razoável se submeter a um sistema cooperativo desigual se todos se submeterem a ele.

Entretanto, para que essa cooperação não se transforme em subjugação é preciso garantir, antes de mais nada, liberdades individuais básicas e igualdade equitativa de oportunidades. Isso porque, em uma sociedade que preserva o mercado, a desigualdade nas relações econômicas pode facilmente subverter as liberdades individuais. A realidade fornece vários exemplos, e John Rawls (2003, p. 62) alerta para aquele que é objeto especial deste estudo: a dominação política causada pela concentração de riquezas. Então, como seria possível conciliar a existência do mercado, e as desigualdades econômicas que ele demanda, com a necessidade de liberdade política igual para que as instituições promovam efetivamente justiça procedimental de fundo? Condicionando a existência de desigualdades econômicas à garantia das liberdades básicas e das oportunidades

---

78 O objetivo de elencar princípios para seleção na posição original é "mostrar que os dois princípios de justiça propiciam uma compreensão melhor das exigências da liberdade e da igualdade numa sociedade democrática do que os princípios primeiros associados às doutrinas tradicionais do utilitarismo, do perfeccionismo ou do intuicionismo" (RAWLS, 2000a, p. 346).

equitativas é estabelecida *prioridade lexical* entre os princípios de justiça selecionados na posição original, sob o véu da ignorância.[79]

As liberdades básicas não podem ser subvertidas pelas relações econômicas, porque a sua garantia é requisito que deve ser preenchido prioritariamente à aceitação de desigualdades no seio da comunidade. Em outras palavras: as desigualdades apenas serão aceitas se forem asseguradas as liberdades básicas elencadas por Rawls e, depois disso, se estiverem garantidas as oportunidades equitativas.

É com base nessas considerações que as partes selecionam, na posição original, os princípios de justiça de acordo com a prioridade lexical.[80] Os dois princípios de justiça[81] devem atender, cada um, a uma parte da *bipartição* da estrutura básica. Para tanto, distinguem-se entre "os aspectos do sistema social que definem e garantem as iguais liberdades fundamentais" e "os aspectos que especificam e estabelecem as desigualdades sociais e econômicas" (RAWLS, 2016, p. 74). É importante ter essa segregação em mente para modelar as instituições que cuidam da tributação.

A partir dos princípios de justiça serão estabelecidas as normas que regularão as instituições na estrutura básica. Em Uma Teoria de Justiça (2016), inspirado pela Constituição norte-americana, John Rawls propõe uma sequência de 4 (quatro) estágios como recurso de aplicação dos princípios de justiça. O primeiro consiste na posição original, na qual, como dito, imagina-se que os indivíduos definem e adotam racionalmente os princípios de justiça que serão aplicados à estrutura básica da sociedade. Já no segundo estágio, retira-se parcialmente o véu da ignorância para aprovar a Constituição e "elaborar um sistema para os poderes constitu-

---

79 Prioridade lexical, nas palavras do autor: "[o] primeiro princípio tem precedência sobre o segundo; no mesmo sentido, no segundo princípio, a igualdade equitativa de oportunidades tem precedência sobre o princípio de diferença. Essa prioridade significa que ao aplicar um princípio (ou testá-lo em situações de controle) partimos do pressuposto de que os princípios anteriores já foram plenamente satisfeitos." (RAWLS, 2003, p. 61).

80 Adotamos a versão traduzida da última publicada, *Justiça como equidade: uma reformulação* (2003). Em *Liberalismo político* (2000a) a redação dos princípios era ligeiramente diferente (RAWLS, 2000a, p. 345).

81 Alguns autores referem-se à existência de 3 (três) princípios de justiça, como Daniels (2003). Nesta dissertação adotamos a nomenclatura que o próprio John Rawls utiliza, com a tradução da Editora Martins Fontes (RAWLS, 2000a; 2003 e 2016). Ou seja, *dois princípios de justiça*, com o segundo dividido em duas partes.

cionais do governo e para os direitos fundamentais do cidadão" (RAWLS, 2003, p. 241).[82] O terceiro estágio é o legislativo, que também deve ser conduzido ignorando as condições particulares do legislador. E o quarto e último estágio seria o da aplicação das normas aos casos concretos pelos juízes e administradores, além da obediência das normas pelos cidadãos. Aqui, todos os indivíduos possuem pleno acesso às informações sobre sua vida e sobre as demandas da vida em sociedade.

Rawls imaginou a sequência de 4 (quatro) estágios como uma divisão de trabalho para as questões de justiça social postas em seus princípios:

> [o] primeiro princípio da liberdade igual é o padrão principal da convenção constituinte. Seus principais requisitos são os que as liberdades fundamentais individuais e a liberdade de consciência e a de pensamento sejam protegidas e que o processo político como um todo seja um procedimento justo. Assim, a constituição define um status comum de cidadania igual e realiza a justiça política. O segundo princípio entra em ação no estágio da legislatura. Determina que as políticas sociais e econômicas visem maximizar as expectativas de longo prazo dos menos favorecidos, em condições de igualdade equitativa de oportunidades, desde que as liberdades iguais sejam preservadas. Neste ponto, entra em jogo toda a gama de fatos sociais e econômicos de caráter geral. A segunda parte da estrutura fundamental contém as distinções e as hierarquias das formas sociais, políticas e econômicas necessárias à cooperação social eficaz e mutuamente benéfica. Assim, a prioridade do primeiro princípio de justiça em relação ao segundo se expressa na prioridade da convenção constituinte em relação ao estágio legislativo (RAWLS, 2016, p. 244).

Realizada essa breve digressão sobre a teoria de justiça de John Rawls, analisaremos agora como os princípios, e sua prioridade lexical, contribuem para a análise da tributação nos dias atuais. A Constituição brasileira proclama um Estado Democrático de Direito e compartilha de muitos do ideais *rawlsianos*, ainda que não haja nenhuma relação imediata entre a obra do autor e nosso ordenamento jurídico pátrio. O ponto é que a *Justiça como Equidade* se apresenta como uma concepção de justiça (i) pensada para democracias constitucionais; (ii) que aceita um sistema

---

82 Nesse estágio, o participantes da convenção constituinte não sabem ainda suas posições específicas na sociedade, ou seus talentos naturais, ou qual concepção de bem professam, mas conhecem os princípios de justiça e os fatos genéricos sobre a sociedade, como as circunstâncias históricas, os recursos naturais disponíveis, seu nível de desenvolvimento econômico e sua cultura política (RAWLS, 2003, p. 241).

econômico de mercado;[83] (iii) que presume a existência de desigualdades; (iv) reconhece o pluralismo razoável; e, sobretudo, (v) foi erigida sobre os ideais de liberdade e igualdade, tal como a nossa Constituição. Logo, fornece bases teóricas sólidas para perquirirmos se são justos vários dos nossos institutos, em especial a tributação, expressamente mencionada pelo filósofo em seus trabalhos.[84]

2.1. PRIMEIRO PRINCÍPIO DE JUSTIÇA

O primeiro princípio de justiça de John Rawls prescreve que "**cada pessoa tem o mesmo direito irrevogável a um esquema plenamente adequado de liberdades básicas iguais que seja compatível com o mesmo esquema de liberdades para todos**" (RAWLS, 2003, p. 60). Originalmente, em *Uma Teoria de Justiça* (2016), em vez de "um sistema plenamente adequado" lia-se "o sistema total mais extenso possível" (RAWLS, 2000a, p. 345)[85] A alteração se deve, principalmente, às críticas recebidas de H. I. A. Hart (RAWLS, 2000a, p. 343, 387). A ideia foi de desfazer a impressão de que em *Teoria* sugeria-se

---

83 Em *Justiça como equidade: uma reformulação* (2003), mais uma vez respondendo a críticas sobre seu trabalho inicial em *Uma Teoria de Justiça*, Rawls esclarece que estado de bem-estar social capitalista não realiza todos os principais valores políticos expressos pelos dois princípios de justiça. O filósofo expõe que a democracia de cidadãos proprietários seria uma alternativa ao capitalismo. Além de servir a uma democracia de cidadãos proprietários (pouco explorada em sua obra), também seria possível sustentar a justiça como equidade em um regime socialista liberal, em que além de proletariados serem proprietários dos meios de produção, as empresas desenvolvem suas atividades num sistema de mercados competitivos livres e eficientes (RAWLS, 2003, p. 191-198).

84 Como o próprio Rawls sugere: "[a] concepção de justiça à qual pertencem esses dois princípios não deve ser considerada um método de responder às perguntas dos juristas, mas sim um quadro de referência que, se os juristas o acharem convincente, pode orientar suas reflexões, complementar seu conhecimento e auxiliar seu julgamento" (RAWLS, 2000a, p. 427).

85 Na tradução para o português da Editora Martins Fontes, 4. ed. rev. atual., a enunciação final do primeiro princípio é: "[c]ada pessoa deve ter um direito igual ao mais abrangente sistema total de liberdades básicas iguais que seja compatível com um sistema similar de liberdades para todos" (RAWLS, 2016, P. 376). Por isso, a expressão modificada com relação ao *Liberalismo político* (2000a) e ao *Justiça como equidade* (2003) é, na verdade, *mais abrangente sistema total*. Adotamos, todavia, a tradução posta em *Liberalismo político* por ser a edição em que ele explica a mudança no primeiro princípio de justiça. Chamamos a atenção para o fato de que todas as traduções foram revisadas por Álvaro de Vita, o que confere maior segurança de que não houve comprometimento quanto ao sentido das expressões divergentes.

que quanto mais extenso o sistema de liberdades, melhor (RAWLS, 2000a, p. 387). Também, buscou-se explicitar que o primeiro princípio abrange uma "família de liberdades" e não simplesmente *liberdade* (genérica e no singular), como poderia parecer em *Teoria* (RAWLS, 2003, p. 63).

De fato, são observações relevantes sobre o conteúdo do primeiro princípio de justiça. A primeira delas joga luz sobre a necessidade de especificação e de ajuste das liberdades básicas nos estágios posteriores à posição original. Esse movimento exige a retirada do véu da ignorância, progressivamente, porque apenas conhecendo as circunstâncias sociais e a cultura política da estrutura básica é possível propor medidas específicas para assegurar o pleno desenvolvimento dos cidadãos livres e iguais.[86] Além disso, refletem a preocupação de que a ampliação da lista de liberdades básicas possa enfraquecer a proteção daquelas que são mais essenciais (nenhuma liberdade particular é prioritária). Por fim, aproxima-se das discussões dos constitucionalistas a respeito da integridade e da coerência dos ordenamentos jurídicos, ao considerar a compatibilização possível entre as liberdades básicas, espelhadas na constituição.

Nesse sentido, *liberdade*, quando relacionada com limitações jurídicas e constitucionais, deve ser entendida como "uma determinada estrutura de instituições, em um certo sistema de normas públicas que define direitos e deveres" (RAWLS, 2016, p. 248). Afirmar que as liberdades básicas possuem prioridade no âmbito institucional significa todas as normas que forem estabelecidas nos estágios posteriores à posição original (constituição, normas emanadas do Poder Legislativo, decisões do Poder Judiciário e regulamentos das instituições políticas) deverão se conformar às liberdades básicas, conforme determina o primeiro princípio de justiça.

"A prioridade da liberdade implica, na prática, que uma liberdade fundamental só pode ser limitada ou negada em nome de uma outra ou de outras liberdades fundamentais, e nunca (...) por razões de bem-estar geral ou de valores perfeccionistas" (RAWLS, 2000a, p. 349). Conclui-se, então, que as liberdades básicas não são absolutas, já que podem ser limitadas e até mesmo negadas por outras no exercício de sua compatibilização. Mais, as liberdades fundamentais se autolimitam, no sentido de que para obter uma liberdade maior para si mesmo é preciso que a mesma liberdade maior seja concedida aos outros (RAWLS, 2000a, p. 397, 398).

---

86 A constituição estabelecerá a *esfera central de aplicação* das liberdades básicas. Deverá ser explicitado o necessário para orientar com clareza o processo legislativo a partir da constituição (RAWLS, 2000a, p. 351-353).

A prioridade do primeiro princípio provoca, ainda, que o <u>segundo seja aplicado no contexto de instituições de fundo que satisfaçam as exigências do primeiro</u> (RAWLS, 2003, p. 65). A satisfação do primeiro princípio, a ensejar a aplicação do segundo, será abordada mais adiante neste trabalho.

São elencadas como liberdades básicas: (i) a liberdade de pensamento e de consciência; (ii) as liberdades políticas e a liberdade de associação, assim como as liberdades especificadas pela liberdade e integridade da pessoa; e (iii) os direitos e liberdades abarcados pelo Estado de Direito (RAWLS, 2000a, p. 345; 2003, p. 62). E a sua fonte é a tradição histórica da filosofia moral e política (RAWLS, 2000a, p. 347).

Uma crítica usual às teorias liberais é que as liberdades fundamentais, na prática, são mera formalidade. Consoante narramos na introdução deste capítulo, em sistemas capitalistas, nos quais o mercado alcança a maioria das instituições (senão todas) da estrutura básica, o domínio econômico pode subverter as liberdades fundamentais dos menos favorecidos.[87] Rawls não desconhece que os cidadãos mais ricos podem cooptar o sistema legislativo (RAWLS, 2000a, p. 281). Aliás, o autor demonstra grande preocupação com essa possibilidade desde *Teoria*:

> [h]istoricamente, um dos principais defeitos do governo constitucional tem sido a sua incapacidade de assegurar o valor equitativo da liberdade política. Não se tem tomado as providências corretivas necessárias; na verdade, parece que nunca houve ponderações sérias a esse respeito. <u>Disparidades na distribuição de propriedade e riqueza que em muito excedem o que é compatível com a liberdade em geral têm sido toleradas pelo sistema legal.</u> Não se tem empregado recursos públicos na manutenção das instituições necessárias para garantir o valor equitativo da liberdade política. A falha reside essencialmente no fato de que o processo político democrático é, na melhor das hipóteses, uma rivalidade regulada; nem em teoria possui as propriedades desejáveis que a teoria dos preços atribui a mercados realmente competitivos. <u>Ademais, as consequências das injustiças no âmbito do sistema político são muito mais graves e duradouras que as imperfeições do mercado. O poder político se acumula rapidamente e se</u>

---

87 A medida do favorecimento na estrutura básica é o índice de *bens primários*. "[O]s dois princípios de justiça avaliam a estrutura básica da sociedade em função da maneira pela qual suas instituições protegem e distribuem alguns d[o]s bens primários" (RAWLS, 2000a, p. 363-364; 2003, p. 83). São considerados bens primários: as liberdades fundamentais; a liberdade de movimento e a livre escolha de ocupação num contexto de oportunidades variadas; os poderes e prerrogativas de posições e cargos de responsabilidade; renda e riqueza; as bases sociais do autorrespeito (RAWLS, 2000a, p. 363; 2003, p. 82-83).

torna desigual; e, servindo-se do aparelho coercitivo do Estado e de suas leis, aqueles que conquistam vantagens podem quase sempre garantir para si mesmos uma posição privilegiada. Assim, as desigualdades do sistema socioeconômico podem solapar qualquer igualdade política que possa ter existido em condições historicamente favoráveis (RAWLS, 2016, p. 279 – sem destaques no original).

Interessa-nos, sobre o primeiro princípio, focar nas liberdades básicas políticas, não obstante trataremos também do segundo princípio de justiça. Pretendemos verificar se as funções da tributação apresentadas pela literatura (expostas no primeiro capítulo do trabalho) são suficientes para atender às demandas atuais do Estado Democrático de Direito, mais especificamente o Estado brasileiro, cujos fundamentos, objetivos e principais institutos encontram-se na Constituição da República Federativa do Brasil de 1988 (CRFB/1988).

2.1.1. O valor equitativo das liberdades políticas iguais

Especialmente para o que há de novo neste trabalho, interessa-nos dentre as liberdades fundamentais as liberdades políticas iguais. Embora a *liberdade dos modernos* difira da *liberdade dos antigos* ao atribuir peso menor para a participação política dos cidadãos iguais,[88] é inegável o seu caráter especial na formatação de instituições que atuam diante do pluralismo razoável. Quando os cidadãos não têm direito a voto, aqueles que almejam ser eleitos não possuem incentivos para incluírem em seus programas de governo as demandas dessas pessoas, o que pode significar a negação de suas liberdades básicas (RAWLS, 2003, p. 202). O procedimento político deve espelhar na estrutura básica a representação equitativa dos cidadãos alcançada na posição original (RAWLS, 2000a, p. 387). Justifica-se, portanto, atribuir às liberdades políticas iguais espaço entre as liberdades fundamentais.

Atribuir liberdades iguais para todos, na justiça como equidade, não garante que o proveito que cada cidadão irá retirar delas será o mesmo. O valor da liberdade não é o mesmo para todos os cidadãos. Rawls distingue a liberdade do valor da liberdade como se segue: "a liberdade é representada pelo sistema completo das liberdades da cidadania igual, ao passo que o valor da liberdade para indivíduos e grupos depende de sua capacidade de promover seus objetivos dentro da estrutura definida pelo sistema" (RAWLS, 2016, p. 251). Em outras palavras, as desigualdades existem e são aceitas na estrutura básica, o que ocasiona que as pessoas que detenham maiores índices de bens primários alcancem seus fins com maior facilidade.

---

88 Ver Constant (1985). A referência também é utilizada por Rawls desde *Teoria* (RAWLS, 2016, p. 247).

Em *Teoria*, Rawls entende que o princípio da diferença seria responsável por compensar o valor menor da liberdade para os menos favorecidos, já que a capacidade para perseguir seus objetivos de vida seria ainda menor se as desigualdades não obedecessem à regra enunciada (RAWLS, 2016, p. 251). Contudo, em *Justiça como Equidade* o filósofo esclarece que, com relação à **igual participação política**, "o espaço limitado do fórum político público permite que a utilidade das liberdades políticas esteja muito mais sujeita à posição social e meios econômicos dos cidadãos que a utilidade de outras liberdades básicas", não sendo o princípio da diferença suficiente para impedir a exclusão dos menos favorecidos (RAWLS, 2003, p. 213).[89] Por isso confere-se às liberdades políticas iguais <u>valor equitativo</u>, status especial não atribuído às demais liberdades fundamentais.

Então, a utilidade que cada cidadão retira das liberdades políticas iguais, medida pelo índice de bens primários, deve ser a "aproximadamente igual, ou pelo menos suficientemente igual" (RAWLS, 2000a, p. 383). Para tanto, essa nota diferencial das liberdades políticas iguais deve ser garantida já no primeiro princípio de justiça:

> (I) Essa garantia significa que o valor das liberdades políticas para todos os cidadãos, seja qual for sua posição econômica ou social, tem de ser suficientemente igual no sentido de que todos tenham uma oportunidade equitativa de ocupar cargos públicos, de afetar o resultado das eleições e assim por diante. <u>Essa ideia de oportunidade equitativa é comparável com a igualdade equitativa de oportunidades no segundo princípio</u>.
>
> (II) Quando os princípios de justiça são adotados na posição original, supõe-se que o primeiro princípio inclui essa providência e que as partes levam isso em consideração em seu raciocínio. A exigência de valor equitativo das liberdades políticas, bem como o uso de bens primários, faz parte do significado dos dois princípios de justiça (RAWLS, 2003, p. 211 – sem destaques no original).

Edmundson fornece um exemplo muito simples para entender a diferença entre garantir a liberdade igual ou o valor equitativo da liberdade igual: o valor da liberdade de expressão é muito maior para quem administra um jornal e muito menor para aqueles que não possuem sequer

---

89 Utilizamos o verbo *esclarecer* na sentença porque mesmo originalmente John Rawls já tratava as liberdades políticas iguais de maneira diferenciada e utiliza o termo *valor equitativo* para se referir a elas. Faltou, como ele próprio explica no *Liberalismo político*, dar ênfase à questão (RAWLS, 2000a, p. 383 – nota de rodapé 35). Essa posição é diferente da assumida em *Law of peoples*, quando o filósofo dá a entender que povos decentes [*decent people*] podem abrir mão da igualdade política formal e justa para se submeter a uma hierarquia de consulta [*decent consultation hierarchy*], na tentativa de equiparar sociedades liberais e sociedades não liberais, mas toleráveis (RAWLS, 2000b, p. 63-64, 71-79).

tempo para lerem um. Trata-se do poder de *influenciar* a política, não apenas *participar* (EDMUNDSON, 2017, p. 52, 53). No caso específico das liberdades políticas, Norman Daniels auxilia na sua descrição:

> [n]ossa experiência histórica, como Rawls reconhece (p. 226), é que desigualdades de riqueza e as desigualdades de poder que as acompanham tendem a produzir desigualdades de liberdades. Por exemplo, o sufrágio universal garante que ricos e pobres possuam direito de votar. Entretanto, os ricos possuem maior habilidade que os pobres para selecionar candidatos, para influenciar a opinião pública, e para influenciar os políticos eleitos. Consequentemente, uma nítida desigualdade na liberdade de participar do processo político emerge (DANIELS, 1975, p. 256).[90]

Ou seja, elencar as liberdades políticas iguais entre as liberdades fundamentais implica, desde já, reconhecer que o seu valor aproximado ou suficientemente igual deverá ser assegurado (e não simplesmente esperar pela compensação que resulta de aplicar o princípio da diferença na esfera infraconstitucional). As formas de viabilizar o valor equitativo não foram aprofundadas por John Rawls, mas, novamente, desde Teoria há sugestões das linhas mestras a serem seguidas por seus intérpretes:

> [d]eve haver medidas de compensação, então, para preservar o valor equitativo de todas as liberdades políticas iguais. Pode-se lançar mão de uma variedade de recursos. Por exemplo, numa sociedade que permita a propriedade privada dos meios de produção, a propriedade e a riqueza devem ser amplamente distribuídas e verbas públicas devem destinar-se, em bases regulares, ao incentivo do livre debate público. Além disso, os partidos políticos devem tornar-se independentes dos interesses econômicos privados, recebendo recursos suficientes provenientes da arrecadação tributária para desempenhar seu papel no sistema constitucional. (As subvenções aos partidos podem, por exemplo, basear-se em alguma regra que leve em conta o número de votos recebidos nas eleições mais recentes, ou em algo semelhante.)[91] (RAWLS, 2016, p. 278).[92]

---

90 Cf. redação original: "[o]ur historical experience, as Rawls acknowledges (p. 226), is that inequalities of wealth and accompanying inequalities in powers tend to produce inequalities of liberty. For example, universal suffrage grants the wealthy and the poor identical voting rights. But the wealthy have more ability than the poor to select candidates, to influence public opinion, and to influence elected officials." Consequently, a clear inequality in the liberty to participate in the political process emerges."

91 É interessante notar a similitude do sistema proposto por Rawls e o adotado já nas eleições presidenciais de 2018 no Brasil. Ver Lei nº 9.096/1995.

92 As mesmas diretrizes são sugeridas em *Liberalismo político* (RAWLS, 2000a, p. 384) e

Ainda alertando sobre os perigos do captura do sistema político, ainda em 1971, Rawls sentencia que "membros menos favorecidos da sociedade, impedidos de exercer seu grau equitativo de influência devido à carência de recursos, se fecham na apatia e no ressentimento". Isso favorece que partidos políticos se mobilizem em torno de causas de grupos formados pelos mais favorecidos (RAWLS, 2016 [1971], p. 279; 2000a, p. 421). Influência essa, vale dizer, que não se restringe ao direito literal de voto. As liberdades políticas iguais devem garantir acesso ao sistema político daqueles que desejarem se engajar, em qualquer nível (desde encontrar informações para justificar o voto até concorrer a cargo eletivos). As liberdades políticas iguais formam as bases do autogoverno, e seu exercício promove o aumento da autoestima e o senso de capacidade política individual. Mais uma vez é pertinente citar Rawls:

> [a] liberdade política igual, quando seu valor equitativo é assegurado, sempre exerce profunda influência sobre a qualidade moral da vida cívica. Cria-se dessa forma uma base segura para as relações entre os cidadãos na constituição explícita da sociedade. A máxima medieval segundo a qual o que a todos atinge interessa a todos é vista como algo que se deve levar a sério e declarar como objetivo público. A liberdade política assim entendida não se destina a satisfazer o desejo do indivíduo de ser senhor de si próprio, e muito menos a sua busca de poder. Participar da vida política não torna o indivíduo senhor de si mesmo, mas lhe dá uma voz igual à dos outros na definição de como se devem ordenar as condições sociais fundamentais; tampouco satisfaz sua ambição de dominar outras pessoas, uma vez que agora se exige que cada um modere suas reinvindicações segundo aquilo que todos podem reconhecer como justo. A vontade pública de consultar e levar em conta as convicções e os interesses de todos estabelece as bases da amizade cívica e modela o *ethos* da cultura política (RAWLS, 2016, p. 288-289).

Uma das formas de impedir a dominação política dos mais ricos, atacando a concentração de riquezas é por meio da tributação.[93] Samuel Freeman ressalta que entre as medidas propostas por Rawls para garantir

---

93 A *justiça como equidade* é uma teoria política complexa, que conecta diversos aspectos da vida institucional. Por isso, muitos dos tópicos levantados por John Rawls não puderam ser aprofundados por ele próprio em sua obra. No Programa de Pós-Graduação da UFMG diversos são os temas pesquisados à luz da perspectiva *rawlsiana*. De tudo, chamou-nos a atenção, enquanto pesquisadores do Direito Tributário, a conexão que o filósofo estabelece entre questões de justiça distributiva e perturbações do sistema democrático. As evidências apresentadas no Capítulo 3 desta dissertação reforçam a necessária ligação entre as teorias de justiça e democrática. Sobre estranhamento em Rawls e Marx, ver Carvalho (2018). Sobre a possibilidade de regulação do discurso em Rawls, ver Reis (2018). Para a questão das ações afirmativas segundo a justiça como equidade, ver Dutra (no prelo). Sobre a

o valor equitativo das liberdades políticas iguais não há nada sobre a equalização de riquezas. Não obstante, seu intérprete sugere que a posição do filósofo "parece exigir medidas distributivas que igualem as disparidades que o princípio da diferença poderia permitir ao grau necessário para estabelecer o valor justo das liberdades políticas para todos os cidadãos" (FREEMAN, 2007, p. 63). Edmundson acrescenta que as liberdades políticas iguais são definitivas para o próprio princípio da diferença, já que pode determinar a distribuição de renda e riquezas na estrutura básica (EDMUNDSON, 2017, p. 51). Concordamos com essas interpretações.

Os tributos são a forma legítima pela qual o Estado alcança o patrimônio dos cidadãos, por isso investigamos se ele pode possuir a função de desconcentrar riquezas para pulverizar, consequentemente, poder político. Após breves comentários sobre o segundo princípio de justiça, usualmente abordado por pesquisadores do Direito Tributário interessados em alternativas para combater a desigualdade social, traremos considerações sobre a possibilidade dessa função no contexto da *Justiça como Equidade*.

2.2. O SEGUNDO PRINCÍPIO DE JUSTIÇA

O segundo princípio de justiça, em sua redação final,[94] prescreve que

> as desigualdades sociais e econômicas devem satisfazer duas condições: primeiro, devem estar vinculadas a cargos e posições acessíveis a todos em condições de igualdade equitativa de oportunidades; e, em segundo lugar, têm de beneficiar ao máximo os membros menos favorecidos da sociedade (RAWLS, 2003, p. 60).

Esse princípio pode ser dividido em duas partes, com prioridade lexical entre elas: (i) "as desigualdades sociais e econômicas (...) primeiro, devem estar vinculadas a cargos e posições acessíveis a todos em condições de igualdade equitativa de oportunidades" e (ii) "[as desigualdades sociais] têm de beneficiar ao máximo os membros menos favorecidos da sociedade". A primeira parte do segundo princípio de justiça é conhecida como *igualdade equitativa de oportunidades* e a segunda parte como *princípio da diferença*. A combinação dos dois permite alcançar a igualdade democrática pretendida por Rawls.

---

relação entre base tributária e justiça distributiva ver Trento (2018). Sobre o enfoque institucionalista *rawlsiano* ver Oliveira (2016) e Magalhães (2016).

94 As alterações no segundo princípio, com relação à sua redação original, foram meramente estilísticas (RAWLS, 2003, p. 61).

Lembrando-nos de que cada princípio de justiça atende a uma parte da estrutura básica, então o segundo princípio cuida dos aspectos que *especificam e estabelecem as desigualdades sociais e econômicas.*

2.2.1. A igualdade equitativa de oportunidades[95][96]

Na teoria de John Rawls, a distribuição de renda e riqueza segue a justiça procedimental pura, segundo a qual, grosso modo, os resultados distributivos são justos se os procedimentos para alcançá-los forem justos. "[Q] uando todos seguem as normas publicamente reconhecidas de cooperação, e honram as exigências que as normas especificam, as distribuições específicas de bens daí resultantes são consideradas justas (ou pelo menos, não injustas), quaisquer que venham a ser" (RAWLS, 2003, p. 71).

Como se trata a Justiça como Equidade de um modelo cooperativo, caso os cidadãos fossem excluídos *a priori* de ocupar determinados cargos ou posições sociais relevantes,[97] ainda que o resultado dessa situação fosse benéfico, haveria a sensação de injustiça pelos excluídos. Essa sensação poderia derivar da remuneração que talvez fosse almejada, mas também da negativa de autorrealização, comum àqueles que ocupam uma posição de destaque.

Algumas teorias de justiça, como a de Robert Nozick (1991), consideram que os resultados distributivos ao longo do tempo serão justos sempre que a situação inicial for justa [concepção de processo histórico ideal] (RAWLS, 2003, p. 74). É dizer, se a apropriação inicial do bem foi justa, e a sua transferência foi realizada de forma também considerada justa, ao longo da história, então o resultado verificado agora é justo. Para Nozick a justiça na transferência se dá pelo consentimento (em geral consolidado em contratos).

Ocorre que, da mesma forma que observamos com relação aos direitos políticos iguais, é possível que alguns grupos ou associações acumulem poder e consigam macular as condições de fundo necessárias para acordos equitativos e livres, ainda que a situação distributiva original tenha sido

---

95 Em inglês, *fair equality of opportunity*, referida simplesmente como FEO pelos intérpretes de John Rawls. Em português, usaremos IEO.

96 Alguns autores consideram a integralidade do segundo princípio de justiça como *princípio da diferença* (BIRD-POLLAN, 2013, 729). Nesta dissertação utilizamos a terminologia adotada nas traduções para o português produzidas pela editora Martins Fontes (RAWLS, 2000a, 2003 e 2016).

97 Posições sociais relevantes são aquelas "mais básicas e mais capazes de oferecer um ponto de vista apropriado para avaliar o sistema social" (RAWLS, 2016, p. 114).

determinada de maneira justa. Existe uma herança não patrimonial que influencia diretamente no acesso a oportunidades entre grupos de convívio; nem todas as vagas estão abertas a todos (ou porque não foram divulgadas fora de seus grupos, ou porque o perfil da vaga é preenchido apenas por membros de um grupo específico). Ademais, admite-se que as perspectivas de vida dos cidadãos são impactadas por 3 (três) tipos de contingências: (i) sua classe social de origem; (ii) seus talentos naturais e (iii) a boa ou a má sorte ao longo da vida (RAWLS, 2003, p. 78). Logo, não faz sentido confiar na justiça da distribuição inicial como garantidora da justiça ao longo da vida.

Por outro lado, é forçoso afastar o requisito da igualdade equitativa de oportunidades da formação de uma sociedade meritocrática. Uma das razões principais pelas quais escolhemos a obra de John Rawls como marco teórico deste trabalho é o tratamento singular conferido aos talentos e habilidades natas das pessoas. Além de reconhecer que os talentos naturais possuem o condão de modificar as perspectivas de vida dos cidadãos, Rawls compreende que essas habilidades natas são produzidas aleatoriamente, configurando uma espécie de loteria genética.

A visão rawlsiana não decorre da justiça como equidade (pelo contrário, a influência) nem de nenhuma doutrina moral abrangente. Na verdade, parte-se da noção de que "o mérito moral sempre envolve algum esforço consciente da vontade, ou algo feito intencional ou voluntariamente" (RAWLS, 2003, p. 105), o que deveria ser aceito por qualquer doutrina razoável. Nas palavras do autor:

> não é correto que os indivíduos que possuem maiores aptidões naturais e o caráter superior que possibilita seu desenvolvimento tenham direito a um esquema cooperativo que lhes permita obter benefícios ainda maiores de maneira que não contribuem para a vantagem de outros. Não merecemos nosso lugar na distribuição de aptidões inatas, assim como não merecemos nosso lugar inicial na sociedade. Também é problemática a situação de saber se merecemos o caráter superior que nos possibilita fazer o esforço de cultivar nossas capacidades, pois esse caráter depende, em grande parte, de circunstâncias familiares e sociais afortunadas no início da vida, pelas quais não temos nenhum crédito. A ideia de mérito não se aplica aqui (RAWLS, 2016, p. 124).

Essa compreensão não implica que os mais favorecidos não tenham direito aos seus talentos naturais. O primeiro princípio de justiça resguarda esse direito, e inclusive acoberta o desenvolvimento das habilidades natas, porque protege a integridade da pessoa. Também, o desenvolvimento das capacidades pessoais é benéfico para toda a sociedade [benefício mútuo da cooperação]. Em vista disso, a estrutura básica deve recompensar o treinamento e educação dos talentos, e o seu uso em prol da sociedade. Se estamos diante de uma estrutura cooperativa, envolvendo benefício mútuo, há expectativa legítima dos mais favorecidos de verem seus esforços reverterem em reconhecimento e bens primários. Assim como há expectativa legítima dos que estão em posições piores e que contribuem para a manutenção de um ambiente de progresso social.

Disso se conclui que a distribuição dos talentos naturais (a diferença entre as pessoas) deve ser tratada como um bem comum. Tanto a variação de capacidade com relação à mesma habilidade quanto a existência de diversos talentos garantem que a cooperação seja benéfica. Os talentos e habilidades naturais se complementam e justificam a cooperação.[98]

Para que as capacidades se desenvolvam e que todos tenham chances de aprimorar suas habilidades é preciso garantir oportunidades equitativas/ justas [fair], e não apenas assegurar oportunidades iguais, formalmente. A garantia formal não impede que grupos majoritários promovam discriminação (como acontece com mulheres, comunidade LGBTQI+ e negros, por exemplo). As alegações liberais clássicas de que o mercado pune aqueles que promovem discriminações não dão conta do comportamento dominantes, porque grupos sem poder aquisitivo simplesmente não são refletidos nas preferências de mercado. É possível ignorar suas preferências.

A simples garantia formal de oportunidades iguais não basta. Um exemplo simples para diferenciar a ideia substancial de oportunidades da mera proteção formal é o oferecimento de vagas por concurso público. Em teoria, qualquer cidadão pode concorrer à vaga e passa por um processo objetivo, pensado justamente para não diferenciar na escolha do funcionário público. Contudo, há desigualdades de toda sorte na competição: o valor dos cursos preparatórios, a possibilidade de se afastar do mercado de trabalho para estudar, o conteúdo anterior das escolas ou universidades frequentadas, os títulos relativos à formação anterior, a possibilidade de deslocamento geográfico para fazer as provas ou mesmo para se mudar na hipótese de assumir a posição, e até mesmo a postura, a confiança e a tranquilidade no momento de realização das avaliações devem ser levadas em consideração, entre muitas outras que nem mesmo conseguimos imaginar, dada a nossa condição privilegiada na estrutura social brasileira. Há, dessa forma,

---

98 Embora essa construção pareça ingênua ou muito idealista, Rawls comenta que a economia trata do assunto há muito tempo e inclusive formulou um princípio para complementariedade de habilidades desiguais, o *princípio da vantagem comparativa* (RAWLS, 2003, p. 107).

significativa diferença entre oferecer a possibilidade de concorrência pelo cargo ou posição e ofertar, além disso, os meios para que as vagas sejam preenchidas equanimemente, inclusive por ação direta do Estado.

Conquanto seja intuitivo inserir como medida institucional para garantir IEO as ações afirmativas, existe controvérsia quanto a elas serem o caminho escolhido por Rawls para lidar com as desigualdades. Samuel Freeman explica que no caso de a estrutura básica idealisticamente funcionar como proposto, não seriam necessárias ações afirmativas de tratamento favorecido a determinados grupos sociais.[99] Complementa que fora dos livros o filósofo chegou a admitir as ações afirmativas, mas se manifestou no sentido de que seriam temporárias (FREEMAN, 2007, p. 90-91).[100]

---

[99] Nesse sentido: "estamos preocupados sobretudo com a teoria ideal: a descrição da sociedade bem-ordenada de justiça como equidade. Nessa descrição, temos de distinguir duas questões: primeiro, que contingências tendem a gerar desigualdades problemáticas mesmo numa sociedade bem- ordenada e que por isso nos levam, junto com outras considerações, a tomar a estrutura básica como objeto primário da justiça; e, em segundo lugar, como, no interior da teoria ideal, deve-se definir os menos favorecidos. Embora haja certa tendência de os indivíduos mais prejudicialmente afetados pelas três contingências (§ 16.1) se encontrarem entre os menos favorecidos, esse grupo não é definido por referência a essas contingências, mas por um índice de bens primários (§ 17, n. 26). Considerando a forma mais simples do princípio de diferença, os menos favorecidos são aqueles que usufruem em comum com os outros cidadãos das liberdades básicas iguais e oportunidades equitativas, mas têm a pior renda e riqueza. Utilizamos renda e riqueza para especificar esse grupo; e os indivíduos que pertencem a ele podem mudar de um ordenamento da estrutura básica para outro" (RAWLS, 2003, p. 91-92).

[100] Realmente, o trecho em *Teoria* em que aborda as desigualdades de gênero, raça e etnia, e replicado nos livros posteriores, não é muito revelador sobre as medidas institucionais necessárias para combate-las: "[n]a medida do possível, então, a justiça como equidade analisa o sistema social partindo da posição de cidadania igual e dos diversos níveis de renda e riqueza. Às vezes, porém, pode ser preciso levar outras posições em conta. Se, por exemplo, há direitos básicos desiguais fundamentados em características naturais fixas, essas desigualdades identificarão posições relevantes. Já que é impossível alterar essas características, as posições que definem contam como ponto de partida na estrutura básica. São desse tipo as diferenças que se baseiam no sexo, bem como as que dependem de raça e cultura. Assim, se há favorecidos, digamos, na atribuição dos direitos fundamentais, essa desigualdade só é justificada pelo princípio da diferença (na interpretação geral) se for vantajosa para as mulheres e aceitável do ponto de vista delas. E uma justificativa análoga se aplica à justificativa dos sistemas de casta, ou das desigualdades raciais e étnicas." (RAWLS, 2016, p. 118). Citando esse excerto em *Justiça como equidade*, complementa: "[c]omprova-se historicamente que essas desigualdades

Não é objeto desta dissertação enfrentar o lugar das ações afirmativas na teoria ideal de John Rawls,[101] mas alguns comentários são realizados porque há relação com as funções da tributação. Acompanhando a interpretação de Freeman, entendemos que na teoria ideal de justiça a tributação se apresentaria como a melhor forma de garantir IEO, porque é a partir da arrecadação tributária que se promove a compensação das desigualdades aceitas na estrutura básica. Essa é, aliás, a dimensão mais relevante da função redistributiva do tributo: arrecadar conforme a capacidade contributiva e devolver a arrecadação em forma, principalmente, de bens públicos. Além disso, Freeman comenta que em *Uma Teoria de Justiça* existem apenas duas exigências institucionais para a igualdade equitativa de oportunidades: (i) prevenir acumulações excessivas de propriedade e riqueza e (ii) manter oportunidades iguais de educação para todos (FREEMAN, 2007, p. 90). Mas, como destacamos, o comentário de Samuel Freeman se circunscreve ao ideal. Neste trabalho, transpomos a análise para o não ideal, o que nos leva a sugerir, de pronto, a integração entre tributação e ações afirmativas na busca por justiça como equidade.

O que nos releva é chamar a atenção para a importância de evitar a concentração de poder econômico na teoria *rawlsiana*. O desequilíbrio entre poder econômico e poder político é capaz de prejudicar fatalmente a justiça como equidade, e por isso ela é tratada com cuidado ao longo de sua obra. Essa questão será abordada com mais detalhes logo adiante.

2.2.2. O princípio da diferença e a tributação

A parte final dos dois princípios de justiça é chamada de *princípio da diferença* (PD) e determina que "[as desigualdades sociais e econômicas] têm de beneficiar ao máximo os membros menos favorecidos da sociedade" (RAWLS, 2003, p. 60). De acordo com a prioridade lexical que comanda os dois princípios de justiça, desigualdades apenas são aceitas (i) se as liberdades fundamentais estiverem garantidas; (ii) se os cargos e posições sociais relevantes responderem à igualdade equitativa de oportunidades;

---

raciais e de gênero originaram-se de desigualdades de poder político e controle dos recursos econômicos. Não são, e parecem nunca ter sido vantajosas para as mulheres ou as raças menos favorecidas. É claro que um juízo histórico tão incisivo pode vez por outra ser incerto. Contudo, numa sociedade bem-ordenada dos dias de hoje não há lugar para tal incerteza e, portanto, a justiça como equidade supõe que as posições relevantes de tipo padrão especificadas pelos bens primários são suficientes" (RAWLS, 2003, p. 93).

101 DUTRA (2019).

e (iii) se elas beneficiarem os menos favorecidos. O princípio da diferença deve dar prioridade aos demais e é ele que autoriza as desigualdades no seio da estrutura básica.[102]

Vale a pena mencionar a apresentação do princípio da diferença em *Teoria*: "[o] princípio da diferença é, então, uma concepção fortemente igualitária no sentido de que, se não houver uma distribuição que melhore a situação de ambas as pessoas (limitando-se a duas pessoas, para simplificar), deve-se preferir a distribuição igualitária" (RAWLS, 2016, p. 91). Em *Liberalismo político*, há a complementação, já que Rawls explica que o padrão de comparação para o princípio da diferença é a divisão igual entre os cidadãos (RAWLS, 2000a, p. 60).

Um ponto fundamental a ser comentado sobre o princípio da diferença é que ele serve às instituições e não aos indivíduos (imediatamente).[103] Samuel Freeman elaborou uma introdução esclarecedora a respeito da influência do princípio da diferença sobre as instituições:

> [o] princípio da diferença rawlsiano não simplesmente acrescenta um dever de justiça de assistir aos pobres à lista tradicional de obrigações que as sociedades devem aos seus membros. Ele não simplesmente acrescenta a obrigação de prover *pagamentos de cunho social* ou assistência social para aqueles que são limitados por circunstâncias infelizes. O princípio da diferença vai além disso e funciona em um plano diverso. As normas especificando direitos de propriedade e contratos, e as instituições econômicas que conduzem a produção, o comércio e o consumo, possivelmente

---

102 Reproduzimos *ipsis literis* o alerta da nota de rodapé 10 do §13 de *Justiça como equidade*: "[o]bjeta-se às vezes ao princípio de diferença como princípio de justiça distributiva o fato de que ele não contém restrições à natureza global de distribuições admissíveis. Ele só se preocupa, continua a objeção, com os menos favorecidos. Mas essa é uma objeção incorreta: desconsidera o fato de que se supõe que os componentes dos dois princípios funcionem em conjunto e sejam aplicados como uma unidade. As exigências dos princípios lexicamente anteriores têm importantes efeitos distributivos. Considerem-se os efeitos da igualdade equitativa de oportunidades aplicada, digamos, à educação, ou os efeitos distributivos do valor equitativo das liberdades políticas. O princípio de diferença não pode ser levado a sério se o pensarmos em si mesmo, separado de seu contexto no interior dos princípios que a ele precedem" (RAWLS, 2003, p. 65 – sem destaques no original).

103 Sobre o ponto, também é muito interessante o comentário de Norman Daniels, de que a ênfase que Rawls coloca em grupos, e não nos indivíduos, reflete o contexto histórico das lutas políticas por igualdade, sempre protagonizado por grupos, o que sem dúvidas influenciou o conteúdo da nossa cultura democrática (DANIELS, 2003, p. 242).

deverão ser projetadas, desde o início, concentrando-se nas perspectivas dos economicamente menos favorecidos. Mais do que configurar o sistema econômico para que ele promova outros valores de forma ótima (eficiência, utilidade agregada, liberdade de escolha, etc.) e então permitir seus benefícios por gotejamento [trickle down] para os pobres – como se o seu bem-estar fosse uma consequência tardia, a última coisa a ser cuidada pelo sistema social – o princípio da diferença foca primeiro nos resultados dos menos favorecidos ao formatar o sistema de propriedade e controle, produção e trocas (FREEMAN, 2007, p. 99 – sem destaques no original).[104]

É muito importante a distinção feita por Freeman a respeito do princípio da diferença não corresponder à política econômica do *trickle down* (ou do gotejamento, em português). Segundo esta, é preciso aumentar o bolo primeiro, para depois dividi-lo com os menos favorecidos. Leituras apressadas das duas teorias permitiriam a sua aproximação, já que, grosso modo, a defesa do *trickle down* se assenta nos benefícios que seriam auferidos pelos mais pobres se os ricos se tornassem mais ricos. Essa política foi adotada nos anos de expansão do neoliberalismo e seus resultados foram desastrosos.[105]

---

104 Cf. redação original: "Rawls's difference principle does not simply add a duty of justice to assist the poor to the traditional list of duties a society owes to its members. It is not simply a duty to provide "welfare payments" or public assistance to those straitened by unfortunate circumstance. The difference principle goes deeper than that and functions on a different plane. Legal institutions specifying rights of property and contract, and economic institutions that make production, trade, and consumption possible are to be designed from the outset focusing on the prospects of the economically least advantaged. Rather than setting up the economic system so that it optimally promotes some other value (efficiency, aggregate utility, freedom to choose, etc.) and then allowing its benefits to "trickle down" to the poor – as if their well-being were an afterthought, the last thing to be taken care of by the social system – the difference principle focuses first on the prospects of the least advantaged in determining the system of ownership and control, production and exchange. One economic system is more just than another in the degree to which it better advances the economic interests of the least advantaged. Moreover, the economic system that is most just makes the least advantaged members of society better off than the least advantaged in any other feasible economic system (subject to the important condition that it is consistent with basic liberties and FEO)."

105 Joseph Stiglitz expõe que a política do *trickle down* provocou aumento da desigualdade sem entregar o crescimento econômico prometido. Segundo o economista, o resultado é o contrário do proposto, com os muito ricos chegando ao topo da pirâmide distributiva às custas dos mais pobres (STIGLITZ, 2016, p. 65). A comparação faz lembrar uma passagem em Teoria, em que Rawls sugere a medida da injustiça de um sistema institucional: "[a] medida da injustiça de arranjo

A mais notável diferença entre a política econômica do *trickle down* e o princípio da diferença *rawlsiano* é a perspectiva imediata em que os menos favorecidos são colocados: na primeira estão à margem dos programas governamentais, na segunda, são protagonistas. Em vez de procurar lucrar sobre as desigualdades, o princípio da diferença mitiga os efeitos da loteria natural ao exigir o favorecimento daqueles que estão em pior situação (DANIELS, 2003, p. 251). Nenhuma decisão institucional relacionada com desigualdade, na justiça como equidade, pode prejudicar, ainda que temporariamente, os menos favorecidos.

A dicotomia entre justiça e eficiência é nota frequente na obra de John Rawls. Para o filósofo, a justiça é prioritária e pode requerer mudanças na estrutura básica que não sejam eficientes. Todavia, em condições ideais, garantidos o primeiro princípio de justiça e a igualdade equitativa de oportunidades, é adequado afirmar que o princípio da diferença é compatível com a eficiência. Eficiência remete ao princípio da "otimalidade de Pareto", segundo o qual uma configuração é eficiente sempre que seja impossível melhorar a situação de alguém sem, ao mesmo tempo, piorar a situação de outro (RAWLS, 2016, p. 81). Em condições ideais, satisfeitos os dois princípios de justiça, a aplicação do princípio da diferença verifica-se impossível de melhorar a situação de qualquer indivíduo representativo sem piorar a vida dos menos favorecidos – alcança-se o ponto de eficiência. Isso não impede que, conformando-se a estrutura básica em injusta, a *justiça como equidade* exija reparações que possam reduzir as expectativas dos mais favorecidos e tornem o sistema econômico menos eficiente (RAWLS, 2016, p. 96). Nas palavras do filósofo:

> [o] papel do segundo princípio de justiça é assegurar a igualdade eqüitativa de oportunidades e <u>regular o sistema social e econômico de tal maneira que os recursos sociais sejam usados da forma apropriada e os meios para os fins dos cidadãos sejam produzidos com eficiência e partilhados eqüitativamente</u> (RAWLS, 2000a, p. 426 – sem destaques no original).

O arranjo da teoria rawlsiana expõe com clareza o esforço do filósofo para acomodar liberdade e igualdade, consoante mencionamos no início do capítulo. O modelo é atencioso com a diversidade de indivíduos que existe em qualquer sociedade (respeita o pluralismo razoável) e toma todos os cidadãos como dignos de igual respeito e consideração (o que

---

institucional depende de quão excessivas são as expectativas mais elevadas e até que ponto se apoiam na violação dos outros princípios de justiça, por exemplo, a igualdade equitativa de oportunidades" (RAWLS, 2016, p. 95).

fica patente pelo valor equitativo da igual participação política). Ao mesmo tempo, entende que o desenvolvimento individual (autonomia) e coletivo (progresso tecnológico e econômico) depende da concessão de incentivos, por isso permite as desigualdades. É ver:

> [a]s instituições devem organizar a cooperação social de modo a encorajar os esforços construtivos. Temos direito a nossas capacidades naturais e um direito a tudo aquilo que obtemos participando de um processo social eqüitativo. Evidentemente, o problema é como caracterizar tal processo. Os dois princípios expressam a idéia de que ninguém deve ter menos do que receberia numa divisão igual de bens primários e que, quando o caráter benéfico da cooperação social permite uma melhoria geral, então as desigualdades existentes devem operar em benefício daqueles cuja situação melhorou menos, tomando a divisão igual como referência (RAWLS, 2000a, p. 337).

Já que o princípio da diferença atua sobre a segunda parte da estrutura básica, *especificando e estabelecendo as desigualdades sociais e econômicas*, permite a diferenciação de ganhos e salários para incrementar a produção. A remuneração diferenciada dos mais favorecidos cobre os custos de treinamento e educação, além de marcar postos de responsabilidade e estimular as pessoas a ocupá-los (RAWLS, 2003, p. 89). Cuida-se de um princípio de reciprocidade, e o mercado de trabalho é um contexto excelente para visualizar a cooperação entre desiguais conforme a teoria *rawlsiana*.

Os menos favorecidos aceitam as desigualdades porque sabem que elas são produtivas. Por isso, sujeitam-se a salários diferenciados e a postos de trabalho menos disputados (trabalhos braçais, repetitivos, mais periogosos ou em ambientes menos confortáveis). Melhorar as condições produtivas e qualidade dos bens consumidos, por exemplo, dependem de investimento e da capacitação dos mais favorecidos. Da mesma forma, estes aceitam que as desigualdades que os beneficiam apenas sejam admitidas se também beneficiarem aos menos favorecidos. Isso porque dependem deles para ocupar as posições que ocupam. Numa simplificação grosseira, não existe patrão se não houver empregado. Cada etapa da cadeia produtiva importa, por isso coopera.[106] Ocorre que a aplicação do princípio da diferença vai bastante além da alocação dos cidadãos no mercado de trabalho:

---

106 Posto dessa forma, o argumento parece puramente racional, mas não é. Relembramos que os cidadãos cooperam porque são além de racionais, razoáveis, e ainda possuem um senso de justiça. Utilizamos de simplificações apenas para responder questionamentos que possam surgir, e frequentemente surgem (trata-se da principal crítica da esquerda à filosofia política de John Rawls), sobre porque as pessoas aceitariam tratamento institucional desigual.

> [...] os princípios de justiça, e, em particular, o princípio de diferença, aplicam-se aos princípios públicos e às políticas mais importantes que regulam as desigualdades sociais e econômicas. São empregados para ajustar o sistema de títulos de propriedade e rendimentos, e para equilibrar os critérios e preceitos familiares que esse sistema emprega. O princípio de diferença aplica-se, por exemplo, à tributação da renda e da propriedade, à política fiscal e econômica. Aplica-se ao sistema proclamado de direito público e normas legais, e não a transações ou distribuições específicas, nem a de- cisões de indivíduos e associações, mas ao contexto institucional no qual essas transações e decisões acontecem. Não há interferências de surpresa ou imprevisíveis nas expectativas e aquisições dos cidadãos.[107] Os títulos de propriedade são conquistados e respeitados em conformidade com o sistema público de normas. Os impostos e restrições são todos, em princípio, previsíveis, e as posses devem ser adquiridas com a condição, conhecida por todos, de que certas transferências e redistribuições serão feitas. A objeção de que o princípio de diferença impõe correções contínuas de distribuições específicas, assim como interferências arbitrárias nas tran- sações privadas, baseia-se num mal-entendido. (RAWLS, 2000a, p. 336).

No campo do Direito Tributário, o próprio John Rawls fez algumas incursões em suas obras para esclarecer que se trata de instrumentos legítimos para alcançar a justiça como equidade. Relativamente ao prin- cípio da diferença, expressa que a tributação pode ser um "mecanismo institucional para transferir pelo menos parte do grande ganho dos mais favorecidos para os menos favorecidos" (RAWLS, 2003, p. 95-96).

Além dessa breve menção, analisa com mais detalhes a tributação sobre o talento (RAWLS, 2003, p. 223-224). Partindo da frase: "[d]e cada um segundo suas capacidades, para cada um segundo suas necessidades", Rawls reconhece que talvez o princípio da diferença devesse impor a tributação sobre o talento para que a justiça como equidade abrangesse o ideal proposto por Marx. Assim, os mais talentosos pagariam tributos mais altos. Caso funcionasse, a tributação reduziria as desigualdades de renda e riqueza porque aqueles que possuem habilidades valorizadas pelo mercado auferem ganhos maiores (em condições ideais). Entretanto, duas objeções são definitivas para solapar a intenção de tributar essa hipótese de incidência. A primeira, que é impossível medir talentos naturais. A segunda,

---

107 A esse respeito, cumpre mencionar que, assim como a *igualdade equitativa de oportunidades*, o princípio da diferença é fundamental para a justiça procedimental pura. Ele atua sobre as expectativas dos cidadãos, de forma que os resultados desi- guais correspondam ao que foi originalmente acordado. Por isso, as desigualdades são respeitadas e aceitas, porque também significam que todos foram beneficiados.

que as pessoas podem omitir suas habilidades natas, o que prejudicaria todo o arranjo cooperativo da estrutura básica (RAWLS, 2003, p. 223-224).

Rawls abordou ainda a tributação de renda e riquezas e sua relação com o princípio da diferença. Em *Justiça como equidade* são estabelecidas as bases das instituições econômicas de uma democracia de cidadãos-proprietários (§49). Nessa passagem do livro, demonstra preocupação com o direito de poupança, porque ela envolve o respeito da geração presente pelos seus sucessores, ao mesmo tempo que pode transportar desigualdades de renda e riqueza. Uma vez que a estrutura básica deve se sustentar por gerações, a poupança garante a manutenção do projeto cooperativo quando ainda estão se desenvolvendo as bases do sistema justo. Havendo um sistema cooperativo e justo que se sustenta sozinho, a poupança não é mais necessária. Vejamos:

> [a] relação entre o princípio de diferença e o princípio de poupança justa (Teoria, § 44) é a seguinte: o princípio de poupança justa vigora entre gerações, ao passo que o princípio de diferença vigora dentro de uma geração. A poupança real é exigida exclusivamente por razões de justiça: isto é, para tornar possíveis as condições necessárias para estabelecer e preservar uma estrutura básica justa ao longo do tempo. Uma vez alcançadas essas condições e consolidadas as instituições justas, a poupança real líquida pode cair para zero. Se a sociedade quiser poupar por razões outras afora a justiça, poderá evidentemente fazê-lo; mas isso é outro assunto (RAWLS, 2003, p. 226).

Admitindo-se que a poupança seja necessária é preciso que ela seja regulada. As partes devem concordar com um princípio de poupança a partir da reflexão de quanto estão preparadas para poupar em cada nível de riqueza (quanto do produto social será reservado às próximas gerações). "O princípio correto é portanto aquele que os membros de qualquer geração (e portanto de todas) adotariam como o princípio que eles gostariam que as gerações anteriores tivessem seguido, qualquer que seja o distanciamento no passado" (RAWLS, 2003, p. 227). Sendo adotado um princípio de poupança justa, Rawls elabora comentários sobre a tributação para preservar a justiça social e econômica ao longo do tempo, relacionados tanto com o princípio da diferença, quanto à garantia do primeiro:

> [c]onsideremos em primeiro lugar o legado e a herança: tomamos de Mill (e outros) a ideia de regulamentar os legados e restringir a herança. Para fazer isso, não é necessário que a propriedade em si mesma esteja sujeita a tributação, nem é preciso limitar o total legado. Diversamente, o princípio de tributação progressiva é aplicado a quem recebe. Aqueles que herdam e recebem doações e pensões pagam um imposto segundo o valor rece-

bido e a natureza do recebedor. Indivíduos e corporações de certos tipos (instituições educacionais e museus, por exemplo) podem ser tributados com índices diferenciados. **O objetivo é estimular uma dispersão ampla e bem mais igualitária de ativos reais e de bens produtivos.**

Em segundo lugar, o princípio progressivo de tributação não deveria ser aplicado à renda e à riqueza como meio de angariar fundos (fornecer recursos para o governo), **mas apenas para evitar acumulações de riqueza consideradas adversas à justiça de fundo, por exemplo, ao valor equitativo das liberdades políticas e à igualdade equitativa de oportunidades.** E até possível que não haja necessidade de nenhuma tributação progressiva sobre a renda. Em terceiro lugar, poder-se-ia evitar a tributação da renda e, em seu lugar, adotar um imposto proporcional aos gastos, ou seja, um imposto sobre o consumo conforme uma taxa marginal constante. As pessoas seriam tributadas segundo quanto usam de bens e serviços produzidos e não segundo sua contribuição (ideia esta que remete a Hobbes). Esse imposto proporcional poderia admitir todas as isenções usuais. **Ao tributar o total de gastos apenas acima de certa renda, pode-se ajustar o imposto de forma a possibilitar um mínimo social apropriado.**

O princípio de diferença poderia, assim, ser aproximadamente satisfeito elevando-se e abaixando-se esse mínimo e ajustando-se a taxa marginal constante de tributação. O princípio não pode ser satisfeito exatamente, mas a sociedade pode almejar publicamente pela sua satisfação aproximada ou de boa-fé. De qualquer maneira, uma sintonia perfeita é impossível. As políticas públicas acima mencionadas envolvem tão-somente tipos diversos de tributação e portanto não exigem a interferência direta do governo nas decisões ou transações particulares entre indivíduos e associações. (RAWLS, 2003, p. 228).

Estabelecer um mínimo social evitaria que, para satisfazer ao princípio da diferença, fosse necessário recorrer a ele a cada questão de política pública. Seria uma forma mais definitiva de regular as desigualdades, já que existe a preocupação, justificada, sobre a pertinência de sua adoção. Exigir que toda decisão de política pública partisse do levantamento dos seus efeitos para os menos favorecidos poderia configurar uma dificuldade real para o governo institucional (RAWLS, 2003, p. 229).[108]

Outra preocupação sobre o princípio da diferença é a sua presença (ou não) na constituição. Rawls considera que ele não deve se tornar um elemento constitucional essencial, verificável pelo Poder Judiciário em suas decisões. Os juízes não seriam os melhores agentes para avaliar a

---

[108] Em não sendo implementada a renda mínima social, devem ser selecionados alguns instrumentos que possam ser ajustados de maneira que satisfaça o princípio de diferença no conjunto de políticas públicas (RAWLS, 2003, p. 229), por exemplo a tributação.

conformidade das políticas públicas com o princípio da diferença, porque exige conhecimento profundo de economia. Para Rawls, "caso haja um acordo suficiente em torno do princípio, pode ser aceito como uma das aspirações políticas da sociedade num preâmbulo destituído de força legal (como o da Constituição dos EUA)" (RAWLS, 2003, p. 229-230).

Questionamos esse posicionamento, porque a constituição não serve apenas para consulta pelo Poder Judiciário, ela norteia todo os sistema normativo da sociedade bem-ordenada, inclusive a atividade do Poder Legislativo, que nos estágios subsequentes à aprovação da constituição irão definir as regras regentes das instituições.

2.3. A TRIBUTAÇÃO COMO FERRAMENTA PARA VIABILIZAR O PRIMEIRO PRINCÍPIO DE JUSTIÇA DE JOHN RAWLS

Tradicionalmente, os estudos de Direito Tributário que adotam como marco teórico a justiça como equidade se apoiam no princípio da diferença para justificar a tributação mais pesada sobre os mais ricos. A lógica é perfeita, as desigualdades de renda e riqueza são permitidas mas devem beneficiar os menos favorecidos. Então, a tributação, que é a principal forma de financiar políticas públicas, atinge de maneira mais pesada os mais favorecidos. É um modo de garantir que as desigualdades de renda e riqueza beneficiem os menos favorecidos, porque aumentam a arrecadação do Estado.

Devidamente reconhecido o vínculo entre o princípio da diferença e a tributação (do qual inclusive nos valemos no próximo capítulo), concordamos com Linda Sugin (2004, p. 2004) que os pesquisadores de Direito Tributário teriam mais sucesso em procurar as delimitações da tributação no primeiro princípio de justiça que no princípio da diferença, como usualmente ocorre.[109] Mais incisivo ainda é Norman Daniels, para quem é o primeiro princípio, mais do que o segundo, que carrega o ímpeto igualitário da teoria de justiça *rawlsiana* e que provavelmente

---

109 É ver, por exemplo, o artigo de Jennifer Bird-Pollan, no qual sentencia: "[e]nquanto isso [liberdades iguais devem estar disponíveis para todos os membros da sociedade equitativamente, independentemente de suas situações específicas] é uma questão criticamente importante, e muito tem sido escrito sobre o assunto, o primeiro princípio de justiça não é tão essencial para a análise do sistema tributário quanto o segundo princípio de justiça" (BIRD-POLLAN, 2013, p. 728). Cf. redação original: "[w]hile this [essential liberties must be available to all members of society equally, regardless of their specific situations] is critically important issue, and much has been written about it, the first principle of justice is not as essential to an analysis of the tax system as the second principle of justice".

força o igualitarismo relativamente a renda e riqueza (DANIELS, 1975, p. 280).[110] Concordamos plenamente.

No primeiro capítulo narramos como a percepção sobre o tributo, ao longo dos anos, acompanha a percepção sobre o próprio Estado, pelos cidadãos. Isso acontece porque o tributo é um instrumento de política; ele auxilia na persecução dos objetivos governamentais. Enquanto obrigação de cunho econômico, está diretamente relacionado com a propriedade privada e o domínio econômico, e nas sociedades capitalistas isso representa a sua presença em quase todas as áreas das relações sociais.[111] Logo, não é difícil imaginar que a tributação será tanto delimitada pelas liberdades básicas como poderá ser utilizada para garanti-las. É exatamente o que conclui Linda Sugin:

> [a] prioridade dessas liberdades básicas, as quais podem ser ameaçadas pelo poder econômico, oferecem significativas e específicas demandas sobre o sistema tributário. O sistema tributário deve proteger o esquema de liberdades básicas de duas formas: (1) a própria tributação não pode violar nenhuma das liberdades básicas e, (2) o sistema tributário não pode permitir que outras instituições com as quais ele interage, como o mercado, violem nenhuma das liberdades básicas (SUGIN, 2004, p. 2006 – tradução livre).[112]

Ademais, John Rawls enxerga renda e riqueza como os marcadores das desigualdades na estrutura básica. A sua teoria indica que grupos minoritários poderão ser reconhecidos por sua posição na pirâmide de distribuição econômica, e que a forma de melhorar a sua situação é atuar sobre as desigualdades de renda e riqueza (solução, para ele, ao menos

---

110 O mais curioso é que Norman Daniels chega a essa conclusão inteiramente se valendo do *Uma Teoria de Justiça*, originalmente publicado em 1971, o que demonstra que apesar das obras posteriores desenvolvendo a Justiça como Equidade, o principal de sua concepção política de justiça permaneceu íntegro.

111 A tributação é estudada, principalmente sob o enfoque da função regulatória, na sua relação com gênero, com a proteção da família, com a influência sobre o mercado de trabalho e as relações trabalhistas, com a dignidade da pessoa humana (renda social mínima; bolsa família). Enfim, o que queremos demonstrar é que o estudo do Direito Tributário não se resume ao estudo de classificações ligadas ao fato gerador (também muito importante), mas como o tributo é fundamental para governo, sua área de influência alcança, ainda que indiretamente, todas as relações sociais que envolvam finanças.

112 Cf. redação original: "[t]he priority of these basic liberties, which can be threatened by economic power, provides significant and specific demands on the tax system. The tax system must protect the scheme of basic liberties in two ways: (1) taxation itself may not violate any of the basic liberties, and (2) the tax system may not allow other institutions with which it interacts, such as the market, to violate any basic liberties."

preferencial às ações afirmativas). Logo, é de se imaginar que as políticas públicas dedicadas à redução da desigualdade social foquem na dimensão econômica do Estado, para a qual a tributação possui enorme relevância.

Ainda retomando o que foi posto neste e nos capítulos anteriores desta dissertação, vivemos hoje, sem dúvidas, um período de questionamento das instituições democráticas. Seja porque elas vêm perdendo legitimidade, seja porque a própria democracia passa a ser questionada como o melhor formato para o Estado de Direito, vemos crescer movimentos civis de apoio a líderes carismáticos, que até mesmo apoiam (ou já apoiaram) abertamente a ditadura.

Alcançamos o ponto deste trabalho em que evidenciamos a interseção entre a justiça como equidade e as possibilidades institucionais para consertar o Estado Democrático de Direito. Os motivos para darmos destaque, em uma dissertação sobre *funções da tributação*, à igualdade de participação política, podem ser sumarizados da seguinte forma: (i) trata-se de um estudo das ciências sociais aplicadas, e por isso buscamos oferecer soluções para problemas atuais; (ii) a teoria ideal de John Rawls, utilizada como parâmetro (marco teórico) para reflexões sobre justiça no campo institucional dá especial atenção para a participação política; (iii) a classificação de funções não é definitiva, conforma-se ao momento político vivido pela sociedade, e agora parece permitir a inclusão da desconcentração de riquezas como um de seus objetos imediatos (o que será desdobrado no próximo capítulo).

Sobre a preocupação com a (des)concentração de renda e riqueza na obra de John Rawls, ela é marcante, como já mencionamos, quando o autor trata do valor equitativo das liberdades políticas iguais.[113] Há a clara percepção de que a concentração de poder econômico ameaça a dispersão de poder político,[114] porque a distância entre os mais e menos favorecidos pode se tornar tão grande que não seja racional, nem tampouco razoável, cooperar.

---

113 Por exemplo: "[é] necessário que os partidos autônomos no que diz respeito aos interesses privados, isto é, em relação a demandas não expressas no fórum público e não discutidas abertamente com base em uma concepção de bem público. Se a sociedade não arcar com os custos de organização e se for necessário levantar verbas para os partidos entre os setores mais favorecidos, as demandas desses grupos fatalmente receberão uma atenção excessiva. E isso tem uma probabilidade muito maior de acontecer quando os membros menos favorecidos da sociedade, impedidos de exercer seu grau equitativo de influência devido à carência de recursos, se fecham na apatia e no ressentimento" (RAWLS, 2016, p. 278-279).

114 Impressão reforçada por Edmundson (2017, p. 52).

Também é importante assentar, antes de prosseguir, que a concentração de poder político não acontece apenas por meios ilegais ou repreensíveis aos olhos da população. As desigualdades relacionadas ao desenvolvimento dos talentos inatos podem gerar esse cenário naturalmente. Portanto, os cidadãos privilegiados não precisam atuar de forma deliberada para acumular poder político, mas, muitas vezes, a concentração é decorrência simplesmente da "loteria genética". O fato é que privilégios de renda e riqueza irão impactar o debate político e, com isso, comprometer todas as demais liberdades:[115]

> [t]odos os cidadãos devem ter os meios de informar-se sobre questões políticas. Devem ter condições de avaliar como certas propostas interferem em seu bem-estar e quais políticas promovem sua concepção do bem público. Além disso, devem ter uma oportunidade equitativa de acrescentar à agenda propostas alternativas para debate político. As liberdades protegidas pelo princípio da participação perdem muito de seu valor sempre que os detentores de maiores recursos privados têm permissão de usar suas vantagens para controlar os rumos do debate público, pois essa desigualdades acabarão por possibilitar aos que estão em melhores condições exercer uma influência maior sobre os rumos da legislação. Com o tempo, é provável que venham a exercer um peso preponderante na decisão das questões sociais, pelo menos no que se refere àqueles assuntos sobre os quais costumam concordar, isto é, em relação àquilo que favorece suas circunstâncias privilegiadas (RAWLS, 2016, p. 277-278).

Mesmo diante da convicção de que os cidadãos podem e decidirão cooperar, mesmo diante da teoria ideal, Rawls demonstra preocupação com a concentração de riquezas. Ainda que o modelo funcione perfeitamente, a concentração excessiva pode ocorrer (não é esperado que ela ocorra, mas não é possível descartar a possibilidade). Por exemplo, mencionamos no primeiro capítulo que o filósofo concebe o Estado dividido em quatro setores, entre eles o de distribuição. Fica a cargo desse setor (i) arrecadar a receita exigida pela justiça, para fornecer os bens públicos e fazer pagamentos de transferências; (ii) instituir vários impostos sobre heranças e doações, fixando restrições ao direito de legar. Quanto a essas atribuições, relembremos as suas palavras:

> [p]or fim, temos o setor de distribuição. Sua função é preservar uma justiça aproximada nas parcelas distributivas por meio da tributação e dos ajustes necessários ao direito de propriedade. Podemos distinguir dois aspectos

---

115 Rawls reconhece, e com ele concordamos, que a liberdade política preserva as demais liberdades (RAWLS, 2000a, p. 353).

desse setor. Em primeiro lugar, ele impõe vários impostos sobre heranças e doações e estabelece restrições ao direito de herança.

A finalidade desses tributos e normas não é aumentar a receita (liberar recursos para o governo), mas corrigir, gradual e continuamente, a distribuição da riqueza e <u>impedir concentrações de poder que prejudiquem o valor equitativo da liberdade política e da igualdade equitativa de oportunidades</u> (RAWLS, 2016, p. 345-346 – sem destaques no original).[116]

Com relação às medidas institucionais para evitar a concentração de poder político (entre elas a tributação), a primeira questão que se coloca é a qual princípio de justiça elas se subordinam. O valor equitativo das liberdades políticas iguais é prioritário e deve ser garantido na constituição. Entretanto, as medidas que especificam e estabelecem as desigualdades sociais e econômicas fazem parte do segundo princípio, sendo reguladas nos estágios posteriores de aplicação dos princípios de justiça.

Rawls não respondeu diretamente essa questão.[117] Conforme expusemos, o fez com relação ao princípio da diferença, mas acreditamos que medidas políticas para desconcentrar riquezas não correspondam a esse princípio. Sustentamos essa posição porque quando trata do valor equitativo das liberdades políticas iguais, diz expressamente que o princípio da diferença pode não ser suficiente para impedir que "aqueles que dispõem de mais meios [...] se junt[em] e exclu[am] aqueles com menos meios" (RAWLS, 2003, p. 213).

De acordo com o que concluímos no primeiro capítulo deste trabalho, a atuação pública possui um objetivo mediato amplo, invariavelmente ligado ao compromisso do Estado para com seus cidadãos (no Estado Redistribuidor, por exemplo, assegurar o exercício igual de direitos e liberdades fundamentais), e objetivos imediatos, de cunho programático, relacionados com a escolha das medidas institucionais cuja adoção será mais eficiente para alcançar determinados fins. Transpondo essa verifi-

---

116 Trechos com teor semelhante podem ser encontrados em outros capítulos de *Uma teoria de justiça* e em seus livros posteriores (citados ao longo desse trabalho).

117 Há passagens em seus livros nas quais aborda a regulamentação de aspectos do processo eleitoral, a exemplo do financiamento público das campanhas políticas, justamente levando em conta o perigo da concentração de poder econômico sobre a atividade política. Essas medidas devem ser postas na constituição, mas não há definição sobre quais são elas (porque essa não é tarefa da filosofia política): "[e]m síntese, a constituição especifica um procedimento político justo e incorpora as restrições que protegem as liberdades fundamentais e, ao mesmo tempo, asseguram sua prioridade" (RAWLS, 2000a, p. 396).

cação para a teoria de justiça de John Rawls, podemos dizer que as ações públicas podem se diferenciar conforme almejem atender um ou outro princípio de justiça. Embora os dois princípios objetivem consolidar uma sociedade bem-estruturada, estabelecendo as bases para a cooperação social, cada um deles foca em aspectos diferentes da estrutura básica. Dessarte, políticas públicas para atender imediatamente aos primeiros princípios de justiça partem de premissas diferentes daquelas referentes ao princípio da diferença, inclusive em razão da prioridade lexical.

Mesmo que políticas para desconcentrar riquezas sejam necessárias como decorrência do primeiro princípio de justiça, retira-se da teoria *rawlsiana* que elas não deveriam ser especificadas na constituição. Isso porque o mesmo argumento acerca do princípio da diferença pode ser oposto às medidas desconcentradoras de riquezas. Determinar o momento exato em que a desigualdade de renda e riquezas se tornou inaceitável exige profundo conhecimento não só de economia, mas também de sociologia e ciências políticas. Seria necessário apurar os efeitos da concentração de riquezas sobre as liberdades políticas iguais. A leitura da teoria de John Rawls induz à conclusão de que, após selecionadas as liberdades fundamentais na posição original e firmado o valor equitativo das liberdades políticas iguais na constituição, a especificação das ações públicas para desconcentrar riquezas caberia aos estágios legislativo e judicial (RAWLS, 2000a, p. 352). Dessa forma, fica evidente que o simples fato de as medidas específicas não estarem na constituição não significa que as liberdades políticas iguais não foram garantidas.

Sobre esse ponto, cabe questionar se o fato de as liberdades fundamentais estarem previstas de maneira ampla na constituição não levaria ao mesmo problema identificado por Rawls quanto ao princípio de diferença. Dizer simplesmente que estão garantidas as liberdades políticas iguais pode levar à discricionariedade judicial para fazer valer o seu conteúdo. A nossa resposta é que se as normas infraconstitucionais não conseguirem dar uma resposta satisfatória para a questão, se não houver regulamentação detalhada, muito provavelmente as decisões envolvendo desconcentração de riquezas utilizarão critérios arbitrários para definir o que é ou não excessivo. Cabe ao legislador infraconstitucional, despido do véu da ignorância e já conhecedor das circunstâncias que consolidam privilégios, definir a melhor forma de desconcentrar poder econômico.

É dizer, considerando que a tributação pode ser uma ferramenta política para desconcentrar riquezas e garantir as liberdades políticas iguais, tendo os governantes optado por utilizá-la, deverão especificar todos os critérios para a sua incidência na legislação que estatui o tributo, deixando claro que o seu uso serve à função imediata de desconcentração. Aliás, nos parece que explicitar a função preponderante do tributo na norma que o regula é medida simples e que facilita a interpretação da norma jurídica. A classificação dos tributos em funções seria muito melhor aproveitada se o Poder Legislativo adotasse o procedimento de indicá-la em seus regramentos, em normas administrativas de cunho interpretativo.

A situação não é mesma para o princípio da diferença. Contestamos o argumento de Rawls a respeito de não introduzi-lo na constituição. O princípio da diferença não é deduzido de nenhuma das liberdades básicas e por isso deve constar na norma maior. Assim como as liberdades iguais, ele norteia os demais estágios de produção e aplicação das normas da estrutura básica. Ao menos para a tradição jurídica brasileira, pensamos que é possível adotar uma norma constitucional da qual pelo menos se possa derivar o princípio da diferença.

Questões também podem surgir sobre o conflito entre as demais liberdades básicas e as exigências do valor equitativo das liberdades políticas iguais. Em primeiro lugar, vimos que o status diferenciado [de garantir valor equitativo] é conferido apenas às liberdades políticas iguais, dado o seu caráter instrumental para assegurar as demais liberdades básicas. Em segundo lugar, a tributação com função de desconcentrar riquezas, dentre as liberdades básicas, apenas se chocaria diretamente com o direito de propriedade privada. Este, por sua vez, não permite a acumulação indefinida de bens pessoais. O que é protegido é o direito àquilo que promove o desenvolvimento autônomo do indivíduo, senão vejamos:

> [...] entre as liberdades fundamentais da pessoa está o direito de adquirir e de ter o uso exclusivo da propriedade pessoal. O papel dessa liberdade é permitir uma base material suficiente para haver um sentimento de independência pessoal e autorrespeito, ambos essenciais para o desenvolvimento e exercício das capacidades morais. Duas concepções mais abrangentes do direito de propriedade, enquanto uma liberdade fundamental, devem ser evitadas. Uma dessas concepções amplia o direito de propriedade para que se incluam certos direitos de aquisição e herança, assim como o direito de possuir meios de produção e recursos naturais. No tocante à outra concepção, o direito de propriedade inclui o direito igual de participar do controle dos meios de produção e recursos naturais, que devem considerar-se propriedade social. Essas concepções mais amplas não devem ser usadas porque não podem, a meu ver, ser consideradas necessárias para o desenvolvimento e exercício das capacidades morais (RAWLS, 2000a, p. 352).

A propriedade privada dos meios de produção não integra o primeiro princípio de justiça, e por esse motivo deve ser estabelecida, caso seja do interesse dos cidadãos livres e iguais, na legislação infraconstitucional que regule a estrutura básica.

Por fim, caso a tributação com função desconcentradora se choque com outras liberdades básicas, relembremo-nos que lidamos, no primeiro princípio, com uma família de liberdades que se acomodam para formar um sistema coerente. As liberdades podem ser limitadas quando entrarem em choque, porque nenhuma das liberdades é absoluta. Elas podem ser reguladas (limitadas), não podem ser restringidas (negadas) (RAWLS, 2000a, p. 349).

CAPÍTULO 3

CENTRALIZAÇÃO DE RIQUEZAS, PODER E PARTICIPAÇÃO POLÍTICA

Como apontamos no Capítulo 1, as mudanças pelas quais o Estado Social passou ao longo das décadas provocaram transformações também na tributação. A afirmação de que o tributo é instrumento de política deixa muito claro que as finalidades de sua utilização variam conforme o grupo que esteja no poder e de acordo com a sua disposição para atender demandas sociais.

A importância de delimitar as funções da tributação é permitir que o seu uso político seja compatível com os objetivos postos na Constituição e que o intérprete da norma jurídica seja capaz de reconhecer se eles forem ultrapassados. A Constituição, vale dizer, é permeável às reinvindicações da sociedade, desde que sejam harmonizáveis com os fundamentos, valores e objetivos nela firmados. Liberdade e igualdade inspiram regimes constitucionais desde a Revolução Francesa,[118] não restando dúvidas quanto à legitimidade dos reclamos pela redução da desigualdade social no Estado Democrático de Direito.

As mudanças sociais ao longo dos anos motivaram alterações no ordenamento jurídico.[119] Com isso, mudou também o papel do tributo enquanto ferramenta de governo. Agora, não restam dúvidas de que vivemos um novo ciclo de transformações. A crise financeira de 2008 lançou luz sobre o endividamento (público e privado) e sobre a reestruturação regulatória do sistema bancário. Também deixou perceptível que as redes institucionais de proteção dos cidadãos (seguro-desemprego, sistema de previdência, assistência social, programas de renda mínima etc.) não

---

118 Aliás, liberdade e igualdade são valores que se podem retirar do éthos da democracia desde a Grécia Antiga (ainda que apenas para os que fossem considerados cidadãos) (COSTA, 2012, p. 16).

119 Nesse sentido, é precisa a observação de Bonavides (1984, p. 217): "[o] direito não é ciência que se cultive com indiferença ao modelo de sociedade onde o homem vive e atua. Não é a forma social apenas o que importa, mas em primeiro lugar a forma política, pois esta configura as bases de organização sobre as quais se levantam as estruturas do poder".

são suficientes para suportar crises globais, que afetam de maneiras diferentes os diferentes mercados. Em sociedades complexas, naturalmente, as consequências da crise não ficaram circunscritas à esfera econômica.

No Brasil, por exemplo, dez anos depois da explosão da bolha financeira do *subprime*, vivenciamos, além de todos os problemas financeiros que afligiram também os mercados internacionais, um verdadeiro caos institucional. Fomos estrangulados pelo debate da corrupção, o que afastou a população da análise de pautas programáticas. Questões como a legislação trabalhista ou previdenciária ou as medidas da equipe econômica do Governo deixaram de ser protagonistas do noticiário e dos programas eleitorais de 2018 para se tornarem acessórias a argumentos de ordem moral. Focar o debate político na corrupção não deixa de ser uma ferramenta discursiva para retirar o foco do que realmente merece a atenção pública nas disputas eleitorais: as instituições – o espaço da política.[120]

Nesse sentido, as eleições majoritárias (Presidente e Governadores) escancararam o descrédito nas instituições. Concepções particulares de vida boa e doutrinas morais abrangentes, como as religiões ou ideais de família, infiltram-se no discurso político e minam a Democracia pouco a pouco, por não permitirem o pluralismo deliberativo. Paralelamente, os avanços tecnológicos na comunicação causam, permanentemente, avalanches de conteúdo sobre os usuários de plataformas digitais, dificultando a conferência da veracidade das informações e desincentivando a pesquisa aprofundada sobre questões de interesse público.

Ressalte-se, ademais, que os conteúdos não circulam desmotivadamente nas redes, pois quase sempre atendem a interesses e grupos específicos. Exemplo notório da influência do poder econômico no debate político são as denúncias, nas eleições de 2018, de que a circulação de notícias falsas por meio de redes sociais – forma até então pouco conhecida de propaganda eleitoral – tenha sido financiada, à revelia das declarações ao Tribunal Superior Eleitoral (TSE), por empresários apoiadores de candidaturas à presidência.

---

120 Não nos omitimos a respeito dos prejuízos que a corrupção causa. Pelo contrário, os repudiamos. Apenas chamamos atenção, nesta dissertação, para a substituição do debate programático, natural em eleições presidenciais, pela discussão de atributos morais dos candidatos e dos partidos que representam. Esse movimento impede a legitimação, pelo eleitorado, do projeto de governo do candidato eleito, sobretudo em razão de seu desconhecimento.

A propósito das eleições no Brasil, as estatísticas mostram que, desde 2014, a Câmara dos Deputados tem aproximadamente a metade de seus membros formada por milionários (NÚMERO..., 2018). Nesse contexto, o sentimento de descrença na política impulsionou as candidaturas de *outsiders* (candidatos sem experiência prévia em cargos eletivos), a maioria deles com carreiras bem-sucedidas (ao menos aparentemente) na iniciativa privada.[121] Completa o quadro que evidencia as relações entre dinheiro e política a percepção de que parcela significativa da população fecha os olhos para os perigos de governos autoritários[122] e discursos de ódio, principalmente porque têm recursos financeiros para se protegerem de eventual radicalização do Governo, já que não habitam regiões conflituosas ou pertencem a classes ameaçadas (o candidato Jair Bolsonaro foi eleito presidente do Brasil em 2018, apesar de ter declarado inúmeras vezes o seu apoio à ditadura militar e à tortura).[123]

Após o Supremo Tribunal Federal ter declarado inconstitucional o financiamento privado de campanhas (ADI 4650, 2016b), aumentaram

---

121 Entre os candidatos mais famosos estão os eleitos João Dória, em São Paulo, ex-prefeito da capital, empresário e apresentador de um programa televisivo, eleito governador; Romeu Zema, empresário, eleito para o governo do Estado de Minas Gerais; Wilson Witzel, ex-juiz federal e eleito para governar o Estado do Rio de Janeiro. Entre os candidatos *outsiders* derrotados podemos citar Paulo Skaf, presidente da Federação das Indústrias do Estado de São Paulo (Fiesp), candidato derrotado ao governo do Estado de São Paulo desde as eleições de 2010, e Marcia Tiburi, candidata ao governo do Estado do Rio de Janeiro. Houve ainda grande especulação a respeito do ingresso na disputa presidencial de figuras como o apresentador de programa televisivo Luciano Huck e do ex-ministro do Supremo Tribunal Federal (STF) Joaquim Barbosa.

122 Cravamos a qualificação de *autoritárias* às declarações do governo eleito com base na obra *Como as democracias morrem* (2018).

123 Liam Murphy e Thomas Nagel (2005, p. 120) explicam que os recursos excedentes ao necessário para manutenção de determinado padrão de vida servem como uma "câmara de descompressão" contra os efeitos da imprudência. Ou seja, aqueles que possuem poupança podem se dar ao luxo de serem imprudentes; de, no exercício da sua autonomia, cometerem erros. Os autores, é cuidadoso lembrar, tratam da imprudência na esfera patrimonial. Entretanto, como a realidade é complexa e nos sistemas capitalistas as decisões econômicas perturbam as demais esferas da vida social, entendemos que a análise pode ser perfeitamente transposta para escolhas eleitorais. Ainda mais porque no Brasil, em 2018, estamos diante de um paradoxo liberal: exige-se a restrição da atuação do Estado na economia, mas, ao mesmo tempo, pleiteia-se a ampliação dos seus poderes sobre as liberdades individuais teoricamente separadas da propriedade privada.

os movimentos suprapartidários que afirmam incentivar a renovação política por meio da formação de candidatos para os pleitos majoritários. Apesar de serem associações formadas pela sociedade civil, seus parceiros, muitas das vezes, são grupos empresariais que financiam cursos no Brasil e no exterior para a valorização do currículo do aspirante a candidato.[124] É plausível sustentar que o movimento contínuo de afunilamento da representação política ganhou nova roupagem. Na atualidade, embora o debate político pareça mais inclusivo, não é possível desconsiderar que há exclusão pela captura de grupos engajados por grandes corporações e pela elitização do processo eleitoral. Como explica Anand Giridharas (2019), é preciso perceber que, muitas vezes, pela forma da filantropia, os bilionários efetivamente substituem os representantes legitimamente eleitos. São colocados em prática projetos que não passaram pelo crivo do Poder Legislativo, mas que afetam as vidas de milhares de cidadãos, ainda que indiretamente. Alterar as formas de financiamento e o modelo de ensino nas escolas, mudar a configuração de bairros inteiros, até a inclusão de determinado estabelecimento em uma região, sem maiores planejamentos, por mais bem-intencionados que sejam, podem causar os efeitos contrários de gentrificação e afastamento da comunidade local.

O que pretendemos sinalizar, nessa breve introdução crítica, é que a forma das relações políticas mudou, e a adaptação para a parcela mais rica da sociedade é naturalmente mais tranquila, o que pode determinar o seu monopólio na direção das instituições por muito tempo. Por isso, medidas sociais e econômicas que até então eram consideradas suficientes para alterar o quadro de desigualdade social e garantir dignidade a todos os indivíduos talvez precisem ser revistas. O desafio é mais audacioso, porque mudanças estruturais na configuração da sociedade de classes se tornam mais difíceis à medida que menos pessoas acumulam mais poder. Entretanto, a história nos ensina que os movimentos políticos não são lineares e que podemos esperar por momentos mais favoráveis para realizar mudanças de fato em nosso ordenamento jurídico. Como ensejamos demonstrar, parte dessas mudanças deve estar relacionada à redistribuição de riquezas e, mais ainda, à desconcentração de poder econômico.

---

124 Destacamos esses movimentos nesta dissertação, sem estudo mais aprofundado sobre a questão do seu financiamento pela semelhança, ainda que ocasional, com os movimentos intelectuais em universidades e *think tanks* que difundiram o neoliberalismo ao redor do globo. Ver *A brief history of neoliberalism* (HARVEY, 2005, p. 40, 44, 54, 115).

3.1. COMENTÁRIOS SOBRE A CENTRALIZAÇÃO DA RIQUEZA

Até meados de 2018, menos de 1% da população adulta no mundo detinha 45% da riqueza familiar; os 3,2 bilhões de adultos com riqueza abaixo de US$ 10.000,00 compreendem 64% da população adulta, mas possuem apenas 1,9% da riqueza global (CREDIT SUISSE RESEARCH INSTITUTE, 2018, p. 20).[125] Ainda, segundo pesquisa da OXFAM (2018, p. 8), a riqueza dos bilionários aumentou em US$ 762 bilhões em 2017, enquanto a riqueza da metade mais pobre da população não apresentou nenhum aumento. Os dados revelam ainda que aproximadamente 1/3 das fortunas bilionárias, em 2017, podia ser atribuído a heranças e a estimativa era de que, até 2043, 500 das pessoas mais ricas do mundo deixariam US$ 2,4 trilhões para os seus herdeiros – montante maior do que o PIB da Índia (OXFAM, 2018, p. 9). Dados atualizados do *World Inequality Report* (ALVAREDO et al., 2018, p. 17), revelam que se a tendência atual de concentração de riquezas continuar, a parcela de 0,1% da população mundial com maior riqueza irá possuir o mesmo que toda a classe média em 2050.

Woodward declarou, em 2015, que a julgar pelo nosso modelo de desenvolvimento econômico, a erradicação da pobreza não era mais uma meta alcançável. Segundo o economista, caso os 10% mais pobres da população mundial vivessem novamente a maior taxa de crescimento de sua renda das últimas décadas (1,29% ao ano entre 1993 e 2008), seriam necessários 100 anos para que ganhassem US$ 1,25/dia (valor utilizado pela ONU para distinguir pessoas em condições de extrema pobreza e de fome no ano de referência) (WOODWARD, 2015, p. 16).[126]

No Brasil, dados retirados das declarações de Imposto de Renda da Pessoa Física (IRPF) de 2014 e 2015, indicam que os 5% mais ricos da população detêm 28% da renda e do patrimônio declarados, sendo que 1% dos declarantes mais ricos acumulam 14% da renda e 15% da riqueza; o 0,1% mais rico detém 6% da riqueza declarada e da renda total (BRASIL, 2016, p. 15).[127] Já o *World Inequality Report* aponta que, no Brasil, o 10% mais rico da população já possui 55% da riqueza nacional (ALVAREDO et al., 2018, p. 9). Estudo recente do Instituto Brasileiro de Economia

---

125 O estudo considera classe média, sob a perspectiva global, a faixa patrimonial entre US$ 10.000,00 e US$ 100.000,00.

126 Woodward (2015, p. 16) destaca que o mais apropriado seria utilizar o valor de U$5,00/dia, o que impactaria o resultado apresentado em mais 108 anos.

127 Como o universo de declarantes do IRPF em 2015 foi de 26,7 milhões de pessoas, 0,1% corresponde a 26,7 mil pessoas.

(IBRE) da Fundação Getúlio Vargas (FGV) apontou desigualdade recorde na renda do trabalho no Brasil, além disso, o estudo reforçou a constatação de que os mais pobres sentem muito mais o impacto da crise financeira de 2008 em razão da sua condição de vulnerabilidade social:

> As oscilações na relação entre a renda média dos 10% mais ricos e dos 40% mais pobres indicam que desde novembro de 2015 essa desigualdade vem subindo. De acordo com o levantamento, a variação acumulada real da renda média entre os mais ricos (10% da população) e os mais pobres (40% da população) mostra que, no período pré-crise (até 2015), os mais ricos tiveram aumento real de 5% e os mais pobres, o dobro, 10%. Depois do pós-crise, a renda acumulada real dos mais ricos aumentou 3,3% e a dos mais pobres caiu mais de 20%. Observando-se toda a série histórica, desde 2012, a renda real acumulada dos mais ricos aumentou 8,5% e a dos mais pobres caiu 14% (IBRE, 2019).

O prognóstico de Branko Milanovic (2016, p. 216) também não era animador: para ele, o capitalismo no futuro se assemelhará a um grande casino, com uma diferença importante: aqueles que tiverem ganhado algumas rodadas (geralmente por terem nascido na família certa) terão uma probabilidade muito maior de continuar ganhando, enquanto aqueles que perderem algumas rodadas verão as probabilidades virarem contra si. Esse cenário, como os dados indicam, já se consolida.

A desigualdade social não é de forma alguma uma novidade. As disputas sociais sobre a distribuição de riqueza são constantes ao longo da história e os resultados variam bastante de um estado, região ou cidade para outra, na medida em que diferentes grupos lutam para obter vantagens sobre os demais. Na resolução desses conflitos, muito tem dependido de qual grupo ou aliança política está no poder e o que é feito com ele, em razão de o Estado ser o responsável por tributar e redistribuir riquezas e rendimentos.

No campo acadêmico, o interesse pela questão da desigualdade distributiva vem aumentando desde o início do século XX. Segundo Misabel Abreu Machado Derzi (2014, p. 45), uma noção mais ampla de justiça distributiva tomou corpo porque nenhuma nação civilizada aceitou conviver com a pobreza extrema e deixar à caridade o provimento de seus desamparados. No mesmo sentido, Sérgio Wulff Gobetti e Rodrigo Octávio Orair (2015, p. 4) destacam que nesse período, na corrente de pensamento econômico que domina os grandes centros acadêmicos, surgem debates sobre a relação entre "equidade e desenvolvimento". Essas discussões nascem em resposta à necessidade de ampliar o escopo da teoria econômica neoclássica e desenvolver explicações mais plausíveis para os elevados e persistentes patamares de desigualdade nos países em desenvolvimento e para a tendência de concentração de renda nos países desenvolvidos.

O debate sobre a concentração de renda tomou dimensões ainda maiores após a publicação do livro *O Capital no Século XXI*, de Thomas Piketty (2014). Essa obra ganhou notoriedade por evidenciar a altíssima concentração de renda entre as pessoas que integram o 1% mais rico da população e o aumento da distância social desse grupo para o restante.

A política tributária, então, ganha relevância no debate sobre a desigualdade social. Isso porque, dentro do sistema capitalista, a tributação se apresenta como a única forma coerente de o Estado Democrático de Direito atingir o patrimônio de seus cidadãos mais ricos, assegurar garantias e perseguir objetivos constitucionalmente estabelecidos (como a redução das desigualdades sociais e regionais, a erradicação da pobreza e a busca por um Estado igualitário).

John Maynard Keynes (1996, p. 345) já reconhecia a necessidade de o Estado intervir na economia para "consertar" defeitos da sociedade econômica, como a ausência de pleno emprego. Em sua emblemática obra "*Teoria Geral do Emprego, do Juro e da Moeda*", recomendou que o Estado exercesse uma influência orientadora sobre a propensão a consumir, em parte por meio de seu sistema de tributação, em parte por meio da fixação da taxa de juros e, em parte, talvez, recorrendo a outras medidas. Além disso, ressaltou que "[...] a própria teoria clássica moderna chamou a atenção sobre as várias condições em que pode ser necessário refrear ou guiar o livre jogo das forças econômicas", subsistindo, ainda assim, as condições para o exercício da iniciativa e responsabilidades privadas (KEYNES, 1996, p. 346).

A importância da dispersão de propriedade e da mobilidade social, e como elas podem ser alcançadas pela tributação, foi reconhecida inclusive por Friedrich A. Hayek (1996, p. 118), reconhecidamente de vertente liberal. Isso reforça que a desconcentração de patrimônio via pagamento de tributos é uma medida que não foge ao sistema capitalista de acumulação de capital, mas que pode auxiliar a corrigir as distorções decorrentes do funcionamento normal do mercado.

Como ensina Onofre Alves Batista Júnior (2015, p. 85), em uma economia capitalista, os tributos não podem ser apenas um método de pagamento pelos serviços públicos e governamentais; a tributação deve ser o principal instrumento de que se utiliza o Estado Tributário[128] para realizar políticas públicas e fazer efetiva a sua concepção de justiça distributiva.

---

[128] O Estado Tributário "é a projeção financeira do Estado Democrático de Direito fundamentalmente democrático que tenha optado por um sistema capitalista; é aquele cujas necessidades financeiras são essencialmente cobertas por tributos" (BATISTA JÚNIOR, 2015, p.85).

3.2. O METABOLISMO DE ACUMULAÇÃO DO CAPITAL E A SUA ATUAL CONFORMAÇÃO FINANCEIRA

Apesar do abismo cada vez maior entre os muito ricos e o restante mundo surpreender as pessoas atentas à defesa dos direitos sociais, grandes estudiosos já alertavam para esse resultado inevitável. A razão para tal diagnóstico pode ser grosseiramente resumida na seguinte sentença: o capital busca o lucro. Isso quer dizer que as relações sociais postas em marcha pelo capital[129] têm como lógica geral possibilitar sua expansão (capital só é entendido como tal na medida em que se valoriza).[130]

A partir de um modelo simplificado que permitisse entender a dinâmica geral do capitalismo, Karl Marx (2011a, seção VII) descreveu como é distribuído o valor entre as classes e quais os limites para que processo de acumulação mantenha sua reprodução.[131] O primeiro ponto que chama

---

129 Capital é valor em movimento. E a definição inicial de valor é "o trabalho social que realizamos para os outros tal qual ele é organizado por meio de mercadorias em mercados competitivos, com seus mecanismos de determinação de preços (HARVEY, 2018, p. 18). A analogia sugerida por David Harvey em *A loucura da razão econômica* (HARVEY, 2018, p. 16) para o capital em movimento, utilizando o ciclo hidrológico, é ilustrativa de como o capital sofre mudanças de forma a depender da fase em que se encontra na sua espiral de expansão, sem nunca deixar de ser capital (assim como a água não deixa de ser água quando se apresenta em estado líquido, sólido ou no gasoso).

130 Não pretendemos esmiuçar a teoria de Karl Marx sobre produção, circulação e distribuição do capital, o que por si só rende dissertações e teses acadêmicas completas e demandam estudo aprofundada da obra e de seus comentadores. Inobstante, entendemos que algumas considerações introdutórias contribuem com o estudo do Direito Tributário, inexoravelmente relacionado com o direito à propriedade privada e em alguma medida com todas as fases do movimento do capital. Ademais, não ignoramos que o autor manifestou em diversas oportunidades a sua discordância de propostas de reforma tributária e mesmo a sua opinião de que "[a] redução dos impostos, sua distribuição mais equitativa, etc., etc., é uma *reforma burguesa* banal" (MARX, 1850); trata-se de uma medida que reforma o capitalismo e não fomenta a revolução. Concordamos com a leitura, porque as propostas deste trabalho se utilizam das estruturas sociais e econômicas já existentes, dentro do sistema capitalista, focando no institucionalismo, sem a pretensão de destruí-lo. A menção a Marx se deve à relevância da sua obra e à concordância com o seu diagnóstico a respeito do capital e da estrutura da sociedade capitalista.

131 É muito importante o alerta de David Harvey (2013, p. 253) sobre a simplificação do processo de acumulação no capítulo 21 de *O Capital – Livro I* (MARX, 2011a): "Marx pressupõe um sistema fechado, em que o capital circula de modo 'normal'.

atenção na sua teoria é a perspectiva de classe: o capital busca lucro e esse lucro beneficiará a classe capitalista, uma vez que a exploração e a reprodução da força de trabalho fazem parte do próprio processo de reprodução do capital. No processo produtivo, o trabalhador antecipa a sua força de trabalho ao capitalista, que apenas o remunera com o salário após a mercadoria já estar produzida, por isso, parte do seu trabalho é utilizado para remunerar a si próprio. Esse salário retornará à classe capitalista, porque o trabalhador precisa adquirir mercadorias para sua sobrevivência e para o seu lazer.[132] "[O capitalista] lucra não apenas com o que recebe do trabalhador, mas também com o que lhe dá" (MARX, 2011a, p. 788). Os meios de subsistência adquiridos pelo trabalhador servem à manutenção e reprodução da força de trabalho, do próprio trabalhador. Para continuar se mantendo e se reproduzindo (pela via do consumo individual), o trabalhador ressurge no mercado de trabalho. Dessa forma, o processo de produção é ao mesmo tempo reprodução do capital, e como parte desse processo, também a relação entre capitalista e trabalhador assalariado é reproduzida.

Na reprodução ampliada,[133] o ciclo da reprodução simples se modifica e se transforma, conformando-se em uma espiral. O mais-valor apropriado passa a ser reinvestido e, então, a noção de propriedade privada *lockeana* se desfaz: mais-valor reinvestido, a partir de um dado momento do ciclo de acumulação, não possui mais qualquer lastro na aquisição originária

---

Esse é um pressuposto importante e claramente restritivo. O que temos aqui é apenas um modelo simplificado da dinâmica de acumulação do capital, derivado da teoria do mais-valor absoluto e relativo operando num sistema fechado. Como veremos, o modelo é muito esclarecedor quanto a certos aspectos do capitalismo."

132 Nesse ponto, adotar a perspectiva de classe faz toda a diferença. Sob a perspectiva individual, a mercadoria produzida pelo trabalhador não será necessariamente adquirida de seu empregador, de forma que pagar pelo mais-valor parece razoável (se o trabalhador produz a mercadoria e recebe determinado valor pelo seu trabalho, a aquisição dessa mercadoria, **inteiramente** produzida por ele, por valor superior ao que ele recebeu é notadamente um abuso). Igualmente, a divisão do trabalho obscurece a visão de que o trabalhador produz o capital que o explora, porque faz parecer que o trabalhador produz apenas parte da mercadoria, em cooperação com outros trabalhadores e com o auxílio de outros fatores de produção que pertencem ao capitalista.

133 Reprodução simples é somente uma abstração didática, para facilitar a compreensão do processo de acumulação capitalista. Ela não existe na realidade enquanto tal. A reprodução na verdade é reprodução ampliada.

do capitalista (no sentido utilizado por Locke).[134] Fica fácil perceber que todo ele é oriundo da apropriação do trabalho alheio.[135]

A razão pela qual o capital é convertido na forma-dinheiro e poupado também é investigada por Karl Marx. O pensador avalia que "apenas como capital personificado o capitalista tem um valor histórico" (MARX, 2011a, p. 812) e assim traz para o âmbito de sua análise as relações sociais:

> [c]omo fanático da valorização do valor, o capitalista força inescrupulosamente a humanidade à produção pela produção e, consequentemente, a um desenvolvimento das forças produtivas sociais e à criação de condições materiais de produção que constituem as únicas bases reais possíveis de uma forma superior de sociedade, cujo princípio fundamental seja o pleno e livre desenvolvimento de cada indivíduo. O capitalista só é respeitável como personificação do capital. Como tal, ele partilha com o entesourador o impulso absoluto de enriquecimento. Mas o que neste aparece como mania individual, no capitalista é efeito do mecanismo social, no qual ele não é mais que uma engrenagem. Além disso, o desenvolvimento da produção capitalista converte em necessidade o aumento progressivo do capital investido numa empresa industrial, e a concorrência impõe a cada capitalista individual, como leis coercitivas externas, as leis imanentes do modo de produção capitalista. Obriga-o a ampliar continuamente seu capital a fim de conservá-lo, e ele não pode ampliá-lo senão por meio da acumulação progressiva. (MARX, 2011a, p. 812-813 – sem destaques no original)

Marx concebe que parcela da mais-valia será reinvestida no processo produtivo em vez de ser totalmente transformada em consumo do capitalista. À medida que a acumulação capitalista aumentou, aumentou também as possibilidades de consumo, sendo percebidas ostentações excessivas a todo momento na história recente. Todavia, não se consome tudo. Há interesse do capitalista em acumular poder social e se manter na elite econômica, assim como há pressão concorrencial para que os empreendimentos capitalistas continuem a crescer. O capitalista possui tanto interesse em poder social quanto o miserável, "mas os capitalistas procuram esse poder colocando constantemente sua riqueza em circulação, ao passo que o miserável tenta manter sua riqueza deixando de usá-la" (HARVEY, 2013, p. 265).

---

134 Para Locke, consoante explicamos no primeiro capítulo, a aquisição originária se dá com a combinação do trabalho próprio ao objeto que se pretende apropriar.

135 Nas palavras de Marx (2011a, p. 802): "[a] cisão entre propriedade e trabalho torna-se consequência necessária de uma lei que, aparentemente, tinha origem na identidade de ambos".

A separação entre a classe capitalista e a classe trabalhadora é, portanto, a própria expressão do capitalismo.[136] Por isso, ainda que questões relacionadas à demanda ou à ausência de mão de obra ou ao aumento de tecnologia provoquem o aumento de salários e a melhora das condições de vida dos trabalhadores, esse quadro é tido como circunstancial (o capital se acomoda) e em nada se altera a divisão de classes. Ainda que o proletariado possa ter ganhos salariais a aumentar a parcela que lhe cabe do valor social produzido, ele se mantém enquanto proletário, seu papel no processo produtivo continua a se restringir à venda da mercadoria que o distingue do capitalista na relação de produção: sua mão de obra. Não há mudança nos papéis representados por um e por outro.[137] Para existirem capitalistas precisam existir trabalhadores, e essa conclusão permanece atual. Há, ainda, movimentos conjunturais onde os trabalhadores ganharam espaço no valor social, mas a tendência à divisão cada vez mais profunda das classes parece ser uma lei de maior força. Capitalista e proletariado não se distinguem pela riqueza, mas por ocuparem polos opostos no processo de produção.

Retornando ao capital, ele é valor em movimento e sua composição é fragmentada. Isso quer dizer que além de sua representação ser múltipla (bens de produção, dinheiro, trabalho etc.), sua propriedade é variada (industriais, comerciantes, rentistas, locatários etc.). O processo de acumulação capitalista promove a formação de novos capitais ao longo da sua espiral expansionista e a cisão de capitais antigos, bem como a disputa pelos capitais que surgiram e o empobrecimento dos capitalistas cujos

---

136 Cf. Karl Marx (2011a, p. 837): "[a]ssim como a reprodução simples reproduz continuamente a própria relação capitalista – capitalistas de um lado, assalariados de outro –, a reprodução em escala ampliada, ou seja, a acumulação, reproduz a relação capitalista em escala ampliada – de um lado, mais capitalistas, ou capitalistas maiores; de outro, mais assalariados. A reprodução da força de trabalho, que tem incessantemente de se incorporar ao capital como meio de valorização, que não pode desligar-se dele e cuja submissão ao capital só é velada pela mudança dos capitalistas individuais aos quais se vende, constitui, na realidade, um momento da reprodução do próprio capital. Acumulação do capital é, portanto, multiplicação do proletariado."

137 Cf. Karl Marx (2011a, p. 841): "[a] produção de mais-valor, ou criação de excedente, é a lei absoluta desse modo de produção. A força de trabalho só é vendável na medida em que conserva os meios de produção como capital, reproduz seu próprio valor como capital e fornece uma fonte de capital adicional em trabalho não pago. Portanto, as condições de sua venda, sejam elas favoráveis ao trabalhador em maior ou menor medida, incluem a necessidade de sua contínua revenda e a constante reprodução ampliada da riqueza como capital."

capitais foram absorvidos por outros [centralização][138]. Nesse processo, há a conversão de muitos capitais menores em poucos capitais maiores, porque estes conseguem impor aos menores limites concorrenciais inalcançáveis; aumenta o volume mínimo de capital necessário para investir. Não há perda propriamente dita no capital social total, porque todo excedente gerado precisa ser posto em circulação: o capital não é destruído, ele migra das mãos de um/uns para outro/outros.

Com a concorrência é introduzida a figura do crédito e do endividamento, que, segundo Marx, tem papel fundamental na promoção da centralização do capital (apenas o trabalho cria valor; os capitais que se valorizam na esfera financeira nasceram no setor produtivo). Pela importância da passagem para nosso estudo, citamo-la integralmente:

> [e]la [a concorrência] termina sempre com a ruína de muitos capitalistas menores, cujos capitais em parte passam às mãos do vencedor, em parte se perdem. **Abstraindo desse fato, podemos dizer que, com a produção capitalista, constitui-se uma potência inteiramente nova: o sistema de crédito, que em seus primórdios insinua-se sorrateiramente como modesto auxílio da acumulação e, por meio de fios invisíveis, conduz às mãos de capitalistas individuais e associados recursos monetários que se encontram dispersos pela superfície da sociedade em massas maiores ou menores, mas logo se converte numa arma nova e temível na luta concorrencial e, por fim, num gigantesco mecanismo social para a centralização dos capitais. Na mesma medida em que se desenvolvem a produção e a acumulação capitalistas, desenvolvem-se também a <u>concorrência e o crédito, as duas alavancas mais poderosas da centralização</u>.** Paralelamente, o progresso da acumulação aumenta o material centralizável, isto é, os capitais individuais, ao mesmo tempo que a ampliação da produção capitalista cria aqui a necessidade social, acolá os meios técnicos daqueles poderosos empreendimentos industriais cuja realização está vinculada a uma centralização prévia do capital. Hoje, portanto, a força de atração mútua dos capitais individuais e a tendência à centralização são mais fortes do que qualquer época anterior. **Mas mesmo que a expansão relativa e a energia do movimento centralizador sejam determinadas até certo ponto pelo volume já alcançado pela riqueza capitalista e pela superioridade do mecanismo econômico, de modo nenhum o progresso da centralização depende do crescimento positivo do volume do capital social. E é especialmente isso que distingue a centralização da concentração, que não é mais do que outra expressão**

---

138 Para adequação ao vocábulo popular, utilizaremos, nos próximos capítulos, concentração como sinônimo de centralização.

> para a reprodução em escala ampliada. <u>A centralização é possível por meio da mera alteração na distribuição de capitais já existentes, da simples modificação do agrupamento quantitativo dos componentes do capital social</u>. **Se aqui o capital pode crescer nas mãos de um homem até formar massas grandiosas é porque acolá ele é retirado das mãos de muitos outros homens**. Num dado ramo de negócios, a centralização teria alcançado seu limite último quando todos os capitais aí aplicados fossem fundidos num único capital individual. Numa dada sociedade, esse limite seria alcançado no instante em que o capital social total estivesse reunido nas mãos, seja de um único capitalista, seja de uma única sociedade de capitalistas. A centralização complementa a obra da acumulação, colocando os capitalistas industriais em condições de ampliar a escala de suas operações. (MARX, 2011a, p. 852)

É interessante observar que Karl Marx publicou o Livro I d'*O Capital* em 1867, e já alertava para que a força de atração mútua dos capitais individuais e a tendência à centralização eram mais fortes do que em qualquer época anterior. Desde então, como previsto pelo próprio autor, o sistema capitalista passou por severas crises e recuperações, tendo o capital se acomodado às novas demandas sociais para permanecer acumulando e centralizando, em uma velocidade ainda maior. A evolução histórica do capitalismo, de forma geral, reforça os escritos de Marx, não os contradizem. Por isso, não é possível ignorar a sua análise teórica sobre o processo de acumulação e centralização. O capital só existe em movimento, em processo. Trazemos dos estudos de Karl Marx a valiosa lição de que é imperativo o movimento de autovalorização do capital (expansão, acumulação), seja nos seus primórdios, no *fordismo*,[139] ou no atual regime de acumulação financeirizado. A descrição sobre a globalização do capital e a centralização política decorrente desse fenômeno, produzida ainda antes, em 1848, por Marx e Engels no *Manifesto Comunista*, serve tranquilamente aos dias atuais:

---

139 O modelo de desenvolvimento hegemônico do pós-guerra nos países capitalistas avançados é conhecido como *fordismo*. Esse modelo se caracteriza pela rigorosa padronização dos gestos operativos e pela separação entre a área de Organização e Métodos (O&M) e a fábrica, entre a concepção e a execução. O objetivo era eliminar as hesitações na distribuição do processo produtivo em suas diversas seções e eliminar o tempo ocioso do trabalhador durante o processo produtivo. A imagem típica do fordismo é a da linha de montagem, com as máquinas guiando a operação e determinando o tempo necessário para a sua completude (LIPIETZ; LEBORGNE, 1988, p. 13).

[c]om o rápido aperfeiçoamento dos instrumentos de produção e o constante progresso dos meios de comunicação, a burguesia arrasta para a torrente da civilização todas as nações, até mesmo as mais bárbaras. Os baixos preços de seus produtos são a artilharia pesada que destrói todas as muralhas da China e obriga à capitulação os bárbaros mais tenazmente hostis aos estrangeiros. Sob pena de ruína total, ela obriga todas as nações a adotarem o modo burguês de produção, constrangendo-as a abraçar a chamada civilização, isto é, a se tornarem burguesas. Em uma palavra, cria um mundo à sua imagem e semelhança. (...) A burguesia suprime cada vez mais a dispersão dos meios de produção, da propriedade privada e da população. Aglomerou as populações, centralizou os meios de produção e concentrou a propriedade em poucas mãos. A consequência necessária dessas transformações foi a centralização política. Províncias independentes, ligadas apenas por débeis laços federativos, possuindo interesses, leis, governos e tarifas aduaneiras diferentes, foram reunidas em *uma só* nação, *um só* governo, *uma só* lei, *um só* interesse nacional de classe, *uma só* barreira alfandegária." (MARX; ENGELS, 2005, p. 44 – destaques no original).

A expansão além das fronteiras nacionais do capital financeiro tornou o cenário político nacional e internacional muito mais complexo, permitindo-nos questionar a existência de fato de soberania frente ao poder das grandes massas de capital que transitam ininterruptamente ao redor do globo (CHESNAIS, 1996, p. 239).[140] A *finança mundializada* coloca o capital portador de juros[141] no centro das relações econômicas e sociais, refletindo uma configuração específica do capitalismo, a qual mantém como principais atores os grupos industriais transnacionais e as institui-

---

140 Sobre o assunto, ver a tese de Magalhães (2018).

141 O capital portador de juros é mercadoria, a qual possui valor de uso, de gerar lucro. Como explica Karl Marx (2011b, p. 427): "[o] possuidor de dinheiro, que quer valorizá-lo como capital portador de juros, aliena-o a um terceiro, lança-o na circulação, converte-o em mercadoria como capital; e não só como capital para ele mesmo, mas também para outros; ele não é capital apenas para quem o aliena, mas é desde o início transferido a um terceiro como capital, como valor que possui o valor de uso de criar mais-valor, lucro; como um valor que conserva a si mesmo no movimento e que, depois de ter funcionado, retorna àquele que o desembolsou originalmente, no caso em questão, ao possuidor do dinheiro; portanto, um valor que só por algum tempo permanece distante de quem o desembolsou, que só transita temporariamente das mãos de seu proprietário para as mãos do capitalista em atividade e que, por conseguinte, não é pago nem vendido, mas apenas emprestado; um valor que só é alienado sob a condição de, em primeiro lugar, retornar a seu ponto de partida após determinado prazo e, em segundo lugar, retornar como capital realizado, isto é, tendo cumprido seu valor de uso, que consiste em produzir mais-valor."

ções financeiras (bancárias e não bancárias). O campo de atuação desses atores é o mercado financeiro integrado, no plano doméstico e internacional, e as operações realizadas entre eles repousam principalmente sobre as cadeias complexas de créditos e dívidas (CHESNAIS, 2005, p. 35). É interessante notar, como o faz François Chesnais (1996, p. 240; 2005, p. 35), que no campo monetário e financeiro os Estados nacionais são os grandes responsáveis pela plena mobilidade do capital.[142] A propósito, a desregulamentação do mercado financeiro na Europa e na América Latina, assim como o resgate das instituições financeiras norte-americanas e europeias após o craque de 2008, são evidências facilmente coletadas de que a concentração de poder econômico influencia definitivamente a política.

A abertura de linhas de crédito dos bancos internacionais e os empréstimos concedidos ao setor público geraram o chamado efeito "bola-de-neve da dívida". Lançaram um mecanismo de transferência de recursos que tem a capacidade de se reproduzir autonomamente no tempo, possibilitando a sua recriação sem cessar. "[O]s juros devidos sobre o principal da dívida (o serviço da dívida) absorvem uma fração sempre maior do orçamento do Estado, das receitas de exportações e das reservas do país, de sorte que a única maneira de fazer face aos compromissos do serviço da dívida é tomar um novo empréstimo" (CHESNAIS, 2005, p. 39). Mais uma vez recorrendo a François Chesnais, é precisa a sua percepção a respeito do endividamento dos países latino-americanos: "[i]ndependentemente de seu contexto histórico específico, a dívida pública sempre teve por origem as relações de classe e o poder político que permitem aos mais ricos escapar amplamente, ou mesmo quase completamente, dos impostos" (CHESNAIS, 2005, p. 39). Essa afirmação nos é pertinente porque o endividamento público permitiu a imposição de políticas de ajuste fiscal estruturais (especialmente austeridade orçamentária e privatizações) e a abertura dos mercados emergentes para favorecer os mais ricos, ainda que esses países sejam extremamente desiguais:

> [n]os países da OCDE, como nos países periféricos, a dívida pública alimenta continuamente a acumulação financeira por intermédio das finanças públicas. A necessidade de recorrer ao financiamento mediante empréstimos torna-se permanente por causa da desoneração do capital e das rendas elevadas, a

---

142 O autor explica que nos Estados Unidos pós-guerra entrou em voga a ideia de que as finanças seriam uma espécie de "indústria", ou seja, as finanças seriam objeto de competição entre agentes transnacionais, que geram lucros e por isso devem ser protegidas pelo país sede dessas atividades (CHESNAIS, 1996, p. 240-241). Para a evolução histórica da internacionalização e desregulamentação na Europa e em países emergentes, ver Chesnais (2005, p. 36-44).

qual foi facilitada pela mundialização financeira, pela impunidade da evasão e pela multiplicação dos paraísos fiscais. Deu-se um duplo presente às rendas elevadas: beneficiam-se da redução de impostos e emprestam a taxas elevadas. A riqueza transferida começa por assumir a forma de salários, de rendas agrícolas e de trabalho por conta própria, parcialmente a forma de lucros, antes de se transformar em impostos diretos e indiretos e outras "contribuições especiais" que são dirigidas ao setor financeiro mediante a parte do orçamento do Estado alocada para o serviço da dívida (CHESNAIS, 2005, p. 41).

O trânsito livre do capital portador de juros e o ciclo de endividamento formaram um "trampolim" de acumulação financeira[143] de grande dimensão (CHESNAIS, 2005, p. 36). Os capitalistas industriais, quem efetivamente extraem valor no processo produtivo [dos meios de produção], protagonizam, então, duplo papel: organizadores da produção de mais-valor e proprietários de capital na forma-dinheiro (ou porque o apropriaram em decorrência do processo produtivo ou porque tomaram empréstimos para movimentar seus negócios). Para administrar o capital na forma-dinheiro que circula no mercado financeiro ganha destaque a atividade de gestão. A aparente separação entre as atividades produtiva e financeira[144] [*exterioridade da produção*],[145] fortalecida pela noção fetichista de que o dinheiro simplesmente pode criar mais dinheiro, permitiu a subordinação dos administradores-industriais ao mercado financeiro, o que, invariavelmente, modifica a gestão da produção industrial (CHESNAIS, 2005, p. 54-55; HARVEY, 2018, p. 30-31).

A influência da gestão financeira sobre a gestão industrial implica que a busca de retorno pelos capitalistas pode privilegiar meios que não são o da sua valorização no processo de produção. O capital financeiro passa a ter condições de "comandar as formas e o ritmo da acumulação" (CHESNAIS, 2002, p. 2). Ou seja, o investimento passa a seguir o caminho da maior taxa de ganho monetário, o que muitas das vezes leva ao mercado especulativo,

---

143 Nas palavras de François Chesnais (2005, p. 37), "[p]or acumulação financeira, entende-se a centralização em instituições especializadas de lucros industriais não reinvestidos e de rendas não consumidas, que têm por encargo valorizá-los sob a forma de aplicação em ativos financeiros – divisas, obrigações e ações – mantendo-os fora da produção de bens e serviços".

144 Cf. Pinho (no prelo, p. 38): "[a] aparente autonomia é negada pela impossibilidade de o capital financeiro se autonomizar totalmente do mundo da produção. Não há uma autonomia de fato ou uma separação mecânica entre a esfera financeira e a produtiva. Ou seja, trata-se de uma autonomia, assim apreendida pelos agentes, aparente, mas que não se sustenta ao exame da realidade dos fatos à luz da teoria marxiana."

145 Expressão cunhada por François Chesnais (2005, p. 54).

no qual as promessas de ganhos expressivos em curto prazo são tentadoras por envolverem o fator *risco*. A classe capitalista de investidores e acionistas, na maioria das vezes desconhecidos/anônimos, interessa-se pela maximização do lucro, reivindicado com base no seu capital investido no mercado financeiro. A mobilidade do capital permitiu o deslocamento geográfico da produção para buscar mão-de-obra assalariada, ou subcontratada, mais barata, que serve justamente para ampliar os lucros dos acionistas e investidores. No mínimo por isso, não é possível desconectar a mundialização das finanças dos retrocessos sociais que envolvem os direitos dos trabalhadores assalariados e que ampliam paulatinamente a distância entre os mais ricos e os mais pobres. É ver o que conclui Chesnais (2005, p. 27):

> [a] liberalização e a mundialização financeira deram aos mais importantes proprietários de ações e obrigações – as grandes fortunas de família, cujos nomes são publicados uma ou duas vezes por ano nas revistas de economia especializadas, mas sobretudo os investidores institucionais (e os administradores que neles existem em abundância) – os meios de influir sobre a repartição da renda em duas dimensões essenciais: a da distribuição da riqueza produzida entre salários, lucros e rendas financeiras, e a da repartição entre a parte atribuída ao investimento e a parte distribuída como dividendos e juros. Como as duas determinações da repartição afetam o nível do investimento e comandam o emprego e o crescimento, é difícil imaginar um poder mais forte da finança.

O domínio da finança é tão relevante na conformação capitalista atual que proporcionou o surgimento de uma nova facção entre a população mais rica do mundo, a dos gestores ou *superexecutivos*. Apuração da revista Forbes de 2018 revelou que 14% (quatorze por cento) dos bilionários listados em seu ranking anual de mais ricos do mundo atuam no mercado financeiro e em investimentos, incluindo proprietários de *private equity*, gestores de fundos *hedge* e agentes ou corretores (HOW..., 2018).

Em sua aclamada obra *O capital no século XXI* (2014), Thomas Piketty analisa a estrutura da desigualdade recente a partir de duas perspectivas: a desigualdade do trabalho e a desigualdade das rendas do capital[146] (aqui tomado em sentido muito diferente do marxiano)[147]. A respeito da primeira

---

146 Piketty intenta mostrar que as desigualdades na estipulação dos rendimentos do trabalho obedecem a lógica diferente das demais rendas de capital (ver próxima nota). Por isso, a análise de dados de desigualdade não pode comparar o patrimônio decorrente do trabalho (em qualquer posição) com os rendimentos conseguidos sem intermédio laboral, como faz o índice de Gini (PIKETTY, 2014, p. 239).

147 *Capital*, para o autor, deve ser entendido como o conjunto de ativos não humanos que podem ser vendidos e comprados em algum mercado (abrangendo,

perspectiva, interessa principalmente o exemplo da sociedade norte-americana. De acordo com o economista francês, o aumento da desigualdade nos Estados Unidos se explica, em grande medida, pelo advento dos supersalários.[148] Nesse sentido, destaca Piketty (2014, p. 295) que as profissões da área de finanças são aproximadamente duas vezes mais comuns entre as frações mais ricas da sociedade do que no conjunto da economia. Ainda que 80% (oitenta por cento) das rendas mais altas não provenham do setor financeiro, o mesmo movimento de expansão de supersalários dos altos executivos pôde ser observado em empresas que não possuem como objeto primeiro este mercado. É preciso alertar, a propósito, que a expansão da desigualdade salarial norte-americana não se refletiu na mobilidade entre as diferentes carreiras individuais. Ou seja, beneficiou apenas o grupo de dirigentes empresariais, o que faz questionar o argumento de meritocracia que está por trás da determinação de supersalários (PIKETTY, 2014, p. 292).

O papel do setor financeiro na contribuição para a desigualdade social também é apontado por Joseph Stiglitz (2016, p. 149), para quem o fato de os países com maiores setores financeiros possuírem maior desigualdade não é incidental. Reforça que "a desregulação e os subsídios governamentais, escondidos ou abertos, distorceram a economia, conduzindo não só a um maior setor financeiro, mas também aperfeiçoando a sua capacidade de movimentar dinheiro da base para o topo". Isto é, o crescimento do mercado não apenas favorece os mais ricos (credores), como prejudica os mais pobres (endividados). Aliás, para o economista ganhador de um Prêmio Nobel, a responsabilidade dos diretores-executivos financeiros e de grandes empresas ultrapassa sua atuação no mercado. Alçados à condição de líderes, esses gestores ajudaram a moldar as nossas visões sobre o que são boas políticas econômicas, camuflando nesses ensinamentos que eles servem, geralmente, aos seus interesses, em detrimento dos outros. A superação desse legado é fundamental para reformular políticas que garantam uma economia mais dinâmica, eficiente e equitativa (STIGLITZ, 2016, p. 48).[149]

---

portanto, o conjunto formado pelo capital imobiliário e pelo capital financeiro e profissional) (PIKETTY, 2014, p. 51). Essa definição, equivaleria, para o autor, ao uso do termo "patrimônio", o que gerou críticas à sua teoria.

148 O mesmo efeito foi observado na França, mas Piketty (2014, p. 272) alerta que, nesse país, "foram os rentistas – ou ao menos nove décimos deles – que passaram a ficar abaixo dos executivos, e não os executivos que ultrapassaram os rentistas".

149 A mesma visão é sustentada por Bresser-Pereira (2017; 2018).

3.3. OS BENEFÍCIOS DA HEREDITARIEDADE

A atual conformação financeirizada do capitalismo, embora permita o surgimento de novos capitalistas empreendedores, administradores financeiros e arrivistas, não é capaz de barrar o poder da riqueza herdada na acumulação e centralização de capital.[150] Pelo contrário, o potencializa. Isso porque o capital portador de juros inicia seu movimento de valorização a partir de um montante de capital na forma-dinheiro por óbvio já existente. A autovalorização do capital financeiro está lastreada em uma atividade produtiva anterior que gerou mais-valor. Consequentemente, entre os mais importantes proprietários de ações e obrigações estão as grandes fortunas de família. São esses os indivíduos que, *a priori*, possuem maior capacidade de investir e emprestar, e assim o farão se o mercado financeiro apresentar maiores taxas de retorno para o seu capital na forma-dinheiro. De mais a mais, é possível verificar que (i) mesmo os grandes negócios industriais herdados dedicam parte de suas atividades ao mercado financeiro; (ii) o setor financeiro oferece alternativas mais eficientes para a valorização do capital herdado, uma vez que elimina as burocracias e os obstáculos naturalmente existentes nas relações produtivas (especialmente entre classes), o que seduz herdeiros sem experiência ou interesse em assumir empresas e grupos industriais; e (iii) o planejamento sucessório, ainda em vida do legatário, já introduz o capital herdado no mercado financeiro ao dar preferência a títulos e estruturas de negócios (muitas vezes fictícios) que reduzam a tributação do patrimônio, transferindo-o para paraísos fiscais ou interpondo pessoas jurídicas para fragilizar o laço familiar que lastreia a tributação de heranças e doações.

Corroboram essas percepções os estudos de Thomas Piketty (2014). A partir da análise de séries históricas construídas com base em dados do Imposto de Renda de países europeus e dos Estados Unidos da América, o economista francês conclui que é muito provável que a distância entre a taxa de rendimento puro do capital[151] r e a taxa de crescimento da renda e da produção mundial g aumente ao longo do século XXI [desigualdade fundamental $r > g$] (PIKETTY, 2014, p. 346). Assim, será mais vantajoso

---

150 Para reflexões acerca do direito à herança e o desenvolvimento histórico da tributação sobre essa hipótese de incidência tributária, ver Domingues (2016).

151 Piketty (2014, p. 346) chama de "taxa de rendimento puro do capital r" a taxa de remuneração do capital após retirados os impostos e as perdas de capital e sem contabilizar as perdas de capital em razão de guerras. Ou seja, é o valor que o capital gera por si só, sem a necessidade de esforço de trabalho.

para herdeiros investirem os seus recursos, pelo menos em parte, no mercado financeiro e receberem a sua autovalorização. Disso decorre que os patrimônios originados no passado apresentarão taxa de acumulação mais rápida do que da produção e dos salários. Nas palavras do autor:

> [q]uando a taxa de remuneração do capital excede substancialmente a taxa de crescimento da economia – como ocorreu durante a maior parte do tempo até o século XIX e é provável que volte a ocorrer no século XXI –, então, pela lógica, a riqueza herdada aumenta mais rápido do que a renda e a produção. **Basta então aos herdeiros poupar uma parte limitada de seu capital para que ele cresça mais rápido do que a economia como um todo**. Sob essas condições, é quase inevitável que a fortuna herdada supere a riqueza constituída durante uma vida de trabalho e que a concentração do capital atinja níveis muito altos, potencialmente incompatíveis com os valores meritocráticos e os princípios de justiça social que estão na base de nossas sociedades democráticas modernas (PIKETTY, 2014, p. 33 – sem destaques no original).

A partir da sua metodologia, que separa os ganhos oriundos do trabalho dos demais rendimentos do *capital*, o economista conclui que estes sempre são mais desiguais do que aqueles. "A distribuição da propriedade do capital e das rendas que dele provêm é sistematicamente mais concentrada do que a distribuição das rendas do trabalho" (PIKETTY, 2014, p. 239). A principal explicação para a diferença na dinâmica de acumulação do capital não oriundo do trabalho é a importância das heranças (inclusive para a acumulação de poupança do legatário) e os seus efeitos cumulativos sobre o comportamento financeiro do herdeiro (PIKETTY, 2014, p. 239).[152] Outra conclusão relevante de Piketty (2014, p. 369) é que as riquezas originadas no passado (transferidas por herança), em caso de baixo crescimento econômico, progridem automaticamente mais rápido do que aumentam os rendimentos do trabalho. Então, a tendência é de reproduzir, por gerações, as desigualdades criadas anteriormente.

Os dados de Piketty sobre herança fortalecem a noção de que a dominação de classe tende a persistir por longos períodos, uma ideia que caiu em desuso com a ascendência da ideologia neoliberal no final do

---

152 Embora os estudos do autor não tenham contado, por exemplo, com dados históricos do Brasil, ele assevera que a análise detalhada do caso da França e das diferentes trajetórias históricas observadas nos países desenvolvidos vale para os países emergentes, pois estes também hão de sofrer tanto os efeitos da desaceleração do crescimento demográfico quanto da redução no ritmo da expansão econômica – contexto analisado na obra (PIKETTY, 2014, p. 36). Nesse sentido vale a pena conferir os estudos de Milá (2015), nos quais foram utilizados dados sobre a concentração de renda no Brasil.

século XX, pelo espraiamento do discurso do emprendedorismo e da meritocracia no mercado de trabalho. A despeito das críticas recebidas, principalmente pelo conteúdo conferido ao termo *capital*,[153] fato é que os dados compilados revelam o crescimento da concentração de riquezas no séc. XXI em patamares próximos aos da *Belle Époque*, e a transferência intergeracional contribuiu para esse cenário.

Além disso, ainda que a desigualdade fundamental $r > g$ encontre objeções quanto ao que possa ser considerado *taxa de rendimento puro do capital*, a ideia de que o capital herdado procure investimentos que apresentem maiores retornos – e que esses estejam no mercado financeiro – converge com o que foi exposto no tópico anterior (muito embora Thomas Piketty se distancie sobremaneira das teorias marxistas e, inclusive, alegue desconhecer a obra desse autor[154]).

A concentração de riquezas faz com que a acumulação intergeracional seja definitiva para determinar posições sociais. A parcela da sociedade que integra o percentil mais rico lega a seus herdeiros volumes de capitais que lhes permitem arriscar-se sem comprometer o seu patrimônio e a sua poupança. Em outras palavras, o afunilamento da concentração de riquezas, na ausência de mecanismos para reduzir o patrimônio herdado, torna permanente a posição dos herdeiros. Colocando em termos grosseiros, na ausência de grandes crises[155] ou de guerras, é preciso que um herdeiro perca quase tudo e que um indivíduo sem herança ganhe, no mínimo, rendimentos bilionários para que ocupem a posição um do outro na pirâmide de distribuição econômica. É claro que situações desse tipo acontecem e são incessantemente noticiadas para manter coeso o tecido social e inspirar a cooperação entre as classes,[156] mas o simples fato de cada vez menos indivíduos possuírem a

---

153 Ver a nota 147.

154 Apesar de declarar que não estudou a obra de Karl Marx (THOMAS..., 2014), refere-se a ela em algumas oportunidades em *O Capital no século XXI* (PIKETTY, 2014, p. 14-18, 223-224).

155 Mesmo a ocorrência de grandes crises capitalistas pode não ser suficientes para obstar o ciclo das transferências intergeracionais pela herança. A captura política do Estado, que será abordada a seguir, blinda e permite o resgate dos mais ricos nessas circunstâncias. O grande exemplo é o resgate do bancos norte-americanos e europeus na crise de 2008.

156 A recente abertura comercial da China fornece bons exemplos da ascensão e queda de bilionários nas listas da revista Forbes (especializada nesse tipo de rankeamento). De acordo com a publicação de 2018, estoques em baixa e o câmbio em queda, em meio a disputas comerciais, derrubaram as fortunas dos mais ricos da China. Os patrimônios líquidos

maior parte da riqueza mundial dificulta que esses feitos de enorme enriquecimento e falência absoluta sejam frequentes.

Nesse sentido, recursos particulares excedentes às necessidades básicas funcionam como "câmara de descompressão" contra os efeitos da imprudência (MURPHY; NAGEL, 2005, p. 120). Isso quer dizer que os mais ricos possuem maiores condições de errar, de realizar investimentos agressivos, de se manterem afastados do mercado de trabalho durante alguns períodos e de perseguirem concepções de vida boa que exijam maiores dispêndios financeiros. Há mais conforto para arriscar. Quanto maior a "câmara de descompressão", maior a segurança para executar projetos pessoais descolados da necessidade de sustentar os demais membros da família.

Existe ainda um patrimônio não financeiro, como cultura e conhecimento, que pode definir o acesso à ocupação de espaços nas instituições sociais. A segregação econômica promove a retenção desse capital por membros de determinado grupo, inviabilizando o acesso de outros. Um grupo pode, por exemplo, usar seu capital social para "acumular oportunidades" para si mesmo e manter redes de informações das quais não membros são excluídos (HALLIDAY, 2018, p. 107). Isso pode ser observado desde a publicidade e indicação de vagas no mercado de trabalho até oportunidades de investimento no mercado financeiro. A atuação em rede é favorecida pela segregação.

Como consequência dessas barreiras, a não interação entre membros de grupos diversos promove a ignorância da realidade de cada um deles. O desconhecimento da realidade do outro, por sua vez, permite a difusão, intragrupo, de explicações imprecisas e muitas das vezes até fantasiosas para as condutas e experiências alheias. A crença nessas explicações cria estereótipos, estigmas e relações opressivas entre os grupos. Halliday (2018, p. 108) comenta, com base no trabalho de sociólogos, que os membros desempregados de grupos de mais baixa renda são usualmente tachados de preguiçosos ou estúpidos em razão de se saírem mal no mercado de trabalho, não obstante isso aconteça porque eles não possuem conexões ou acesso a informações relevantes para vagas que exigem maior qualificação. Os membros de grupos com capital social superior, por outro lado, ignoram o peso que suas conexões, informações privilegiadas

---

de mais de ¾ (três quartos) dos 400 (quatrocentos) bilionários listados em 2017 caíram, excluindo 93 (noventa e três) deles do ranking. Dos que permaneceram, 229 (duzentos e vinte nove) estão em posições piores que no ano anterior e aproximadamente 1/3 (um terço) perdeu 20% (vinte por cento) ou mais do seu patrimônio (CHINA'S..., 2018).

ou até mesmo a sua postura em entrevistas de emprego possuem para a sua contratação. Em geral, creditam seu sucesso a seu esforço e talento e replicam essa visão no julgamento dos demais.

Outra consideração relevante é que o capital cultural herdado também possui um papel importante na maneira como grupos interagem. Em sociedades com acentuada desigualdade racial, a comunidade negra pode, por exemplo, adotar comportamento combativo em abordagens policiais em favelas e comunidades com altos índices de criminalidade como estratégia de defesa. Os membros de outros grupos, em geral, não entendem a razão para a adoção dessas estratégias e as consideram como ameaça ou disposição à violência (HALLIDAY, 2018, p. 108). O mesmo comportamento pode ser observado em grupos segregados prioritariamente por razões econômicas. "O homem bem vestido bebendo vinho em um piquenique pode ser um alcoólatra que submete a sua esposa a violência doméstica, mas um homem malvestido bebendo cerveja barata em um banco de praça é mais propenso a ser estereotipado como um viciado violento" (HALLIDAY, 2018, p. 109).[157]

O que se pretende destacar é que, em uma sociedade tão segregada como a que conhecemos hoje, a *loteria genética* não beneficia apenas os muitos ricos, mas todos os privilegiados, inclusive os que pertencem a grupos da classe média. Essa constatação é importante para os próximos passos que essa pesquisa pretende dar, que perpassam a análise das ações institucionais para redistribuir rendas e riquezas. A transferência intergeracional de patrimônio (financeiro ou não financeiro) não acontece apenas no momento do recebimento da herança ou da doação em vida. O simples fato de conviver em um determinado grupo ou as relações travadas no ambiente familiar e educacional podem sentenciar o futuro individual.[158]

Por isso, considerações a respeito de justiça distributiva devem partir de uma visão holística das instituições. Antecipamos a nossa concordância com Murphy e Nagel (2005, cap. 4) e Halliday (2018, p. 117-121) quanto à complementariedade da tributação e das ações públicas diretas para enfrentar os problemas relacionados à acumulação intergeracional desigual.

---

157 Cf. original: "[a] well-dressed man drinking wine at a picnic may be an alcoholic who subjects his spouse to domestic abuse. But a shabbily dressed man drinking extra-strong beer on a nearby park bench is the more likely to be stereotyped as the violent addict even if he is neither of these things."

158 Sobre aleatoriedade, justiça e tributação, ver também Oliveira (2017).

3.4. EFEITOS DA CENTRALIZAÇÃO: A ANIQUILAÇÃO DA DEMOCRACIA PELA DOMINAÇÃO POLÍTICA DOS MAIS RICOS

Como vimos em Rawls, o valor equitativo das liberdades políticas iguais é fundamental para garantir as demais liberdades básicas. A lógica é que se os grupos mais favorecidos se apoderarem da direção das instituições e do governo do Estado, passarão a utilizá-las para solucionar apenas as suas demandas (inclusive por desconhecerem os problemas que afligem as demais classes sociais). A teoria *rawlsiana*, nesse ponto, vale-se da percepção do filósofo acerca da realidade à sua volta. Ele constata que, historicamente, fora da teoria ideal, a política é capturada por grupos de interesse.[159] Mais do que isso, ele chega a reconhecer que, mesmo diante da teoria ideal, havendo concentração de rendas e riquezas haverá concentração de poder político. Por isso, é preciso garantir valor equitativo às liberdades políticas iguais: elas são fundamentais para assegurar as demais liberdades básicas.

Neste capítulo, utilizamos algumas passagens de Karl Marx para introduzir a ideia de que o capital se expande e tende a se centralizar. Apresentamos dados que corroboram a teoria exposta. Então, começamos a lidar com os problemas da desigualdade e da concentração de renda e riquezas, especificamente os relacionados com a loteria genética. Agora, finalizamos com algumas considerações sobre o domínio da política pelo capital econômico.

Em *O preço da desigualdade* (2016), Joseph E. Stiglitz volta seus olhares para o *rent seeking*, ou seja, para as atividades que buscam rendas por meio da manipulação do ambiente social e político onde elas ocorrem, não se preocupando em agregar valor pela sua atuação. A análise do laureado economista deságua na constatação de que as forças de mercado moldam as desigualdades, mas os mercados são moldados por ações governamentais (STIGLITZ, 2016, p. 89). A desregulamentação que levou à explosão da bolha financeira em 2008 é apenas um dos exemplos a confirmar essa percepção.

Não se trata, aqui, de um dilema do tipo "quem veio primeiro: o ovo ou a galinha?". O Estado é uma abstração de um conjunto de pessoas, reunidas em diferentes níveis institucionais, dedicado a responder a demandas de governo (interesses individuais, coletivos/gerais ou de grupos

---

159 Cf. citação na página 74 deste trabalho: "[h]istoricamente, um dos principais defeitos do governo constitucional tem sido a sua incapacidade de assegurar o valor equitativo da liberdade política. Não se tem tomado as providências corretivas necessárias; na verdade, parece que nunca houve ponderações sérias a esse respeito. Disparidades na distribuição de propriedade e riqueza que em muito excedem o que é compatível com a liberdade em geral têm sido toleradas pelo sistema legal" (RAWLS, 2016, p. 279).

de influência). Sempre há alguém por trás do Estado (democrático ou não). Parece óbvio, mas é muito fácil se esquecer disso.[160]

Ao longo da história, o Estado passou por muitos regimes, sendo o democrático discutido desde os antigos. Como relata Constant (1985), na Grécia Antiga, a ideia de liberdade estava umbilicalmente relacionada à participação política. O valor da cidadania era precisamente o de participar das decisões coletivas na pólis.[161] Nem por isso a democracia era tida como o regime ideal. Tanto Platão como Aristóteles viam na democracia o perigo do anarquismo, do excesso de liberdades, principalmente na forma do levante dos pobres (maioria quantitativa) contra os ricos (minoria quantitativa).[162] O vozear confuso das massas criaria instabilidade, desordem, e por isso levaria o regime democrático à degeneração (ou deformação, para Aristóteles). A democracia abriria espaço para a

---

160 Como explica Bonavides (2007), o Estado é criação deliberada e consciente da vontade dos indivíduos, mas, como é o monopolizador da força, por vezes é demonizado e visto como um inimigo do cidadão.

161 Pietro Costa (2012, p. 16) ressalva que, embora houvesse, na Grécia Antiga, grande apego pela vida pública, isso não significa que não havia respeito pela esfera particular dos cidadãos. Existia um outro aspecto da liberdade, inclusive posto na obra de Aristóteles, que era o da possibilidade de viver conforme aprouvesse. Esse significado de liberdade, assim como o de participação das decisões políticas, deriva do éthos democrático. O melhor caminho, para Costa, é pensar em uma liberdade para os antigos que abranja vida pública e vida privada.

162 Comentário de ordem semelhante é feito por Noam Chomsky sobre a postura Madison (*O Federalista*) na Convenção Constituinte norte-americana (inclusive destacando a conexão entre os pensadores): "[o]ra, com isso [direito de voto igual] a maior parte dos pobres se reuniria e se organizaria para tomar as propriedades dos ricos. Os pobres realizariam o que chamaríamos hoje de reforma agrária: a divisão das grandes propriedades, bem como a dos estados de tradição agrícola, e dar ao povo suas terras, retirando essas terras daquilo que, não muito tempo atrás, tinha sido imposto pelo sistema de cercamentos. Com isso, os pobres votariam para retomar aquelas que haviam sido outrora terras comunitárias e se apropriar delas. E como, acrescentou Madison, obviamente isso seria injusto, não poderia ser permitido. Desse modo, o sistema constitucional tinha que ser estruturado de forma que impedisse a democracia — **a tirania da maioria, tal como a denominavam às vezes** — para assegurar que a propriedade dos opulentos não fosse atingida" (CHOMSKY, 2017, p. 14 – sem destaques no original). A defesa de Chomsky sobre Madison, de que ela era um pré-capitalista e por isso idealizava as elites, por óbvio, estende-se aos antigos, que tinham uma visão muito restrita de quem eram os cidadãos atenienses.

tirania, para a oligarquia, ou para a demagogia (falsa democracia). Platão escreve em A República que o excesso de liberdades conduz ao excesso de servidão, tornando a alma dos cidadãos "tão melindrosa que, à mínima aparência de opressão, estes se indignam e revoltam" e passam a não se importar com as leis escritas ou não escritas, o que cria o ambiente perfeito para o surgimento de um herói, um corajoso que vai à frente e os demais o seguem. O tirano que irá recuperar a ordem perdida (PLATÃO, p. 374).

Desde então, muito já foi dito e vivido a respeito da democracia. Maquiavel, Hobbes, Madison, Montesquieu, Rousseau, Mill, Weber, Habermas, dentre outros, são autores reconhecidos por seus trabalhos sobre a vida em sociedade, nos quais trataram de aspectos essenciais da democracia. A existência de tantas visões diferentes sobre Estado, representação, identidade, governo, burocracia, eleições e política demonstram a complexidade de lidar com a "democracia".[163] Até o exercício de reconhecer Estados Democráticos é espinhoso. Apenas para exemplificar, citaremos algumas concepções relevantes.[164]

Schumpeter foi um importante nome da *teoria minimalista da democracia*. Criticando o conceito de democracia vigente no século XVIII,[165] propôs a sua substituição por uma definição que se aproxima da seguinte: o método democrático é o arranjo institucional para chegar a decisões

---

163 Discutir a teoria democrática ou recapitular a literatura a respeito do tema não é o objetivo desta dissertação. Dada a sua complexidade, merece atenção exclusiva e pesquisa aprofundada. Contudo, a concepção política de justiça que adotamos como marco teórico deste trabalho (utilizado como quadro de referência para orientar nossas reflexões, complementar nossos conhecimentos e auxiliar nossos julgamentos, como sugeriu John Rawls) serve a democracias constitucionais. Por isso, para cotejar o ideal com o real, verificar o quão próximos ou distantes estamos do modelo pensado como o melhor, precisamos trazer algumas considerações a respeito das democracias atuais.

164 Para uma análise resumida, mas consistente, das diferentes correntes de reconhecimento e avaliação de regimes democráticos, ver Diamond (2003).

165 Apresentado pelo economista da seguinte forma: "o método democrático é o arranjo institucional para alcançar decisões políticas que vislumbram o bem comum ao fazer com que o próprio decida sobre as questões por meio de eleições de indivíduos que devem se reunir para cumprir com a sua vontade". Cf. redação original: "the democratic method is that institutional arrangement for arriving at political decisions which realizes the common good by making the people itself decide issues through the election of individuals who are to assemble in order to carry out its will"

políticas, liderado por indivíduos que adquirem o poder de decidir por meio de uma disputa competitiva pelo voto (SCHUMPETER, 2003, p. 9).[166] O economista entende que o foco de métodos democráticos, na realidade, não é a eleição de representantes populares, mas investir o poder de decidir questões políticas no eleitorado. O povo não governa; quem governa são os líderes eleitos na competição eleitoral [*teoria minimalista da democracia*].[167] Seu pensamento foi muito influenciado por Max Weber, para quem a burocracia infesta as instituições democráticas por dentro e captura o poder (WEBER, 1980).

Daron Acemoglu e James A. Robinson, por sua vez, expressam que a característica mais básica de uma democracia é que todos os indivíduos possam votar, porque o direito de escolher um representante tem força determinante nas escolhas sociais e nas políticas governamentais. Democracias são caracterizadas, basicamente, por situações de relativa igualdade política (ACEMOGLU; ROBINSON, 2006, p. 89, 90).

Já Robert Dahl separa o ideal democrático do modelo existente, o qual chama de *poliarquia*. O termo *democracia*, na concepção do autor, serve para designar o sistema político entre cujas características se encontra o desejo de satisfazer a todos os cidadãos, se não inteiramente, quase inteiramente. Os governos democráticos caracterizam-se pela sua aptidão para responder às preferências dos cidadãos, sem estabelecer diferenças políticas entre eles (DAHL, 1989, p. 13). Uma vez que não existe – nem nunca existiu – um governo que reunisse todos os critérios para ser reconhecido como democrático, ainda que segundo a definição mais simples, cunhou-se o termo *poliarquia*. Democracia é um ideal, *poliarquia* é o real.

Larry Diamond concorda que é necessário conferir realismo às nossas expectativas, porque a democracia não produz apenas bons resultados, ou nem sempre os mais eficientes, mas continua sendo o melhor caminho para reduzir injustiças sociais e corrigir políticas mal pensadas e corrupção. Para ele a democracia deve ser vista como um processo em desenvolvimento:

---

166 Cf. redação original: "the democratic method is that institutional arrangement for arriving at political decisions in which individuals acquire the power to decide by means of a competitive struggle for the people's vote".

167 Nesse sentido também vale a pena citar Adam Przeworski (2003, p. 76): "a essência da democracia é a competição entre forças políticas com interesses diferentes". Cf. redação original: "the very essence of democracy is the competition among political forces with conflicting interests".

[m]esmo quando um país está acima do limiar da democracia eleitoral (ou mesmo liberal), as instituições democráticas podem ser melhoradas e aprofundadas ou talvez precisem ser consolidadas; a competição política pode se tornar mais justa e mais aberta; a participação pode se tornar mais inclusiva e vigorosa; o conhecimento, os recursos e as competências dos cidadãos podem crescer; funcionários eleitos (e nomeados) podem se tornar mais responsáveis e transparentes; as liberdades civis podem ser melhor protegidas; e o Estado de Direito pode se tornar eficiente e seguro (DIAMOND, 2003, p. 38 – tradução livre).[168]

Ver a democracia como um processo em desenvolvimento nos leva a questionar se alcançamos o ponto de seu esgotamento. As eleições do presidente norte-americano Donald Trump em 2016 fomentaram o debate a respeito da chegada uma onda conservadora ao redor do mundo, carregando consigo nacionalismo, preconceito e autoritarismo. Desde então, Marine Le Pen (política da extrema direita) ficou em segundo lugar nas eleições francesas; a AfD (Alternativa para a Alemanha), partido da extrema direita alemã, conquistou lugar no Parlamento; o partido da direita nacionalista holandesa foi o segundo mais votado nas eleições de 2017; Hungria, Colômbia e Brasil elegeram candidatos conservadores e ligados ao espectro político da extrema direita.[169] Pouco antes das eleições de Donald Trump, Rodrigo Duterte foi eleito presidente das Filipinas; a Inglaterra deixou a União Europeia (Brexit); e a Polônia elegeu um primeiro-ministro abertamente nacionalista e de ultradireita.

Esse não é um movimento necessariamente novo. Em *Como as democracias morrem* (2018), Steven Levitsky e Daniel Ziblatt apresentam exemplos ao redor do mundo de políticos que se elegeram democraticamente, mantiveram o verniz democrático em suas ações por um tempo e, progressivamente, transformaram seus governos em autocracias. Mussolini (Itália), Hitler (Alemanha), Fujimori (Chile) e Chávez (Venezuela) eram

---

168 Cf. redação original: "[e]ven when a country is above the threshold of electoral (or even liberal) democracy, democratic institutions can be improved and deepened or may need to be consolidated; political competition can be made fairer and more open; participation can become more inclusive and vigorous; citizens' knowledge, resources, and competence can grow; elected (and appointed) officials can be made more responsive and accountable; civil liberties can be better protected; and the rule of law can become more efficient and secure."

169 A Áustria elegeu, em 2017, Sebastian Kurz, membro de um partido de centro-direita. Todavia, seu vice é de um partido da direita nacionalista, o que também coloca o país no radar da virada conservadora mundial.

outsiders, como Donald Trump, e assumiram o comando de seus países por meio de eleições democráticas. Recep Tayyip Erdoğan (Turquia) não era um *outsider* quando venceu as eleições de 2014, mas igualmente conduziu um processo progressivo de militarização e autoritarismo no seu governo. É um fato, entretanto, que vivemos um momento histórico de crescimento do conservadorismo.

Transições entre democracia e regimes autoritários acontecem principalmente em períodos de severas crises econômicas (ACEMOGLU; ROBINSON, 2006, p. 65).[170] Bresser-Pereira enxerga a ascensão da extrema direita como reflexo da crise política mundial, provocada por baixas taxas de crescimento, instabilidade econômica e social e aumento das desigualdades, somada à crise financeira de 2008. O sistema político que deu abrigo à desregulamentação financeira agora sofre com os efeitos de seu colapso. O descontentamento político também decorre da ausência de empatia social com os trabalhadores e os pobres, por parte das elites rentistas e financistas (BRESSER-PEREIRA, 2018, p. 25).

O exemplo brasileiro é cristalino. Em 2013 vimos milhares de pessoas indo às ruas, em diversas cidades do país, para manifestar seu descontentamento com a política. As pautas, inicialmente puxadas pelo aumento da passagem de ônibus no Município de São Paulo, em determinado momento tornaram-se desconhecidas, ou melhor, conhecidas como um protesto "contra tudo o que está aí". As *jornadas de junho* **são apontadas por muitos como o momento seminal da crise política brasileira.**[171]

Pelo menos desde então, boa parte dos brasileiros parece não se identificar com os seus representantes. O recente processo de impeachment da presidenta Dilma Roussef foi abertamente criticado pela comunidade jurídica por se assemelhar mais a um *recall* do que a um julgamento por

---

170 Przeworski *et al.* (1997, p. 116-117) conclui que, independentemente do motivo, as democracias mais pobres estão mais sujeitas a se tornarem ditaduras. Ou melhor, "quanto mais próspero um país, maiores são as probabilidades de que manterá uma democracia" (LIPSET *Apud* PRZEWORSKI et. al, 1997, p.117).

171 Outros preferem atribuir esse momento a questões de bastidores do governo, por entenderem que o papel do povo na participação das decisões que culminaram no impeachment da presidenta Dilma Roussef, em 2016, foi reduzido, ou mesmo insignificante. Não realizamos pesquisas direcionadas a responder essa pergunta. De todo modo, acreditamos que o clima de insatisfação popular facilitou a retirada de uma governante popularmente eleita do cargo político mais relevante do país.

crime de responsabilidade.[172] O percentual de votos nulos no segundo turno das últimas eleições presidenciais foi o maior desde 1989 (7,4% dos votos). Ainda, foi a terceira vez, desde a redemocratização, que o presidente eleito não foi votado por mais da metade do eleitorado (recebeu 40% do total de votos).[173] A taxa de renovação no Poder Legislativo foi a maior em 20 anos (TAXA..., 2018).[174]

Para Rawls, quando os termos equitativos de cooperação social não são respeitados, os prejudicados se sentem humilhados ou ressentidos (RAWLS, 2000, p. 357). Não vivemos em um país que passou pelos 4 (quatro) estágios para estabelecer e regulamentar os princípios de justiça, tampouco podemos dizer que nosso sistema constitucional tenha se inspirado de alguma forma na justiça como equidade. Contudo, assim como no sistema de cooperação social *rawlsiano*, a confiança é fundamental para qualquer Estado Democrático de Direito. "A confiança reduz a complexidade da vida, por meio da aceitação do risco, [e] a desconfiança não é apenas o oposto da confiança, mas ainda seu equivalente funcional porque ela igualmente simplifica e, às vezes, radicalmente" (DERZI, 2009, p. 334).

> A desconfiança também logra a simplificação, não raramente uma simplificação drástica. Uma pessoa que desconfia necessita muito de mais informação, mas ao mesmo tempo limita a informação àquilo que ela sente seguramente que pode confiar. Faz-se mais dependente com relação a menos informação (LUHMAN *Apud* DERZI, 2009, p. 334-335)

Uma forma de aumentar a confiança na política é ampliar a participação popular (também nas instituições) para que a sociedade se identifique e se sinta representada pelos eleitos e para que, em caso de seu candidato sair perdedor, confie que as instituições serão capazes de impedir abusos e garantir estabilidade. Mais uma vez o retorno a Rawls é pertinente: para aumentar a participação social na política, de forma que os cidadãos possam participar dos pleitos eleitorais e influenciar na agenda de discussão pública, é preciso garantir liberdades políticas iguais, e não

---

172 Ver, por exemplo, Bustamante (2018, P. 74); Avritzer (2017, P. 4); Mohallem (2016, p. 349). O recall é o procedimento adequado para alterar os representantes eleitos quando há insatisfação com o seu governo. Não há previsão na legislação brasileira para esse tipo de procedimento.

173 A primeira vez foi em 1998 (Fernando Henrique Cardoso) e a segunda na reeleição de Dilma Roussef (2014).

174 A renovação foi relativa, já que alguns dos eleitos já ocuparam cargos eletivos no Congresso Nacional no passado. Isso não afasta a circulação no poder

apenas formalmente. Essas, por sua vez, são enormemente impactadas pela disparidade econômica,[175] principalmente pela concentração de riquezas nas mãos de poucos cidadãos, que passam a ter domínio das pautas políticas para se beneficiarem.

Um estudo publicado em 2014, de autoria do professor da *Princeton University*, Martin Giles, e do professor da *Northwestern University*, Benjamin Page, avaliou a influência das elites econômicas, grupos empresariais, grupos de interesse em massa e cidadãos comuns na produção legislativa dos Estados Unidos da América. A conclusão a que chegaram é de que "as preferências do americano médio parecem ter apenas um impacto minúsculo, próximo de zero, estatisticamente irrelevante sobre política pública" (GILENS; PAGE, 2014, p. 575 – tradução livre).[176] De acordo com os pesquisadores, quando a maioria dos cidadãos americanos discorda das elites econômicas ou de grupos de interesses organizados, ela geralmente perde. Ainda, as preferências das elites econômicas teriam um impacto muito mais independente sobre a política do que as preferências do americano médio. De acordo com os autores,

> isso não significa que os cidadãos ordinários sempre perdem; eles frequentemente conseguem implantar as políticas que lhes favorecem, mas apenas porque essas políticas também são preferidas pelos cidadãos da elite econômica que exercem a influência real sobre o sistema (GILENS; PAGE, 2014, p. 576 – tradução livre).[177]

---

175 Como foi destacado ao longo deste estudo, cidadãos mais ricos e com acesso privilegiado à educação têm maiores condições de formular suas demandas e se interessarem por política, porque entendem como as instituições políticas funcionam. Além disso, podem contribuir com mais tempo e mais dinheiro para as campanhas de seus candidatos (BARTELS, 20088, p. 252). Nesse sentido, não apenas a parcela do 0,1% mais rico da população experimenta valor maior nas liberdades políticas, mas toda a sorte de privilegiados. Quanto maiores os privilégios, maior o valor da liberdade.

176 Cf. redação original: "the preferences of the average American appear to have only a minuscule, near-zero, statistically non-significant impact upon public policy".

177 Cf. redação original: "this does not mean that ordinary citizens always lose out; they fairly often get the policies they favor, but only because those policies happen also to be preferred by the economically-elite citizens who wield the actual influence".

Nos Estados Unidos, como apontou Bartels (2008, p. 252), muitos estudos são produzidos para relacionar participação política e desigualdade.[178] Também no Brasil conseguimos encontrar estudos sobre engajamento político, participação e desigualdade.[179] No nosso caso, temos ainda os fatos recentes da atividade política a contribuir para nossas reflexões. Segundo pesquisa estatística realizada pelo Instituto Vox Populi em novembro de 2017, 81% dos brasileiros seriam contra as mudanças na Consolidação das Leis do Trabalho (CLT), o que motivou paralisações trabalhistas e diversas manifestações populares (BITTENCOURT, 2017). Ainda assim, foi aprovada a Lei nº 13.467/2017, que ficou conhecida como Reforma Trabalhista. Em outro caso recente, foi revelado que o ministro de comércio do Reino Unido teria praticado lobby com o governo brasileiro para defender os interesses de grandes empresas petroleiras britânicas. O objetivo seria obter vantagens, na legislação, relativas à tributação e regulação ambiental (REINO..., 2017). Inúmeros outros exemplos poderiam ser levantados para questionar o poder de influência do brasileiro médio no processo legislativo, todos para corroborar a ideia de que, em uma economia de mercado, as relações econômicas desiguais afetam as instituições políticas.

Resolver os problemas de concentração de riquezas e redistribuir radicalmente recursos não é tarefa para o Direito Tributário. Como instrumento de governo, a tributação está limitada pelas normas constitucionais, e há outras liberdades e direitos fundamentais que são igualmente protegidos. Mas o ordenamento jurídico é íntegro e coerente, e as normas, assim como as liberdades, acomodam-se. Por isso é possível se valer de diferentes mecanismos para alcançar objetivos como a garantia do valor equitativo das liberdades iguais: disciplinar o financiamento de campanha, regular a propaganda política, incentivar a participação popular no processo legislativo, criar fóruns públicos para discussão de projetos de interesse comunitário, educação política e, aliado a tudo isso, tributar para desconcentrar riquezas.

---

178 Por todos, ver Schlozman; Verba; Brady (2012), dado a sua completude na análise. São levantados dados sobre participação política individual, em associações civis e de classes, de grandes corporações, a relação entre a transferência intergeracional de poder e engajamento político e até a influência de instrumentos como a internet. Os autores também lançaram, em 1995, o livro *Voice e Equality*, que confirma que o acesso às instituições políticas norte-americanas varia conforme os privilégios (educação, renda e riqueza, por exemplo) dos cidadãos (VERBA; SCHLOZMAN; BRADY, 1995).

179 Ver, por exemplo, Fuks; Perissinoto e Ribeiro (2003); Vaz (2011) e Almeida (2017).

CAPÍTULO 4

A FUNÇÃO DISTRIBUTIVA

Nos esforçamos para demonstrar, até aqui, que o tributo é ferramenta de uso político e por isso a finalidade da tributação se altera conforme forem modificados os objetivos do Estado. No primeiro capítulo apresentamos a revisão da literatura sobre funções da tributação. No segundo, analisamos a concepção política de John Rawls, a qual confere especial importância à garantia de valor equitativo às liberdades políticas iguais, o que pode refletir na tributação. Já no capítulo anterior, trouxemos evidências de que, como previu Rawls, se quisermos levar a sério a democracia constitucional e fazer valer a participação política igual, precisaremos desconcentrar poder político. Sendo a concentração de poder econômico uma das principais causas da concentração de poder político, a tributação se apresenta como meio legítimo de o Estado combater esse problema – o tributo é a principal forma pela qual o Estado alcança a propriedade privada do contribuinte.

É claro que a tributação não é o mecanismo de revolução social que irá modificar a lógica da acumulação e centralização do capital. Entretanto, é um instrumento institucional eficiente para mitigar os efeitos das transferências intergeracionais de riqueza ou a acumulação decorrente das desigualdades no mercado de trabalho, como bem demonstrou Piketty (2014). O que propomos é que a tributação seja mais uma das ferramentas de governo para realizar justiça distributiva, no que não discrepamos dos filósofos liberais igualitários.

Retomando as funções da tributação, da forma como propusemos a sua classificação, temos o seguinte:

1) ARRECADAÇÃO: função inerente à tributação, instrumental para as demais.

2) REGULAÇÃO: cumpre atender, principalmente (mas não apenas), às funções da atividade financeira pública de alocação e estabilização, interferindo na produção e no consumo.

3) DISTRIBUIÇÃO: possui três dimensões, (i) repartir o ônus de financiamento do Estado; (ii) redistribuir rendas e riquezas; e (iii) desconcentrar riquezas.

4) SIMPLIFICAÇÃO: responde às demandas de praticidade no tratamento da norma tributária e afeta, principalmente, obrigações acessórias e procedimentos de arrecadação.

Cada função merece estudo aprofundado acerca da sua delimitação. Escolhemos abordar a função distributiva pela sua conexão com o período histórico que vivemos, pela sua relação com a manutenção do Estado Democrático de Direito e pela forma como ela reflete os ideais de justiça de uma determinada sociedade.

4.1. AS TRÊS DIMENSÕES DA FUNÇÃO DISTRIBUTIVA

A função distributiva é a única que aparece, de alguma forma, em todas as classificações elencadas no primeiro capítulo. A razão principal para isso é a natureza do Estado contemporâneo, Redistribuidor. Compreende-se que o Estado possui desiderato social e atende a demandas de justiça distributiva relacionadas com a igualdade (em sentido material), não admitindo o comprometimento da dignidade da pessoa humana. O Estado passa a atuar como interventor, garantidor de condições mínimas de vida, provendo bens públicos.

Então, alguns postulados de justiça distributiva passam a influenciar a tributação, como consequência lógica. A questão, por exemplo, da responsabilidade pelo financiamento do Estado (o que se dá principalmente por meio da arrecadação tributária), passa a ser analisada sob a ótica da capacidade contributiva (VOGEL, 1977, p. 107). Dosar a arrecadação tributária de acordo com uma concepção de justiça é atribuição da função de distribuição.

Também decorre da natureza do Estado Tributário Redistribuidor, como o seu próprio nome indica, promover a redistribuição do produto social. Por diversas razões a divisão automática do mercado não é percebida como justa. É preciso consertar algumas falhas na distribuição do que se produz, seja porque a loteria genética pode definir a classe social das pessoas, seja porque o mercado não valoriza da mesma maneira todas as habilidades naturais. Não basta nascer com talento, viver em um ambiente que o incentive e o desenvolva, e realizar as escolhas certas na sua carreira para melhor aproveitá-lo; é preciso ter um talento que o mercado valorize.[180] Autores citados no Primeiro Capítulo, Richard Musgrave, John Rawls, Reuven Avi-Yonah, Adolph Wagner e Liam Murphy e Thomas Nagel

---

180 Jogadores de futebol desta geração têm remuneração muito maior que os da geração passada. Além disso, a remuneração dos melhores jogadores de vôlei ou de *handball*, para dar exemplos do universo desportivo, não são sequer aproximadas à dos grandes astros do futebol mundial. Essa lógica se estende para a maioria das profissões que imaginarmos. O desenvolvimento dos talentos naturais não é suficiente para garantir sucesso igual no mercado em diferentes áreas de atuação.

concordaram expressamente sobre a necessidade de atuação do Estado para equalizar a distribuição conforme considerações de justiça, e que a tributação participa desse processo.

Há, ainda, uma terceira dimensão da função de distribuição, a de "impedir concentrações de poder que prejudiquem o valor equitativo da liberdade política e da igualdade equitativa de oportunidades" (RAWLS, 2016, p. 346). Essa dimensão está em tudo conectada com a exposição que fizemos ao longo desta obra, e é ainda pouco estudada no âmbito do Direito Tributário.

4.1.1. A dimensão de repartição do ônus de financiamento do Estado

Em diversas oportunidades destacamos que o Estado necessita da arrecadação tributária para se financiar. Mesmo que interviesse o mínimo na ordem social, garantindo "apenas" a segurança da propriedade privada, ainda assim haveria gastos a serem cobertos por meio da arrecadação de tributos. A ideia é que se o Estado serve a todos, deve ser custeado por todos também. E diante dos preceitos que guiam o Estado Democrático de Direito, esse custeio deve ser dividido equitativamente.[181]

Como relatam Murphy e Nagel (2005b, p. 18), "[t]odos concordam com a ideia de que o sistema tributário deve tratar os contribuintes de maneira equitativa, mas discordam quanto ao que seja esse tratamento equitativo". Por isso, surgem diferentes métricas para decidir a melhor forma de distribuir os ônus de financiamento do Estado. Nesse sentido, discute-se equidade vertical e horizontal, refletindo percepções de justiça distributiva sobre capacidade para contribuir.

A equidade vertical refere-se à tributação diferenciada conforme a situação do contribuinte em relação à base adotada (renda, patrimônio, consumo etc.). Quanto mais bem posicionado o contribuinte, maior deve ser a sua tributação. Já a equidade horizontal representa as demandas de justiça tributária entre contribuintes que se encontrem em igual situação, relativamente à base adotada. Alíquotas progressivas do tributo são tentativas de implementar a equidade vertical, enquanto deduções em razão dos gastos dos dependentes financeiros, ou de gastos com saúde e educação, correspondem a práticas de equidade horizontal.

---

181 Pessoas que se encontram na mesma situação devem arcar com o mesmo ônus, enquanto pessoas em situações diferentes arcam com ônus diferente (MURPHY; NAGEL, 2005b, p. 17). Rawls (2016, p. 347) também comenta muito brevemente sobre a divisão justa da carga tributária como atribuição do setor de distribuição do Estado.

Para Liam Murphy e Thomas Nagel, verificar a justiça ou a injustiça de um sistema tributário a partir da adoção de critérios de equidade vertical, como usualmente ocorre, é análogo à miopia. Apenas com a visão total do arranjo fiscal seria possível auferir a justiça da tributação. Focar em um tributo específico, ou numa prática de tributação particular, não serve para conclusões sobre justiça. A vida em sociedade é impactada tanto pelos tributos que são pagos quanto pelos bens públicos que são providos e pelas transferências e demais medidas de ação pública que corrijam a distribuição automática do mercado (MURPHY; NAGEL, 2005b, p. 19-20).

Nesse sentido, inclusive, os filósofos complementam que a equidade vertical, enquanto critério de justiça tributária, parte de uma premissa equivocada. Admite-se que a distribuição realizada pelo mercado seja justa, e que uma parcela será entregue ao Estado como remuneração pela prestação de serviços no capitalismo *lassez-faire*. Essa parcela será medida a partir da propriedade adquirida <u>antes da tributação</u>. Ao adotarmos essa premissa, acabamos legitimando a distribuição realizada pelo mercado, quando, na verdade, são justamente os resultados do mercado que causam as injustiças combatidas também pela tributação (MURPHY; NAGEL, 2005b, p. 21).

O posicionamento de Liam Murphy e de Thomas Nagel, de que não existe propriedade privada antes de haver tributação, é minoritário na filosofia do Direito Tributário. Ainda prevalece entre nós a visão *lockeana* de que o direito de propriedade se impõe contra terceiros, inclusive contra o Estado. A concepção fluente é de que o tributo retira parcela da renda ou do patrimônio do contribuinte, e por isso deve ser rigidamente regulamentado, além de dever ocorrer estritamente na medida do necessário.

A teoria tradicional da tributação, entabulada por Adam Smith, focou a demanda por equidade na capacidade contributiva [*ability to pay*]. Smith defendia que os cidadãos contribuíssem em proporção às suas capacidades, ou seja, em proporção aos rendimentos de que disfrutassem sob a proteção estatal. Esta é, precisamente, a primeira máxima de Smith com respeito a impostos em geral:

> [...] Os súditos de cada Estado devem contribuir o máximo possível para a manutenção do Governo, **em proporção a suas respectivas capacidades, isto é, em proporção ao rendimento de que cada um desfruta, sob a proteção do Estado**. As despesas de governo, em relação aos indivíduos de uma grande nação, são como despesas de administração em relação aos rendeiros associados de uma grande propriedade, os quais são obrigados a contribuir em proporção aos respectivos interesses que têm na propriedade. <u>É na observância ou não observância desse princípio que consiste o que se denomina de equidade ou</u>

falta de equidade da tributação. Importa observar, uma vez por todas, que todo imposto que, em última análise recai exclusivamente sobre um dos três tipos de rendimento acima mencionados é necessariamente não equitativo, na medida em que não afeta os dois outros tipos de rendimentos. No estudo que a seguir farei dos diversos impostos, raramente destacarei de novo esse tipo de desigualdade, senão na maioria dos casos limitarei minhas observações àquela falta de equidade ocasionada pelo fato de um imposto específico recair desigualmente até mesmo sobre aquele tipo específico de rendimento particular que é por ela afetada (SMITH, 1996, p. 283 – sem destaques no original).

Embora Adam Smith mencione em algumas passagens a ideia de retribuição de acordo com o benefício auferido,[182] essa relação não vingou entre os economistas e juristas que escrevem sobre a tributação. A partir dos estudos de John Stuart Mill, a distribuição justa dos ônus de financiamento do Estado passou a considerar a igualdade de sacrifícios[183] (BUCHANAN; MUSGRAVE, 1999, p. 44).

Tanto a abordagem da capacidade contributiva sob a ótica da igualdade de benefícios quanto da igualdade de sacrifícios é individualistas (partem da perspectiva do contribuinte) e reproduzem a dicotomia do Estado *versus* os contribuintes. O desiderato social do Estado e a convicção moral dos contribuintes, de que não se pode deixar à própria sorte os menos favorecidos, exigem que a tributação seja analisada sob a ótica do coletivo, das instituições que formam uma sociedade bem ordenada.

Essa é uma dedução que mais uma vez toma como base a modificação do papel do Estado na vida social, e que reflete o olhar da sociedade sob si própria. Assim como a desigualdade passou a ser um problema de primeira ordem na conjectura atual, ela já foi bem aceita no passado. A função de repartição dos ônus de financiamento do Estado acompanha essas percepções do que é a distribuição justa e de quem deve arcar com os seus custos. Klaus Vogel, que apontou a *função de distribuição de encargos* na sua estratificação,

---

182 É ver, por exemplo, a passagem em que fala do custeio da Justiça: "[t]anto a despesa destinada à defesa da sociedade como a destinada ao sustento da dignidade do magistrado supremo são aplicadas em benefício geral de toda a sociedade. É, pois, justo que ambas sejam cobertas pela contribuição geral de toda a sociedade, contribuindo todos os seus membros, na medida do possível, em proporção com suas respectivas capacidades. Sem dúvida, também a despesa com a administração da justiça pode ser considerada como sendo aplicada em benefício de toda a sociedade. Por isso, não é injusto que ela seja paga com a contribuição geral de toda a sociedade" (SMITH, 1996, p. 272).

183 Para as diferentes formulações da teoria de igualdade do sacrifício (absoluta, proporcional ou marginal), ver Botelho (2018, p. 155-165).

é contundente ao afirmar que a distribuição das necessidades financeiras do Estado deve seguir "critérios de justiça distributiva" (VOGEL, 1977, p. 107).

Para complementar, destacamos que ainda que, não se concorde com a premissa de que não existe propriedade privada antes da tributação, sustentada por Liam Murphy e Thomas Nagel, não se deve afastar a ideia, também sustentada por eles, de que justiça tributária se verifica pela análise ampla do sistema fiscal, e não a partir de microssistemas isolados. Mesmo que *O mito da propriedade* seja uma obra fundada na ideia de que a tributação define a propriedade, o seu conteúdo não pode ser desprezado por aqueles que discordam dessa afirmação. A ideia de que devemos analisar a justiça tributária a partir da sua conexão com as demais normas financeiras é corroborada pelos estudos realizados por nós. As funções da atividade financeira foram mencionadas porque existe uma relação íntima entre os objetivos do Estado, a sua atividade financeira e a tributação.

4.1.2. A dimensão de redistribuição

A dimensão de redistribuição, como Avi-Yonah ressalta, não é pacífica entre os pesquisadores de economia e de Direito Tributário (AVI-YONAH, 2006, p. 3).[184] Na verdade, até pouco tempo atrás, a alocação de recursos na estrutura básica (conjunto de instituições da sociedade) não era encarada como uma demanda de justiça (FLEISCHACKER, 2004, p. 2). A desigualdade social, mesmo sendo considerada por muitos como natural, impressionou a maioria quando Thomas Piketty lançou seu livro *O Capital no século XXI*, em 2014.[185]

Conquanto as discussões não sejam antigas, pelo menos não da forma como acontecem hoje, é fato que a redistribuição se tornou um ponto relevante para as teorias de justiça contemporâneas. *A priori*, todo tributo é redistributivo, porque a conformação do Estado Social contemporâneo é redistribuidora (BATISTA JÚNIOR, 2015, p. 89), mas a utilidade da classificação funcional é sobretudo interpretativa. O intérprete da norma procura a sua função imediata para compreender o seu significado e conectar os diversos dispositivos que

---

184 Preferimos não classificar a redistribuição como uma função autônoma porque, assim como a repartição dos ônus de financiamento do Estado, está-se diante de um desdobramento da concepção igualitária de justiça distributiva no âmbito tributário. Todas as dimensões aqui descritas buscam corrigir as distorções do mercado, depois que elas são percebidas. A função de regulação, por outro lado, atua preventivamente, para induzir um resultado distributivo.

185 A obra figurou entre os *best-sellers* do *The New York Times* por 6 (seis) semanas seguidas, sendo o primeiro lugar durante 3 (três) delas.

cuidem do seu conteúdo. Nesse sentido, uma vez que a realidade exige o enfrentamento das circunstâncias de pobreza e desigualdade que impedem o acesso a direitos formalmente garantidos, e porque as pessoas não aceitam mais serem deixadas à própria sorte, a exigência de redistribuição acompanha a política atual. O problema, mais uma vez, é delimitar o seu alcance.

Pretensões de redistribuição têm origens diversas, podem se basear tanto em caridade quanto em solidariedade; podem conter propostas radicais ou se circunscreverem ao mínimo necessário para a vida digna; podem ser extensivas a todos ou considerar requisitos de mérito; podem focar em tributação ou em ação pública direta. Existe um sem-número de propostas para corrigir as falhas do mercado ou alterar a distribuição automática do produto social. Via de regra, elas estão amparadas em alguma concepção de justiça (abrangentes ou não). Nesta dissertação, utilizamos como guia a concepção política de justiça de John Rawls, que julgamos adequada para a estrutura básica de sociedades pluralistas, as quais almejem garantir liberdade e igualdade para os seus concidadãos. Entretanto, existem outras concepções que podem ser adotadas para definir a distribuição ou redistribuição do produto social.

- **CONCEPÇÕES DE JUSTIÇA**

- UTILITARISMO

A justiça como equidade *rawlsiana* se opõe principalmente ao utilitarismo (RAWLS, 2000, p. VIII). Grosso modo, as doutrinas utilitaristas defendem que a ação moralmente correta é aquela que produz o máximo de bem-estar geral. Cuida-se de uma forma de consequencialismo, já que a análise quanto à correção do ato se baseia nas consequências que ele irá produzir. O utilitarismo não é uma doutrina filosófica uniforme; diferentes filósofos utilizam diferentes medidas de bem-estar. Jeremy Bentham e John Stuart Mill identificavam bem-estar com felicidade [*pleasure*] e defendiam que a sua maximização corresponderia a produzir o maior montante de felicidade para o maior número de pessoas. Precisamente em focar no coletivo está a diferença entre o utilitarismo e o egoísmo: não é moralmente correto agir pensando exclusivamente na maximização do seu próprio bem-estar, deve-se adotar a conduta que melhor atender ao maior número de pessoas (DRIVER, 2014).

A principal crítica de Rawls ao utilitarismo é quanto ao fato de ser, efetivamente, uma doutrina filosófica abrangente (cuja aplicação se dá além da estrutura básica) e, portanto, incompatível com uma sociedade pluralista (RAWLS, 2016, p. 27). Concepções efetivas de justiça colhem no âmbito institucional aquilo que é da necessidade coletiva, e assim reconhecem o que é benéfico para todos. Diante da pluralidade de concepções abrangentes e conflitantes de bem, não pode o Estado agir conforme o princípio da maximização de preferências pessoais dos cidadãos, porque elas não são comuns.[186] Ao adotar-se esse tipo de pensamento, é necessário desconsiderar as aspirações de um cidadão para maximizar as de outro. O liberalismo político, diferentemente do utilitarismo, busca o benefício racional e razoável no interior da concepção política de justiça. Possui forte apelo igualitário, ao contrário do utilitarismo, que só recorre à igualdade para resolver impasses (RAWLS, 2016, p. 93). A justiça como equidade valoriza e reconhece a legitimidade das aspirações pessoais de cada cidadão, e mesmo quando existirem desigualdades, elas devem levar em conta a situação dos menos favorecidos, ou seja, melhorar as expectativas de todos (RAWLS, 2000b, p. 226-227).

- INTUICIONISMO

Outra doutrina moral abrangente criticada por John Rawls é o intuicionismo. De um lado da filosofia moral estão os autores que consideram a razão como o melhor guia para nossos julgamentos, enquanto do outro estão aqueles que defendem que moralidade é matéria para os sentimentos (DI NAPOLI, 2012, p. 80). Os intuicionistas estão no segundo grupo. São citados como seus principais pensadores Samuel Clarke, George Edward Moore, Henry Sidgwick e William David Ross (RAWLS, 2000a, p. 378).[187]

Gargarella (2008, p. 2) apresenta a seguinte descrição para o intuicionismo:

> [p]oderíamos caracterizar o intuicionismo – e de acordo com a descrição apresentada sobre ele pelo próprio Rawls – por meio de duas marcas principais. Por um lado, essa postura teórica afirma a existência de uma pluralidade de princípios de justiça, capazes de entrar em conflito uns com os outros. Por outro lado, essa postura considera que não contamos com um método objetivo capaz de determinar, em caso de dúvidas, qual princípio escolher entre os muitos que existem, ou como estabelecer regras de prioridade entre eles. A única coisa que podemos fazer ante tal variedade de princípios, portanto, é avaliá-los de acordo com nossas intuições, até determinar qual princípio nos parece mais adequado em cada caso.

---

186 Consta uma ressalva na nota de rodapé nº 7 (RAWLS, 2000b, p. 226-227) de que a crítica ao utilitarismo da forma como é feita diz respeito à obra de Henry Sidgwick em *Methods of Ethics*. A mesma observação se encontra em *Uma Teoria de Justiça* (RAWLS, 2016, p. 27).

187 Há o reconhecimento de que existem diversas doutrinas baseadas nessa corrente filosófica, mas utiliza-se na crítica rawlsiana o consagrado pela tradição inglesa. Para as variações dessa corrente, ver Di Napoli (2012).

O problema do intuicionismo, pelo menos da forma apresentada por Rawls, baseada na tradição inglesa, é a ausência de hierarquia das intuições em caso de conflito, o que permite que pessoas diferentes alcancem julgamentos diferentes sobre o ponto de reflexão. Outros problemas são apresentados por Gargarella: a ausência de direcionamento para saber se uma intuição é correta ou incorreta ou ainda a ausência de elementos para distinguir intuições de palpites (GARGARELLA, 2008, p. 3). Não obstante essas questões, é preciso reconhecer que Rawls não afasta completamente o valor das intuições, importantes para alcançar o equilíbrio reflexivo.[188]

- PERFECCIONISMO

Rawls ainda tece críticas a uma terceira doutrina filosófica abrangente, o perfeccionismo. São vertentes dessa doutrina os trabalhos de filósofos como Platão, Aristóteles e Nietzsche, os quais sustentam que "certas concepções do bem são intrinsecamente superiores a outras e merecem que se sacrifiquem por elas, em nome do aperfeiçoamento da espécie humana, os interesses ou os direitos de certas pessoas" (RAWLS, 2000a, p. 380). Não há espaços para dúvidas de que mais uma vez estamos diante de uma doutrina moral que ultrapassa o campo da política e das instituições.

O problema com doutrinas morais e filosóficas abrangentes, reforçamos, é que elas não permitem o pluralismo razoável e, portanto, inviabilizam a cooperação. As pessoas possuem concepções diferentes de bem, geralmente excludentes umas das outras. Como essas doutrinas possuem premissas que se estendem a todas as esferas da moral, interferem também na distribuição do produto social, que deve ocorrer de maneira que respeite seus princípios e valores essenciais excludentes.

---

188 O equilíbrio reflexivo, ou equilíbrio ponderado (RAWLS, 2000, p. 376), é alcançado pela reflexão levando em conta os julgamentos individuais e os princípios de justiça. Os cidadãos são capazes de razão e possuem um senso de justiça, ao longo de seu amadurecimento, utilizam essas duas faculdades, simultaneamente, para selecionar juízos ou convicções refletidas. Estas são alcançadas em condições em que "parecemos ter a capacidade, a oportunidade e o desejo de fazer um julgamento correto; ou em que pelo menos não temos nenhum interesse evidente para não fazê-lo, uma vez que as tentações mais costumeiras estão ausentes" (RAWLS, 2003, p. 41). A importância do equilíbrio reflexivo é a capacidade que os cidadãos possuem de rever juízos pessoais, e obterem um acordo razoável sobre concepção de justiça política que deve reger a estrutura básica (RAWLS, 2003, p. 42).

- LIBERALISMO IGUALITÁRIO – RONALD DWORKIN

Existem ainda outros filósofos de renome no liberalismo igualitário. Talvez o mais relevante seja Ronald Dworkin.[189] Assim como John Rawls, ele entende que o mercado, no sistema capitalista atual, não organiza competições justas, especialmente se consideradas as circunstâncias pessoais sobre as quais não há escolha. Entretanto, o mercado não é inteiramente maligno, porque é também o espaço de exercício da responsabilidade. Cabe ao governo regular as relações distributivas com virtude soberana, ou seja, com igual consideração pelos cidadãos (DWORKIN, 2002b, p. 112).

O grande diferencial do modelo *dworkiniano* é o peso da responsabilidade pelas escolhas pessoais. Os indivíduos devem exercer a responsabilidade de identificar e perceber valor em suas próprias vidas; a eles deve ser assegurado o direito de fazer escolhas e desenvolver sua autonomia para tanto (DWORKIN, 2008, p. 107). Os resultados distributivos em um mercado econômico abrangente, mas regulado (para evitar a corrupção e a formação de monopólios), refletiriam a autonomia individual.

Dworkin, por sua vez, não concorda que a sua teoria seja categorizada como "igualitarismo de sorte" [*luck egalitarianism*]. Samuel Scheffler (2003) publicou um artigo em que expunha como ponto central do igualitarismo de sorte a convicção de que as desigualdades decorrentes de circunstâncias para as quais não há escolha seriam injustas. Ronald Dworkin responde que, na verdade, seu modelo pretendeu que as pessoas fossem tornadas iguais, na medida do possível, em suas oportunidades de prevenir a má sorte, antes que ela ocorresse. Caso isso não fosse possível, então que as pessoas recebessem a compensação que provavelmente teriam se assegurado se essa oportunidade lhes tivesse sido oferecida (DWORKIN, 2003, p. 191; 2002b, p. 111-112). Por outro lado, em um ponto Dworkin concorda com Scheffler: existe diferença entre escolhas e circunstâncias, e essa diferença é central para questões de justiça (DWORKIN, 2003, p. 192).

Partindo dessa premissa, o autor estruturou um sistema de leilões e seguros para garantir a justa distribuição de recursos[190] entre aqueles que participam

---

189 Murphy e Nagel (2005b, p. 140, 160-162) categorizam a teoria de Dworkin como libertarianismo igualitário, em razão da confiança que o filósofo deposita no mercado e pela tentativa que ele faz de igualar o ponto de partida, não a chegada, em termos de justiça.

190 Utiliza-se *recursos* porque é uma métrica mais precisa para a redistribuição do que bem-estar, medida proposta pelos utilitaristas. É mais fácil comparar quantidades de recursos do que de bem-estar (DUFF, 2017, p. 172). Os recursos pessoais são as capada economia de mercado (DWORKIN, 2002a). O leilão é o processo de distribuição originária dos recursos, situação na qual todos os indivíduos estão em iguais condições para adquiri-los. Como o leilão é realizado por dispositivos de mercado, existirão aqueles recursos que custam mais, porque mais pessoas estão dispostas a pagar por eles. Ainda assim, aqueles que decidirem pela aquisição desses recursos mais caros não poderão reclamar de injustiça, porque exerceram sua liberdade, ponderaram sobre o banco de recursos disponíveis e fizeram uma escolha pela qual devem se responsabilizar (DUFF, 2017, p. 175). Já a proposta do seguro serve para resguardar os indivíduos caso os recursos adquiridos não promovam os retornos esperados quando da sua aquisição, ou contra a hipótese de enfrentarem má-sorte de herança (não serem herdeiros ou herdarem pequena monta no futuro) (DUFF, 2017, p. 176). O sistema de seguro é modelado, na verdade, como um sistema tributário com objetivo redistributivo, o qual "proporcionaria a todos pelo menos um padrão mínimo decente de vida, de forma que ninguém levaria uma vida 'horrivelmente sombria' só porque praticou pobres decisões econômicas sobre educação, treinamento, investimento ou consumo no início de sua vida" (DWORKIN, 2002b, p. 114).[191] Assim, a teoria de justiça de Dworkin foge das acusações de que seria uma teoria de partida, a exemplo do libertarianismo de Nozick (1991), já que em certa medida se preocupa também com os resultados distributivos futuros.

Quanto ao modelo de justiça *dworkiniano*, é possível objetar que, diferentemente da justiça como equidade, não há limite especificado para a acumulação de riquezas, ou considerações sobre a (in)justiça de isso acontecer.[192] É claro que a tributação, principalmente da renda, irá influenciar na redistribuição dos recursos (DWORKIN, 2003, p. 191), já que será realizada periodicamente (DWORKIN, 2002a, p. 90-91). Não há tratamento específico, entretanto, para a concentração de riquezas. Mesmo quando o filósofo fala da tributação das heranças para impedir a transferência intergeracional de injustiças, não

---

cidades físicas e mentais de uma pessoa, ao passo que os impessoais são, basicamente, a sua riqueza, medida o mais abstratamente possível (DWORKIN, 2011, p. 355).

191 Cf. redação original: "would provide everyone with at least a decent minimum standard of living, then no one would lead a "horribly grim" life just because he had made poor economic decisions about education, training, investment, or consumption earlier in his life".

192 O limite, para John Rawls, é o prejuízo do valor equitativo das liberdades iguais. Nenhuma acumulação de riquezas pode prejudicar essa liberdade básica, porque se trata de uma desigualdade, e uma desigualdade, mesmo que benéfica para os menos favorecidos, não pode comprometer o primeiro princípio de justiça.

há comentários sobre a concentração de riquezas (DWORKIN, 2002a, p. 346-349). Presumivelmente, se as pessoas fizerem escolhas corretas no leilão de recursos e ao longo de suas vidas (inclusive contratando um bom seguro), e não sofrerem com os efeitos da sorte bruta, poderão acumular recursos indefinidamente, porque os resultados da competição no mercado, a partir da definição dos recursos e da aquisição dos seguros, acontece de forma justa. A redistribuição periódica, via tributação, é pensada para impedir que as pessoas levem uma vida "horrivelmente sombria", não para reduzir a distância entre os mais ricos e os mais pobres.

- O LIBERTARIANISMO DE ROBERT NOZICK

No campo oposto de John Rawls está Robert Nozick. Principal nome do libertarianismo, dedica uma seção em *Anarquia, Estado e Utopia* (NOZICK, 1991, p. 201-244) à crítica da justiça como equidade.[193] Segundo essa vertente filosófica, a propriedade privada é justa se a transferência entre os proprietários ocorrer de maneira justa. E as transferências justas são aquelas nas quais há consentimento. Seu posicionamento sobre a tributação é bastante difundido, e justamente nesse ponto colide com a perspectiva *rawlsiana*. A obrigação tributária impõe ao cidadão mais horas de trabalho, porque precisa ganhar mais para pagar tributos. Nas palavras de Nozick (1991, p. 188), "[a] tributação da renda gerada pelo trabalho está na mesma situação que o trabalho forçado". O tributo é obrigação compulsória, não há consentimento entre as partes e, portanto, não há justiça.

Nozick ataca principalmente as concepções de justiça focadas na chegada (no resultado), a exemplo da justiça como equidade e do utilitarismo, em que importam as condições dos cidadãos após a distribuição realizada pelo mercado:

> [q]uando princípios de justiça de resultado final são incorporados à estrutura judicial de uma sociedade, eles (como acontece com a maioria desses princípios) dão a todos os cidadãos um direito impositivo a alguma parte do produto social total, isto é, a alguma parte da soma total dos produtos individual e conjuntamente gerados. Esse produto social total é gerado por indivíduos que trabalham, utilizando meios de produção que outros pouparam para que existissem, e por pessoas que organizam a produção e criam meios para produzir novas coisas ou coisas antigas de nova maneira. Sobre esse conjunto de atividades individuais, os princípios distributivos padronizados conferem a cada indivíduo um direito impositivo. Todos eles têm um direito às atividades e produtos dos demais, independentemente de se estes participam de relacionamentos particulares que dão origem a esses direitos e sem levar em conta se eles assumem esses direitos por caridade ou em troca de alguma coisa.

---

193 Ver também Rawls (2000, p. 214-217).

> Seja isso feito através da tributação dos salários, ou dos salários acima de certo volume, ou de confisco de lucros ou ainda se há uma grande panela social, de modo que não é claro o que vem de onde e para onde vai, os princípios padronizados implicam a apropriação de atos de outras pessoas (NOZICK, 1991, p. 191).

Como a propriedade privada é definida antes do pagamento de tributos (ao contrário do que defendem Murphy e Nagel), a tributação ou qualquer interferência financeira/patrimonial do Estado na esfera privada é uma apropriação, que determina o dispêndio de mais tempo de trabalho por razões que fogem à autonomia individual. Não há espaço para a liberdade e a autonomia porque não existe a oportunidade de negar-se a contribuir para o Estado.

O ponto principal da crítica de Nozick a Rawls está na ideia de cooperação social.[194] A cooperação cria problemas distributivos porque não permite identificar a parte do produto social a que se faz jus pelo mérito; pela participação efetiva na produção. Além disso, a teoria de justiça *rawlsiana* não ofereceria argumentos suficientes para justificar que os mais favorecidos cooperem e não se sintam prejudicados por isso. O libertarianismo valoriza a liberdade individual e, para Nozick, os princípios de justiça como equidade obedecem a questões de justiça observadas pela ótica de grupos.[195]

Todavia, não se pode afastar que a cooperação ocorre justamente para resguardar a liberdade individual e proteger as concepções de bem que cada cidadão pode professar fora da estrutura básica (e mesmo **na** estrutura básica, porque a concepção política de justiça como equidade se acomoda às doutrinas abrangentes, não as exclui). Não se trata, portanto, de restringir as liberdades individuais, mas de forma racional e razoável de garanti-las a todos, sem exceção.

No que tange à redistribuição, ao contrário das demais correntes que citamos, o libertarianismo não permite que o Estado atue com essa finalidade. Aliás, para essa corrente filosófica, ele deve se limitar a realizar o mínimo necessário para a proteção da propriedade privada.

---

194 Especificamente, são tecidas críticas à escolha de princípios de justiça voltados para grupos e não indivíduos na posição original, à restrição da concepção política de justiça, à noção de bens naturais e à existência de bens coletivos. Contudo, todos esses pontos passam pelo fundamento da cooperação social na justiça como equidade.

195 Citamos na nota de rodapé nº 104 que Norman Daniels considera que a posição original contempla os conflitos de classe, historicamente responsáveis pelos avanços do Estado Democrático de Direito (DANIELS, 2003, p. 242).

- COMUNITARISMO

Os comunitaristas mais recentes, autores da década de 1980,[196] entendem que as pessoas são definidas por laços comunitários, que moldam o *self* (aquilo que as definem em sua individualidade). Partindo dessa premissa, criticam as teorias liberais por focarem excessivamente no indivíduo, dando pouco espaço para a coletividade que o cerca (BELL, 2016).[197] A teoria *rawlsiana*, especificamente, é criticada por não ser universalista, por desconsiderar a existência de um ideal da comunidade humana e por não reconhecer os fracassos das sociedades liberais contemporâneas (RAWLS, 2000a, p. 374). A posição original proposta por Rawls não leva em conta as tradições de determinada comunidade e as lutas e a formação histórica que influenciam na percepção de justiça individuais.

Comentários sobre a teoria das esferas de justiça de Michael Walzer serão realizados adiante neste capítulo.

- JUSTIÇA COMO EQUIDADE

Dissemos que a dimensão redistributiva exigirá medidas específicas conforme a teoria de justiça adotada pela sociedade. No caso da justiça como equidade, que nos serve de parâmetro, a redistribuição segue principalmente o princípio da diferença de John Rawls. De acordo com esse princípio, "[as desigualdades sociais] têm de beneficiar ao máximo os membros menos favorecidos da sociedade" (RAWLS, 2003, p. 60).

Trata-se de um princípio de redistribuição porque, na teoria de justiça *rawlsiana*, é justamente ele que regula as diferenças em termos de renda e riqueza. A garantia das liberdades básicas e da igualdade equitativa de oportunidades possui efeitos distributivos, e eles são justos, porque seguiram a justiça procedimental de fundo. Porém, caso esses efeitos promovam desigualdades de renda e riqueza, eles devem atender ao princípio da diferença e beneficiar ao máximo os menos favorecidos, realizando redistribuição do produto social.

---

196 Charles Taylor (1989); Michel J. Sandel (1998) e Michel Walzer (1983).

197 É curioso notar que NOZICK (1991, p. 209) critica o liberalismo igualitário de John Rawls por considerar que o princípio da diferença é focado em grupos, em detrimento do indivíduo, o que prejudica a cooperação: "[...] caberia questionar por que indivíduos na posição inicial escolheriam um princípio que se concentra em grupos, e não em indivíduos. Não levaria a aplicação do *minimax* a que cada pessoa na posição inicial preferisse maximizar a posição do *indivíduo* que está em pior situação?" (destaques no original).

Quando descreve o setor de distribuição do Estado, Rawls se refere a dois aspectos da distribuição. O primeiro, que será apresentado a seguir, de correção gradual e contínua da distribuição de riqueza, para impedir concentrações de poder que prejudiquem o valor equitativo das liberdades políticas. O segundo é o sistema de tributação que tem a finalidade de arrecadar a receita exigida pela justiça.

Esse segundo aspecto está intimamente ligado à dimensão de repartição do ônus de financiamento do Estado, porque o desenho do sistema tributário deve levar em conta a concepção de justiça para determinar a fatia exata da contribuição de cada cidadão. A ideia de que os mais favorecidos contribuam de forma mais pesada corresponde ao que exige, por exemplo, o princípio da diferença. Em complemento, o referido princípio estabelece que o produto da arrecadação mais pesada dos mais favorecidos seja revertido em prol dos menos favorecidos, ou melhor, que beneficie ao máximo os membros menos favorecidos da sociedade. A redistribuição é realizada, portanto, a partir da ação estatal que atenda (não apenas, mas principalmente) os menos favorecidos. "Recursos sociais devem ser destinados ao Estado, para que se possa fornecer os bens públicos e realizar as transferências necessárias para atender ao princípio de diferença" (RAWLS, 2016, p. 347).

Ou seja, a dimensão de redistribuição da função distributiva não é alcançada pelo simples ato de tributar. Mais uma vez é pertinente retomar a ideia de que as funções classificam as normas tributárias, e que a norma não se restringe a um dispositivo ou a uma lei, mas a todo o conteúdo que permite identificar o tratamento jurídico da questão. No caso da redistribuição, ela acontece por meio da conjugação entre a tributação e os esforços financeiros de alocação para a provisão de bens públicos.

Além do problema de determinar a amplitude da redistribuição (quanto do produto social deve ser redistribuído, o que se conecta com as teorias de justiça distributivas), existe o desafio de determinar as vias para realizar a distribuição.

- **MECANISMOS DE REDISTRIBUIÇÃO**

Pensar na melhor forma de promover a redistribuição envolve dois debates sempre atuais: (i) no caso da arrecadação (primeira face da dimensão), qual é a melhor base para alcançar esse objetivo; (ii) no caso da ação estatal (contraface da arrecadação), qual o melhor mecanismo (ação direta ou subsídio financeiro).[198] Assim como acontece com toda regra institucional, ambas as respostas dependerão da concepção de justiça aceita pela sociedade.

- ESCOLHA DA BASE TRIBUTÁRIA

Determinar a melhor base para arrecadação não é tarefa que envolve apenas a redistribuição. As funções de arrecadação, regulação e simplificação são igualmente decisivas na escolha da hipótese de incidência tributária. Tanto Avi-Yonah (2006) quanto Murphy e Nagel (2005b) comentaram a tensão existente entre eficiência e justiça, verificada na discussão frequente sobre a substituição da tributação da renda pela do consumo nos Estados Unidos da América. Os últimos, aliás, dedicam importante capítulo de *O mito da propriedade* a comentários sobre a melhor base para alcançar justiça tributária (MURPHY; NAGEL, 2005b, p. 126-175). Embora partam da premissa de que não existe propriedade pré-tributária, o que impede o diálogo dos filósofos com propostas que se assentem na capacidade contributiva, as reflexões que trazem sobre a tributação do consumo merecem reprodução.

Primeiramente, há que se destacar o seu posicionamento, com o qual concordamos, de que a escolha da base tributária tem apenas um valor instrumental: "o esquema tributário justo é aquele que se insere num conjunto de instituições econômicas que, em sua totalidade, produzem resultados sociais eficientes e justos" (MURPHY; NAGEL, 2005b, p. 129).

Vale a pena, ainda, introduzir a razão pela qual o Imposto sobre Valor Agregado (IVA) se tornou tão relevante, motivando discussões sobre a sua adoção exclusiva em diversos países. O IVA é um tributo que busca atingir a *renda gasta* e proteger a *renda poupada*[199]. Teve a sua expansão relacionada ao apoio de organismos internacionais, pressão de países ricos e seus

---

198 Comentando sobre o art. 167, inc. IV da CRFB/1988, o qual veda, via de regra, a vinculação de receita de impostos a órgão, fundo ou despesa, a Professora Misabel Abreu Machado Derzi destaca que essa previsão possui dois sentidos: (i) auxiliar no planejamento de governo e estabelecer prioridades de gastos; (ii) aproveitar a função redistributiva dos impostos, afastando desigualdades que poderiam ser reforçadas pela arrecadação vinculada. O exemplo oferecido é ilustrativo: o financiamento de escolas por meio da arrecadação de imposto sobre a propriedade imobiliária, segundo a relação escola-vizinhança, beneficia bairros mais ricos e regiões urbanizadas. Então, também a vinculação orçamentária pode ser considerada um problema que envolve a dimensão redistributiva da tributação (DERZI *In* BALEEIRO, 2010, p. 203-205).

199 Em geral, renda é entendida como consumo *mais* o aumento de riqueza, o que reduz a discussão a definir o melhor tratamento tributário para o capital (MURPHY; NAGEL, 2005b, p. 126). Oliveira e Magalhães (*In* DERZI et. al., 2017, p. 370)

experts. Foi propagandeado como um tributo eficiente e que preservaria a neutralidade, mas, na verdade, ligava-se à garantia, aos países credores, de solvência dos países devedores, desconsiderando as particularidades de cada ente tributante e o contexto de forte desigualdade observada em países mais pobres (OLIVEIRA; MAGALHÃES *In* DERZI *et. al.*, 2017, p. 371-375).

A tributação do consumo é discutida, sob o enfoque da justiça, principalmente pela sua capacidade de fornecer equidade horizontal aos pagadores. Ou seja, impediria distorções de onerosidade maior para alguns contribuintes em situação idêntica a outros.[200] Essa desigualdade horizontal seria verificada com relação aos poupadores. Tributar a renda pode onerar o contribuinte que, em vez de gastar os seus rendimentos, escolhe poupar, enquanto a tributação do consumo atingiria os "gastadores". Soma-se ao problema da desigualdade horizontal na tributação da renda o argumento de Kaldor de que o incentivo à poupança e aos investimentos financeiros é um incentivo ao crescimento do Estado (MURPHY; NAGEL, 2005B, p. 146). Kaldor apresenta ainda um argumento ético no sentido de que os poupadores devem estar em posição melhor que os gastadores, o que não permite que sejam tributados de forma mais pesada que os últimos [*moralização da acumulação de capital*] (MURPHY; NAGEL, 2005b, p. 146-147).

A condução do debate sob a perspectiva dos poupadores é problemática. Ao mesmo tempo em que a desigualdade tributária horizontal deveria se preocupar com aquele que decidiu poupar em vez de consumir, ela deveria se preocupar com quem decidiu trabalhar mais para consumir mais (MURPHY; NAGEL, 2005b, p. 144). Para mais, se partirmos para a argumentação de mérito, precisamos considerar que as oportunidades de investimento e poupança são diferentes para pessoas de classes sociais diferentes. Normalmente, o retorno oferecido é maior para aqueles que dispuserem de mais recursos para investir, dando aos herdeiros e grandes conglomerados econômicos condições privilegiadas para ocupar a posição de poupadores. Ainda, continuando por essa mesma linha de raciocínio, o fato de pessoas endinheiradas pouparem grande parte de seus recursos não elimina a sua posição de gastadores, mas apenas evidencia que possuem dinheiro suficiente para atenderem às suas necessidades de consumo e poupar.

---

chamam a atenção para que essa acepção do IVA pode variar a depender da área de especialidade do pesquisador (jurista, economista ou contador).

200 Há relativo consenso entre a doutrina que a tributação focada no consumo penaliza os mais pobres, que consomem boa parte de seus rendimentos (OLIVEIRA; MAGALHÃES *In* DERZI *et. al.*, 2017, p. 370).

A tributação <u>exclusiva</u> do consumo não contribui para a justiça. O Estado Tributário Redistribuidor exige que o ônus de seu financiamento seja dividido de forma que aqueles que se encontram em melhores condições contribuam com mais do que os que estão em posições piores. Esse é o primado da *capacidade contributiva*. Uma vez que o Estado é garantidor de direitos e provedor de bens públicos (deve realizar justiça social), não faz sentido onerar pesadamente os menos favorecidos para depois devolver-lhes a arrecadação na forma de serviços públicos ou subsídios.[201] A redistribuição via provimento de bens públicos não acontece de maneira satisfatória na maioria dos países ao redor do mundo, o que torna ainda mais injustificada a substituição total da tributação da renda pelo consumo.

O princípio da diferença de John Rawls[202] é um bom guia para a capacidade contributiva. A tributação pode fazer com que a desigualdade social seja benéfica para os menos favorecidos, porque pode promover a redistribuição. Essa visão, é bom lembrar, submete-se à prioridade lexical da garantia das liberdades básicas e da igualdade equitativa de oportunidades. Isso reforça que a tributação com dimensão redistributiva é apenas parte do arranjo de justiça, e deve ser avaliada à luz de sua interação com as demais instituições da estrutura básica.

Sociedades complexas demandam soluções complexas na persecução de justiça. "A eliminação de um único tipo de injustiça num mundo multiplamente injusto pode contribuir para que, no todo, as coisas fiquem ainda mais injustas" (MURPHY; NAGEL, 2005b, p. 144). Por isso, acreditamos que tentar simplificar a tributação em uma base única não seja o melhor caminho para alcançar justiça tributária, a exemplo do que conclui Avi-Yonah (2006). Se a tributação possui diferentes funções, é de se esperar que para executá-las sejam necessários tributos diversos.[203]

---

201 A Prof. Misabel de Abreu Machado Derzi, analisando o exemplo brasileiro do Bolsa Família, estabelece essa relação. Ver Derzi (2014).

202 "[As desigualdades sociais] têm de beneficiar ao máximo os membros menos favorecidos da sociedade" (RAWLS, 2003, p. 60).

203 Tomemos, por exemplo, o caso brasileiro. Assim como na maior parte dos países emergentes, a tributação é concentrada no consumo. Com o período eleitoral em 2018 ganharam destaque as propostas de reforma tributária, focadas em ganhos de eficiência e redução de complexidade (demanda mais do que legítima dos contribuintes). Entretanto, os tributos incidentes sobre a cadeia de produção e consumo exercem outras funções além da eventual simplificação. O ICMS, imposto estadual sobre a circulação de mercadorias, é o principal instrumento de arrecadação dos Estados. Mais do que isso, exerce função

Isso não quer dizer que a tributação do consumo deva ser demonizada para fins de redistribuição.[204] Rawls ressalva que a tributação proporcional do consumo pode compor o melhor arranjo tributário regido pela justiça como equidade (RAWLS, 2016, p. 347).[205] A sua percepção, relativamente à interação das instituições da estrutura básica para alcançar justiça distributiva, assemelha-se ao que apresentamos sobre Liam Murphy e Thomas Nagel:[206]

---

regulatória para o desenvolvimento econômico regional. Retirá-los da competência dos Estados pode reduzir a captura dos governos por categorias de contribuintes, mas igualmente pode prejudicar a atração de investimentos para regiões menos desenvolvidas, como os Estados do Norte do país. As contribuições para o PIS e a COFINS, incidentes sobre o faturamento, possuem a finalidade específica de financiar a Seguridade Social, conjunto de instituições públicas que atuam significativamente na redistribuição de renda. Eventual unificação de tributos tem que levar em conta o custeio dos bens públicos relacionados com previdência, saúde e assistência social. O que desejamos apontar é que as implicações de justiça relacionadas com a tributação do consumo muitas vezes são deixadas de lado em prol da eficiência e da simplificação. Mencionamos o assunto em Marinho e Britto (2018). As propostas de reformas tributárias discutidas atualmente muito pouco ou quase nada falam de justiça tributária ou redistribuição. Por exemplo, a Nota Técnica nº 1 do Centro de Cidadania Fiscal, que apresenta o seu modelo de reforma tributária focado em bens e serviços, apenas faz uso da palavra justiça para se referir ao contencioso do tributo nacional no âmbito da Justiça Federal (CCIF, 2017, p. 20); não há qualquer referência à redistribuição. O mesmo pode ser dito sobre a proposta Hauly (2017). A exceção é o documento Reforma Tributária Solidária, da ANFIP e FENAFISCO (2018), ainda pouco discutida no âmbito dos Poderes Executivo e Legislativo.

204 Alguns estudos promovidos pela Organização para a Cooperação e Desenvolvimento Econômico (OCDE) permitem questionar a impressão de que o IVA é regressivo, pelo menos se observados os seus efeitos ao longo da vida dos consumidores. Também foram identificados efeitos redistributivos na utilização de alíquotas uniformes, especialmente se aliadas a algum mecanismo de transferência de renda direta para as famílias de baixa renda. Ver Oliveira; Magalhães (*In* DERZI *et. al.*, 2017, p. 413-417).

205 Rawls fala da tributação sobre o consumo genericamente, sem se referir, por exemplo, ao IVA, ou a qualquer modelo semelhante ao ICMS brasileiro.

206 *Relativamente* porque Rawls encara a teoria de Kaldor sobre a tributação proporcional do consumo como mais adequada no contexto dos preceitos de justiça baseados no bom senso, porque é imposta sobre o que o contribuinte retira do estoque comum de bens, e não sobre o que ele contribuiu para compor esse fundo (RAWLS, 2016, p. 347). Para Liam Murphy e Thomas Nagel, o argumento do *fundo comum* reflete a moralização da acumulação de capital, replicando a ideia de que determinadas opções de consumo são mais nobres que outras (MURPHY; NAGEL, 2005b, p. 147).

> [...] pode ser melhor usar a tributação progressiva apenas quando é necessária para proteger a justiça da estrutura básica no tocante ao primeiro princípio de justiça e à igualdade equitativa de oportunidades e, assim, evitar acúmulos de propriedade e poder que provavelmente solapam as instituições correspondentes. Seguir essa regra pode nos ajudar a indicar uma distinção importante nas questões de política pública. E se os tributos proporcionais se mostrarem mais eficientes, esse poderia ser um argumento decisivo a favor deles, se um sistema exequível puder ser desenvolvido. Como vimos antes, essas são questões de julgamento político, que não fazem parte de uma teoria de justiça. E, de qualquer forma, aqui estamos analisando tal tributo proporcional [sobre o consumo] como parte de um sistema ideal para um sociedade bem-ordenada, a fim de ilustrar o teor dos dois princípios. Disso não decorre que, dada a injustiça das instituições existentes, mesmo impostos sobre a renda vertiginosamente progressivos não se justifiquem, quando todos os fatores são levados em conta. Na prática, temos geralmente de escolher entre diferentes arranjos injustos ou *second best*, e então recorremos à teoria não ideal para descobrir o sistema menos injusto. Algumas vezes esse sistema incluirá medidas e políticas que um sistema perfeitamente justo rejeitaria. Dois erros podem promover um acerto, no sentido de que a melhor combinação disponível pode conter um equilíbrio de imperfeições, um ajuste de injustiças que se compensam umas às outras (RAWLS, 2016, p. 347-348).

Apesar de concordarmos que a decisão sobre a melhor base tributária é política e envolve a avaliação do conjunto de medidas institucionais para a promoção da redistribuição, entendemos que, diante da ausência destas, não se pode penalizar os menos favorecidos com a utilização da tributação regressiva sobre o consumo. Essa conclusão, aliás, é óbvia. Na análise do conjunto institucional, o fato de a tributação ser regressiva e de não haver medidas suficientes para compensá-la terá como resultado um sistema injusto. Para mais, alertamos que alguns pressupostos sobre a arrecadação e a administração tributária devem ser recebidos sob olhar crítico, principalmente quando se tratar da adoção de modelos importados de outros Estados. A tributação sobre o consumo foi largamente propagandeada, quando não imposta, e adotada como principal mecanismo de arrecadação pela maioria dos países emergentes. Não restam dúvidas quanto à sua regressividade diante dos arranjos tributários atuais (baixa tributação da renda e do patrimônio e alta tributação do consumo, sem compensação em serviços ou subsídios financeiros). Contudo, é de se ressalvar que, depois de tantos anos de vigência dos modelos tributários escorados no consumo, qualquer proposta de substituição precisará considerar as acomodações que ocorreram no interior do sistema para torná-lo mais palatável. Buscar soluções simples, em sociedades complexas, não parece ser o melhor caminho.

Afastar a idealização de uma base tributária única não impede o reconhecimento de que alguns tributos sejam mais apropriados para realizar determinados fins de governo. John Rawls (2016, p. 346) aponta que a tributação sobre a herança é a mais apropriada para evitar concentrações de riqueza, porque atinge o patrimônio transferido entre as gerações. Dworkin (2002a, p. 90-91, 334) acredita que a tributação pessoal e progressiva da renda seja mais apropriada para realizar transferências redistributivas; rejeita os tributos sobre consumo e a riqueza, com fins distributivos, porque essas bases refletem as escolhas pessoais (DWORKIN, 2002a, p. 478-479). Ainda, endossa a tributação das heranças para evitar a transferência de injustiças de uma geração para a próxima (DWORKIN, 2002a, p. 346-349).

- AÇÃO ESTATAL

Autores de diferentes áreas de estudo dedicam-se à pesquisa da contraface da arrecadação, a intervenção posterior do Estado, necessária para realizar redistribuição. A indagação nesse caso é sobre a melhor forma de promovê-la: se pela ação pública direta ou pela concessão de subsídios aos cidadãos.[207]

É nesse aspecto que a função de distribuição se relaciona com a função alocativa da atividade financeira do Estado. O provimento de bens públicos é uma exigência do Estado Tributário Redistribuidor e depende principalmente da arrecadação tributária para se viabilizar.[208] Relembrando, prover não é o mesmo que produzir, mas pode ser. Então, além de decidir se promove a ação pública diretamente ou se realiza transferências, o Estado também delibera sobre a produção do bem público ou a contratação de empresas privadas para tanto.

---

207 Essas não são as únicas ferramentas institucionais de cunho redistributivo. As ações afirmativas podem ser incluídas entre esses mecanismos. Entretanto, focamos na provisão de bens públicos, porque são o resultado direto da arrecadação tributária com fins redistributivos e função importante da atividade financeira do Estado, citada tanto por Musgrave quanto por Rawls e objeto de estudo também por Liam Murphy e Thomas Nagel, autores que servem como referencial teórico desta dissertação.

208 Nesse sentido, concordamos com Liam Murphy e Thomas Nagel (2005b, p. 115) que a própria redução de desigualdade social e econômica deve ser vista como um bem público. Os benefícios da redistribuição são usufruídos por todos, e não apenas pelos menos favorecidos. O exemplo extremo utilizado pelos autores, sobre a redução da violência como contrapartida pelo fornecimento de subsídio financeiro aos trabalhadores deixa isso claro (MURPHY; NAGEL, 2005b, p. 114).

Não cabe neste trabalho a investigação sobre qual é o melhor caminho para o provimento de bens públicos. Vale aqui, também, a afirmação de que o arranjo tributário será justo se o conjunto das instituições econômicas for justo. Ainda assim, seguindo novamente a argumentação de Liam Murphy e Thomas Nagel, algumas reflexões podem ser estimuladas.

A anotação essencial dos filósofos é que *redistribuição* não significa, necessariamente, Estado grande [*big government*]. É possível prover bens públicos sem atuar diretamente no mercado. Para definir a forma mais adequada de realizar redistribuição é preciso comparar o valor do uso público dos recursos com o uso privado. Critérios de eficiência exigem que o Estado não dispenda recursos na provisão de bens públicos se o seu uso privado for mais benéfico para os cidadãos (MURPHY; NAGEL, 2005b, p. 102). Antes das considerações de eficiência, porém, há os critérios de justiça: a eficiência entra em cena para auxiliar na implementação da concepção de justiça aceita pela sociedade.

O provimento de bens em espécie (ou de vales com fins específicos, como pagamento de escola ou de serviços de saúde) preserva os mecanismos mercadológicos de fornecimento e distribuição [competição e alocação] e assegura que os beneficiados não utilizem recursos públicos para satisfazer preferências pessoais (MURPHY; NAGEL, 2005b, p. 119). Esse argumento se soma ao de que os cidadãos menos favorecidos não possuem recursos excedentes que funcionem como uma "câmara de descompressão" contra os efeitos da imprudência (MURPHY; NAGEL, 2005b, p. 120). É dizer, seria arriscado deixar à sua própria avaliação a melhor forma de atender às suas necessidades. Em sentido oposto, o tratamento paternalista do Estado é um entrave ao desenvolvimento da autonomia, um dos argumentos basilares para a defesa da propriedade privada (WALDRON, 1989).

4.1.3. A dimensão de desconcentração de riquezas

Inobstante nenhum dos autores mencionados classifique a desconcentração de riquezas como função da tributação, essa dimensão é mencionada pelo menos nas obras de John Rawls e Avi-Yonah. Ambos descrevem que a concentração de riquezas pode levar à concentração de poder político, o que prejudicaria o Estado Democrático de Direito.[209]

---

209 Embora, como destacamos no Cap. 3, Karl Marx diferencie precisamente concentração e centralização do capital, sendo o último termo mais adequado para os fins deste trabalho, optamos por utilizar concentração/desconcentração por ser o adotado por John Rawls, Michael Walzer e pelos estudos econômicos sobre desigualdade.

O primeiro percebe que a concentração de riquezas pode obstar o exercício das liberdades políticas iguais, na medida em que os mais favorecidos formem grupos de influência nas instituições governamentais e restrinjam as pautas políticas aos seus interesses. Por isso, o primeiro princípio de justiça assegura <u>valor equitativo</u> às liberdades política iguais. Então, nos estágios legislativo e de aplicação das normas jurídicas devem ser instituídos mecanismos para impedir a captura dos governos.

Já Avi-Yonah utiliza a teoria de justiça de Michael Walzer (1983) para fundamentar a sua proposta da função redistributiva da tributação. Walzer concebe que a sociedade humana é uma comunidade de distribuição: as pessoas se juntam para produzir, compartilhar, dividir e realizar trocas. Por isso, a justiça distributiva é uma ideia ampla, que tem a ver tanto com o que somos e o que fazemos em nossa comunidade quanto com o que possuímos. A construção da identidade a partir dos outros relaciona-se à produção e ao consumo. Ainda assim, não temos nenhum sistema distributivo completo. Ao longo da história, diversas teorias e concepções filosóficas moldaram os critérios e a amplitude da distribuição, nunca existiu um poder que conseguisse uniformizar os arranjos distributivos para todos os agentes. Nem mesmo o mercado conseguiu atender a todos modelos de distribuição e contemplar todos os agente. É preciso reconhecer o pluralismo, mas mesmo ele demanda a seleção de princípios que justifiquem as escolhas e que as limitem. (WALZER, 1983, p. 3-6).

John Rawls é um liberal igualitário e Michael Walzer é um comunitarista, o que implica que partam de pressupostos diferentes em suas teorias. O segundo chega a comentar na introdução de *Spheres of Justice*, que o sistema distributivo mais aceito à época era a posição original, a partir da qual partes idealmente racionais afirmariam princípios de justiça, deixando de lado seus interesses particulares. Afastar a particularidade dos interesses pessoais não seria um problema, mas ignorar o particularismo da história, da cultura e das associações seria uma barreira intransponível (WALZER, 1983, p. 5). Então, o pluralismo de Walzer aceita que em diferentes esferas de distribuição, diferentes princípios guiam as relações distributivas e não há um conjunto de vetores de distribuição universal (como dinheiro, recursos ou bens primários). As relações distributivas na esfera política não obedecem às mesmas lógicas da esfera do mercado, e não podem obedecer.

Por isso, quando o dinheiro ultrapassa a esfera do mercado e alcança a política, medidas de redistribuição precisam ser tomadas. Estas podem ser de três tipos: (i) poder de mercado, bloqueando manobras abusivas e promovendo sindicatos de classe; (ii) dinheiro, diretamente, a partir da tributação; e (iii) direitos de propriedade, herança e doações, restringindo as condições para sua transmissão (WALZER, 1983, p. 122). Pensamos que, assim como na teoria *rawlsiana*, a tributação para impedir a contaminação da esfera política pela esfera de mercado tenha um propósito específico, diferente de quando é utilizada em outras circunstâncias (por exemplo no âmbito da própria esfera de mercado, para sua regulação).

> O imperialismo do mercado requer outro tipo de redistribuição [diferente das redistribuições para financiar o Estado de bem-estar social], o que não é tanto o caso de desenhar uma linha [entre as esferas], mas sim de redesenhá-la. O que está em discussão agora é a dominação do dinheiro além da sua esfera, a habilidade de homens e mulheres comercializarem indulgências [*to trade in indulgences*], comprarem posições governamentais, corromper o Poder Judiciário, exercer poder político. Comumente, o mercado tem seus territórios ocupados, e podemos pensar na redistribuição como um tipo de irredentismo moral, um processo de revisão de limites. Princípios diferentes guiam o processo de diferentes pontos no tempo e espaço. Para os meus propósitos imediatos, o princípio mais importante tem essa forma (grosseira): o exercício de poder pertence à esfera da política, enquanto o que acontece no mercado deveria pelo menos se aproximar de transações entre iguais (transações livres). Essas últimas palavras não significam que toda commodity será vendida pelo "preço justo" ou que todo trabalhador irá receber sua retribuição justa. Justiça desse tipo é alienígena ao mercado. Mas toda troca deve ser o resultado de barganha, não de um comando ou de um ultimato (WALZER, 1983, p. 120-121 – tradução livre).[210]

---

210 Cf. redação original: "[m]arket imperialism requires another sort of redistribution, which is not so much a matter of drawing a line as of redrawing it. What is at issue now is the dominance of money outside its sphere, the ability of wealthy men and women to trade in indulgences, purchase state offices, corrupt the courts, exercise political power. Commonly enough, the market has its occupied territories, and we can think of redistribution as a kind of moral irredentism, a process of boundary revision. Different principles guide the process at different points in time and space. For my immediate purposes, the most important principle has this (rough) form: the exercise of power belongs to the sphere of politics, while what goes on in the market should at least approximate an exchange between equals (a free exchange). These last words don't mean that every commodity will sell for a 'just price' or that every worker will receive his 'just reward'. Justice of that sort is alien to the market. Bur every exchange must be the result of a bargain, not a command or a ultimatum."

É esse propósito singular que evidencia a dimensão de desconcentração de riquezas da tributação. Há uma causa própria para recorrer à tributação (concentração de poder político) e um objetivo também particular que se pretende alcançar (desconcentrar poder econômico). No caso da tributação com dimensão redistributiva, seu objetivo imediato é prover bens públicos, redistribuir o produto social. Na teoria de John Rawls, a dimensão redistributiva atende ao princípio da diferença, quanto que a dimensão de desconcentração responde ao primeiro princípio de justiça, mais especificamente à garantia de valor equitativo das liberdades políticas iguais. Na teoria de Michael Walzer, a relação também se dá de forma distinta entre as esferas. A dimensão de redistribuição atua nas relações e princípios da esfera de mercado, ao passo que a dimensão de desconcentração atua nas relações e princípios da esfera política.

Rawls explica que uma parte dos recursos arrecadados por tributos financiam o provimento de bens públicos e a outra impede a concentração de poder econômico. A redistribuição destina-se a corrigir as imperfeições do sistema de mercado, como a formação de monopólios, a valorização desigual das atividades produtivas e as escolhas individuais malsucedidas. Por isso, em alguma medida ela está sempre presente fora do capitalismo *laissez-faire*. A desconcentração apenas entra em cena quando a desigualdade econômica impacta a igualdade política e sua arrecadação não precisa retornar para o mercado, pode destinar-se, por exemplo, ao financiamento público de campanhas (RAWLS, 2016, p. 278). Além disso, enquanto a função redistributiva apenas se completa com a atuação posterior do Estado (que precisa prover o bem público, viabilizando, assim, a redistribuição efetiva do produto social), a desconcentração é possível de ser alcançada pelo simples ato de tributar.

É importante citar ainda a percepção de Aliomar Baleeiro. Para o autor, "indubitavelmente, a tributação pode estorvar a formação de fortunas de indivíduos, se deles retira parte considerável das rendas que seriam poupadas", mas isso não significa que o país fique mais pobre ou menos próspero ou não se desenvolva e passe a produzir menos (BALEEIRO, 2015, p. 219). Os exemplos históricos mostram que a tributação enérgica não significou perda de capacidade produtiva ou de crescimento econômico nos países que assim procederam (BALEEIRO, 2015, p. 219-221). Principalmente em países desenvolvidos é possível utilizar os tributos para desconcentrar riquezas porque existem entraves à fuga de capitais, como a qualidade de vida, a estabilidade da moeda e os laços afetivos firmados naquele lugar (BALEEIRO, 2015, 218-219).[211] Releva mencionar, ainda, que o posicionamento do autor reforça o que vimos afirmando, que a fiscalidade constitui um instrumento essencial da política econômica de um país, "mas não é o único" (BALEEIRO, 2015, p. 222). Também para desconcentrar riquezas é necessário um conjunto de medidas que incentive a permanência do capital no país, fortaleça a fiscalização e forneça segurança jurídica para gerar um ambiente de confiança, com o fim de sustentar a exigência, da parcela mais poderosa da população (econômica e politicamente), do recolhimento de tributos diferenciados.

No Estado Tributário Redistribuidor, no longo prazo, todas as funções são redistributivas. Se a redistribuição é o procedimento necessário para realizar justiça, e o Estado Democrático de Direito deve precisamente realizar justiça, então todas as instituições voltam-se para esse objetivo. A razão prática para diferenciar as dimensões de desconcentração e redistributiva é auxiliar no planejamento de políticas públicas e indicar mais uma possibilidade para a interpretação normativa. No campo das políticas públicas, não é raro nos depararmos com a visão de que a desigualdade não é um mal em si, porque o verdadeiro problema seria a pobreza. Seguir por esse caminho acarreta que redistribuição do topo para a base da pirâmide econômica-social se restrinja ao mínimo necessário para a vida digna. É dizer, a distância econômica entre os mais ricos e os mais pobres não interessa, desde que os mais pobres possuam condições suficientes para gozarem das garantias e direitos fundamentais firmados na constituição.

Fosse essa a realidade das sociedades contemporâneas, já teríamos muito a comemorar. No entanto, como estamos tratando, mesmo sobre a redistribuição, do campo ideal, vale a pena qualificar a dimensão de desconcentração de riquezas. Aliás, dado o cenário apresentado no Capítulo 3, das ameaças ao Estado Democrático de Direito e do afunilamento para o topo da pirâmide social-econômica no Brasil e no mundo, é preciso fomentar o debate sobre alternativas para que a Democracia resgate a si mesma. Instituir tributos que foquem exclusivamente em erodir a base de acumulação patrimonial dos mais ricos é uma das opções. Não é a única, reforçamos, mas é uma aliada de força, já que por meio da tributação o Estado chega legitimamente à propriedade privada dos cidadãos.

---

211 Nesse sentido ver Young (2018).

Quanto à interpretação das normas jurídicas, referimo-nos principalmente ao estabelecimento de limites à tributação. A questão que surge deste trabalho é: *para impedir a concentração excessiva de riquezas, a tributação pode alcançar fatia maior do patrimônio e das rendas dos contribuintes do que para promover redistribuição?* A circunstância particular de a Democracia estar em risco (LEVITSKY; ZIBLATT, 2018) parece permitir a resposta afirmativa.

CAPÍTULO 5

AS FUNÇÕES DA TRIBUTAÇÃO NA CONSTITUIÇÃO BRASILEIRA DE 1988

A Constituição da República Federativa do Brasil de 1988 (CRFB/1988) reflete, indubitavelmente, as características de um Estado Tributário Redistribuidor: vale-se principalmente da arrecadação tributária para suprir suas necessidades financeiras e preza pela justiça e pela redução das desigualdades sociais (BATISTA JÚNIOR, 2015, p. 87). A propósito, a redução das desigualdades sociais é um dos seus objetivos fundamentais (art. 3º, III) e a garantia da igualdade está presente desde o seu preâmbulo (BRASIL, 1988).[212]

Os intentos redistributivos de qualquer sociedade decorrem do primado da *igualdade*. É a ideia de que cada ser humano merece igual respeito e consideração, o que impõe o julgamento de que a distribuição automática do mercado é injusta. Como o mercado favorece privilégios (vantagens oriundas da posição social), o respeito à igualdade determina que o Estado, garantidor de direitos e liberdades básicas, promova a redistribuição. Ou seja, a garantia da igualdade, embora muitas vezes não esteja nítido, é também a garantia da liberdade. Porque a desigualdade condena os menos favorecidos à opressão e não se pode dizer que um sistema social é justo e livre se a maior parte das pessoas não pode guiar a sua vida conforme a sua própria convicção.

A força da igualdade na *Constituição Cidadã* (GUIMARÃES, 1988, p. 3) é nota diferencial das anteriores. Desde a abertura da Assembleia Constituinte, em 4 de fevereiro de 1987, era patente o caminho que guiaria a formatação da nossa democracia constitucional:

---

212 É preciso destacar que a introdução de direitos sociais em constituições brasileiras não ocorreu de forma pioneira em 1988, sendo possível observá-los desde a Constituição da República dos Estados Unidos do Brasil de 1934 (BRASIL, 1934) e mesmo na Constituição da República Federativa do Brasil de 1967 (BRASIL, 1967) e na Emenda Constitucional n. 1 de 1969 (BRASIL, 1969). Referimo-nos a direitos como educação, saúde e previdência social. Bonavides (1984, p. 221) declara que a ditadura do governo provisório de Getúlio Vargas, após a Revolução de 1930, inaugurou o Estado Social no Brasil, principalmente no tocante a direitos trabalhistas.

[o] homem, qualquer homem, é portador do universo inteiro, na irrepetível e singular experiência da vida.

Por isso, de todos deviam ser os bens da natureza e a oportunidade de deixar, na memória do mundo, a marca de sua passagem, com a obra das mãos e da inteligência.

Toda história política tem sido a da luta do homem para realizar, na terra, o grande ideal de igualdade e fraternidade.

Vencer as injustiças sem violar a liberdade pode parecer programa para as sociedades da utopia, como tantos sonhadores escreveram, antes e depois de Morus, mas na realidade, é um projeto inseparável da existência humana, e que se cumpre a cada dia que passa (GUIMARÃES, 1987, p. 22).

A redemocratização do Brasil constrangia ao reconhecimento dos direitos humanos, à proteção das liberdades básicas e à mudança de orientação do Estado, antes estruturado como poder que se impunha contra os cidadãos, e que então passa a servir-lhes.[213] O preâmbulo e os artigos 1° a 4° apresentam as linhas mestras para interpretar as demais normas constitucionais. Os fundamentos da República Federativa do Brasil apontam para semelhanças com o liberalismo igualitário: soberania, cidadania, dignidade da pessoa humana, valores sociais do trabalho e da livre iniciativa e o pluralismo político. Os direitos e garantias fundamentais, do indivíduo e coletivos, passaram a ser elencados antes das normas de organização do Estado, e as propostas para a sua abolição não podem nem mesmo ser objeto de deliberação (art. 60, §4°, inc. IV).

Nem tudo foram flores em torno da promulgação da Carta Constitucional. Embates entre o Presidente da República na transição, José Sarney, e o Presidente da Assembleia Constituinte, Ulysses Guimarães, tornaram-se públicos (BONAVIDES, 2013, p. 118). Forças diversas compunham o corpo de constituintes, de diferentes ideologias e legitimados por diferentes acontecimentos históricos no país até 1987.[214] O contexto internacional também era tenso, já que chegava ao fim a Guerra Fria, período marcado pela oposição

---

213 Nas palavras de Ulysses Guimarães: "[t]emos, em nossas mãos, a soberania do povo. Ele nos confiou a tarefa de construir, com a lei, o Estado Democrático, moderno, justo para todos os seus filhos. Um Estado que sirva ao homem e não um Estado que o submeta, em nome de projetos totalitários de grandeza. Para isso estamos aqui" (GUIMARÃES, 1987, p. 23).

214 De acordo com Clark, Corrêa E Nascimento (2017, p. 679), pelo menos cinco acontecimentos históricos tiveram influência definitiva na composição das forças políticas responsáveis pela elaboração da CRFB/1988: "a) a Lei de Anistia de 1979; b) as eleições gerais de 1982; c) o movimento "diretas já" em 1984; d) o colégio

ideológica e pela interferência dos dois polos de conflito (EUA e URSS) na soberania dos países latino-americanos. Os anos 1980 não estão distantes; a integração dos mercados e os problemas de dominação financeira dos mais ricos sobre os mais pobres já era realidade.[215] A votação do texto não foi unânime, revelando críticas ainda atuais sobre a ausência de efetividade de importantes direitos constitucionais (SILVA, 1988). Críticas sobre a estrutura dada à Federação também não tardaram a surgir.[216]

A perfeição, diante de um grupo tão diverso, nem mesmo poderia ser esperada.[217] No discurso de promulgação, Ulysses Guimarães reconhece a existência de falhas que, a seu ver, poderiam ser sanadas por reforma (GUIMARÃES, 1988, p. 14.380, 14.381).[218] E as reformas foram feitas, repetidas vezes. São marcantes as realizadas nos anos 1990, as quais foram

---

eleitoral presidencial em 1985; e) a eleição e instalação da Assembleia Nacional Constituinte em 1986 e 1987".

215 Fato que também fica evidente pelo discurso de abertura da Assembleia Constituinte de Ulysses Guimarães: "[n]ão é só justiça interna que dá origem aos nossos dramáticos desafios. É também a espoliação externa, com a insânia dos centros financeiros internacionais e os impostos que devemos recolher ao império, mediante a unilateral elevação das taxas de juros e a remessa ininterrupta de rendimentos. Trata-se de brutal mais-valia internacional, que nos é expropriada na transferência líquida de capital. (GUIMARÃES, 1987, p. 22).

216 Clève e Peixoto (1989, p. 22) usaram uma frase de Marx para descrever os direitos referentes à federação na CRFB/1988: "cada direito expresso ou reconhecido por um artigo é desmentido, logo a seguir, por outro". Diziam que cada afirmação de autonomia era logo restringida por uma nova obrigação assumida. Críticas nesse sentido são sustentadas ainda hoje (ARRETCHE, 2012, p. 34).

217 Mais incisiva é a fala de Paulo Bonavides, em artigo publicado em 1984, quando era discutida a convocação de uma Assembleia Constituinte: "[a] Constituinte não é panaceia, urge advertir. Mas é inquestionavelmente o princípio de uma solução, o meio de restaurar a crença, a legitimidade e a confiança nos poderes, principalmente quando se sabe que tais valores foram os mais abatidos e postergados na conjuntura da crise" (BONAVIDES, 1984, p. 228).

218 Vale a pena conferir a fala de Guimarães (1988, p. 14.381 – sem destaques no original): "[n]ão é a Constituição perfeita. Se fosse perfeita, seria irreformável. Ela própria, com humildade e realismo, admite ser emendada, até por maioria mais acessível, dentro de cinco anos. **Não é a Constituição perfeita, mas será útil, pioneira, desbravadora. Será luz, ainda que de lamparina, na noite dos desgraçados. É caminhando que se abrem os caminhos. Ela vai caminhar e abri-los. Será redentor o caminho que penetrar nos bolsões sujos, escuros e ignorados da miséria**".

caracterizadas pelo movimento de recentralização da federação brasileira (ARRETCHE, 2012, p. 34, 42). No campo do Direito Tributário, não são poucos os exemplos: a imunidade do ICMS nas exportações de produtos privados e semielaborados foi promulgada em 1996; a MP nº 66/2002 (posteriormente transformada na Lei nº 10.637/2002) instituiu a não cumulatividade para as contribuições para o PIS e a COFINS (BRASIL, 2002); em 2003, a EC 42 estendeu a regra da anterioridade nonagesimal aos tributos em geral (mas preservou IR), possibilitou a cobrança do ITR pelos Municípios, mediante celebração de Convênios com o Governo Federal, previu os regimes especiais de tributação para microempresas e empresas de pequeno porte (art. 94 do ADCT) e estabeleceu a alternativa de substituir a contribuição social patronal sobre a folha de salários para o faturamento (§12 do art. 195 da CRFB/1988), entre outras mudanças (BRASIL, 2003a); a MP nº 135/2003 (convertida na Lei nº 10.833/2003), em observância à EC nº 42/2003, transformou a COFINS em tributo sobre o valor agregado, permitindo a sua não cumulatividade (BRASIL, 2003b). A Desvinculação das Receitas da União (DRU), mais do que alterar a CRFB/1988, viabilizou a prática de verdadeira fraude à constituição e terminou por criar um sistema paralelo de arrecadação.[219] Isso, reforçamos, são poucos exemplos, apenas no campo do Direito Tributário.

Ainda assim, a CRFB/1988 completou em 2018 trinta anos de vigência e, embora haja muito do que foi enunciado para se materializar, é impossível não reconhecer os avanços que ela proporcionou, especialmente no campo dos direitos sociais. Como declarou novamente Ulysses Guimarães, "[n]ão lhe bastou [à Constituição], porém, defendê-lo [o homem] contra os abusos do estado e de outras procedências. Introduziu o homem no Estado, fazendo-o credor de direitos e serviços, cobráveis inclusive com o mandado de injunção" (GUIMARÃES, 1988, p. 14.380).

A Constituição brasileira determina a provisão de uma série de bens públicos: saúde, educação, transporte, segurança, assistência e seguridade social, proteção do meio-ambiente, lazer, cultura, esportes, entre outros. O provimento desses bens não se dá apenas pela sua produção; o aparato burocrático de que se serve o Estado pode provê-los por meio de regulamentação e fiscalização. De toda forma, mesmo essas atividades são remuneradas. Ainda que o Estado brasileiro fosse reduzido ao mínimo, apenas para garantir segurança (pública e jurídica), mesmo assim a arrecadação de tributos seria fundamental para sustentar o aparato

---

219 Falamos da questão em Batista Júnior e Marinho (2018a).

do governo. O art. 37, inc. XXII da CRFB/1988 reconhece que as administrações tributárias de cada ente federado são atividades *essenciais* ao funcionamento do Estado.[220]

A necessidade e a essencialidade da arrecadação não parecem ser objeto de questionamento entre nós. Mesmo os políticos autodenominados liberais ou libertários, quando assumem o poder, não promovem a extinção completa dos tributos. Ora, não houvesse a arrecadação tributária precisaria o Estado atuar em atividades de empresa (ainda que por meio de concessões), e este é um ponto nevrálgico do qual os liberais clássicos e os libertários não abrem mão. A função arrecadatória da tributação é, portanto, indiscutível e está presente em qualquer Estado.

Também não há divergência sobre a tributação assumir contornos extrafiscais.[221] Alfredo Augusto Becker, mencionando o *Tratado da Ciência Política* de Georges Burdeau, sentencia: "[n]enhuma das reinvindicações pleiteadas hoje sob o título de direitos sociais poderá alcançar seu objetivo sem uma intervenção do Estado na economia" (BECKER, 2018, p. 635). E complementa: "[o]ra, o Direito Tributário é justamente o instrumento fundamental do Estado para poder realizar sua intervenção na economia" (BECKER, 2018, p. 636).

A própria Constituição brasileira reconhece a função regulatória. Basta perceber, por exemplo, que os tributos vocacionados à função de regulação não se submetem ao princípio da anualidade ou da não surpresa (art. 150, §1º)[222] e têm suas alíquotas fixadas pelo Poder Executivo, para que possam

---

220 Art. 37, inc. XXII, CRFB/1988: "[a] administração pública direta e indireta de qualquer dos Poderes da União, dos Estados, do Distrito Federal e dos Municípios obedecerá aos princípios de legalidade, impessoalidade, moralidade, publicidade e eficiência e, também, ao seguinte: (...) XXII – as administrações tributárias da União, dos Estados, do Distrito Federal e dos Municípios, atividades essenciais ao funcionamento do Estado, exercidas por servidores de carreiras específicas, terão recursos prioritários para a realização de suas atividades e atuarão de forma integrada, inclusive com o compartilhamento de cadastros e de informações fiscais, na forma da lei ou convênio." (BRASIL, 1988 – sem destaques no original).

221 Ver o Capítulo 1, em que apresentamos revisão bibliográfica sobre a questão.

222 Art. 150, §1º: "[a] vedação do inciso III, *b* [cobrar tributos no mesmo exercício financeiro em que haja sido publicada a lei que os instituiu ou aumentou], não se aplica aos tributos previstos nos arts. 148, I [empréstimos compulsórios], 153, I [IE], II [II], IV [IPI] e V [IOF]; e 154, II [imposto extraordinário]; e a vedação do inciso III, *c* [cobrar tributos antes de decorridos noventa dias da data em que haja sido publicada a lei que os instituiu ou aumentou, observado o disposto na alínea b], não se aplica aos tributos previstos nos arts. 148, I, 153, I, II, III [IR] e V; e

se moldar rapidamente aos objetivos intervencionistas de governo (art. 153, §1º).[223] Ainda, traz disposições específicas sobre a concessão de benefícios fiscais – instrumentos indiscutíveis de interferência do Estado na economia (art. 155, XII, g;[224] art. 156, §3º, III;[225] art. 165, §6º,[226] entre outros).

No Primeiro Capítulo, explicamos que a classificação em funções beneficia a interpretação das normas tributárias e a estruturação de políticas públicas. Citamos Seligman para defender que "a classificação é, na verdade, uma condição necessária de todo o progresso científico", porque previne a confusão de pensamento e auxilia na decisão de questões de fato (SELIGMAN, 1895, p. 265). Agora, é necessário verificar a sua compatibilidade com o ordenamento jurídico brasileiro. Para tanto, apresentaremos considerações sobre cada função e a sua relação com dispositivos da CRFB/1988.

5.1. FUNÇÃO DE ARRECADAÇÃO

A função de arrecadação é inerente a todo tributo. Ser prestação **pecuniária** compulsória é uma de suas notas características, refletida em nosso ordenamento jurídico.[227] A necessidade de ampliar a arrecadação

---

154, II, nem à fixação da base de cálculo dos impostos previstos nos arts. 155, III [IPVA], e 156, I [IPTU]" (BRASIL, 1988).

223 Art. 153, §1º: "[é] facultado ao Poder Executivo, atendidas as condições e os limites estabelecidos em lei, alterar as alíquotas dos impostos enumerados nos incisos I [IE], II [II], IV [IPI] e V [IOF]" (BRASIL, 1988).

224 Art. 155, XII, g: "[cabe à lei complementar] regular a forma como, mediante deliberação dos Estados e do Distrito Federal, isenções, incentivos e benefícios fiscais serão concedidos e revogados" (BRASIL, 1988).

225 Art. 156, §3º, III: "[em relação ao imposto previsto no inciso III do *caput* deste artigo [ISS], cabe à lei complementar] regular a forma e as condições como isenções, incentivos e benefícios fiscais serão concedidos e revogados" (BRASIL, 1988).

226 Art. 165, §6º: "[o] projeto de lei orçamentária será acompanhado de demonstrativo regionalizado do efeito, sobre as receitas e despesas, decorrente de isenções, anistias, remissões, subsídios e benefícios de natureza financeira, tributária e creditícia" (BRASIL, 1988).

227 Art. 3º, CTN: "[t]ributo é toda prestação pecuniária compulsória, em moeda ou cujo valor nela se possa exprimir, que não constitua sanção de ato ilícito, instituída em lei e cobrada mediante atividade administrativa plenamente vinculada." A CRFB/1988 não conceitua tributo, mas esclarece a Prof. Misabel Abreu Machado Derzi que, implicitamente, ao disciplinar o Sistema Tributário Nacional, a Constituição de 1988 considera um conceito que se aproxima daquele firmado no CTN (DERZI In BALEEIRO, 2010, p. 63).

decorreu, como vimos dizendo, da transformação do Estado liberal, agora Tributário Redistribuidor. A implicação lógica é evidente: o Estado precisa de recursos para executar suas obrigações e assegurar os direitos constitucionalmente estabelecidos. Esses recursos, ao contrário do período histórico que correspondeu ao Estado Patrimonial, advém primordialmente do recolhimento de tributos, porque a propriedade estatal foi, em sua maior parte, pulverizada. A maioria das atividades econômicas que praticava e os monopólios que possuía, sob o argumento de eficiência do mercado, foram repassados à iniciativa privada.[228] O Estado, que é governado pelo povo, passa a ser sustentado também pelo povo (NABAIS, 2012, p. 185-187; BATISTA JÚNIOR, 2001, p. 96-97).

O fato de o Estado precisar de recursos financeiros para o seu financiamento implica que o legislador apenas possa instituir hipóteses de incidência tributária que sejam manifestação da capacidade de contribuir com esses recursos [*capacidade contributiva objetiva ou absoluta*]. Cuida-se de pressuposto do tributo e de diretriz para a eleição da hipótese de sua incidência – o que no Brasil não acontece porque foram delimitadas na Constituição (com exceção da competência residual da União Federal) (DERZI *In* BALEEIRO, 2010, p. 706-707).

Dada a relevância da arrecadação tributária para o financiamento do Estado, a CRFB/1988 dedica todo o seu título VI à tributação e ao orçamento (arts. 145-169). Uma vez que o Direito Tributário está profundamente relacionado com as atividades dos setores público (as financia) e privado (compõe o custo das atividades), aspectos da tributação são mencionados além do título VI. A tributação sofre, ainda, a interferência de regras e princípios não específicos a ela, já que a sua adequada compreensão depende da sua leitura integrada às demais normas do ordenamento jurídico (o Direito Tributário não é uma ilha isolada no título VI da CRFB/1988 ou na legislação tributária).

---

228 É claro que existem Estados Nacionais que conservaram grandes empresas estatais e muito de sua propriedade, especialmente imobiliária. Contudo, falamos sob a perspectiva de países emergentes (nomenclatura talvez inapropriada, pois essa circunstância persiste há anos e a emergência parece cada vez mais inalcançável). Ainda que o Brasil conserve grandes empresas estatais e mantenha também sociedades de economia mista, que possua o monopólio da exploração de determinadas atividades e a propriedade de bens naturais, é inegável o protagonismo da tributação dentre as receitas primárias do Governo Federal (as receitas financeiras, constituídas por empréstimos, chegam a equiparar-se à arrecadação tributária). Ver Brasil (2017d).

Sendo a arrecadação tributária fundamental para executar as obrigações e garantir os direitos constitucionalmente estabelecidos, é também indispensável para a autonomia financeira dos entes políticos. Também por isso a CRFB/1988 traz normas detalhadas sobre as competências tributárias de União, Estados, Distrito Federal e Municípios, determinando, ainda, o pertencimento e a entrega de parcela da arrecadação, verticalmente, de um ente para outros.[229]

Dentre os tributos brasileiros, as taxas, quando instituídas para custearem serviços prestados pelo Estado, são essencialmente arrecadatórias. Também a tributação sobre o consumo é arrecadatória por excelência. Mencionamos que alguns autores sugerem a sua adoção prioritária para promover redistribuição. A lógica é que para redistribuir é preciso arrecadar, e o tributo mais eficiente para exercer a função de arrecadação é aquele que incide sobre o consumo, porque ele é de aplicação mais simples (não demanda qualquer análise pessoal sobre o contribuinte), especialmente se for cumulativo. No Brasil, o tributo que possui como hipótese de incidência a realização de operações de circulação de mercadorias é o ICMS. Esse tributo abrange a prestação de serviços de comunicação e transporte intermunicipal, mas mesmo as demais hipóteses de serviço, que são abrangidas pelo ISS, podem ser entendidas como *tributação sobre o consumo*. A diferença entre as bases desses dois tributos (estadual e municipal, respectivamente) é por vezes problemática, e as mudanças tecnológicas têm permitido que alguns itens de consumo sejam deixados à margem da tributação. Não é exagero firmar, ainda, que a União também dispõe de tributação sobre o consumo. O IPI pode ser classificado dessa maneira, dada a sua não cumulatividade, o que permite a repercussão do tributo no preço de venda dos produtos industrializados. Ainda, as contribuições sociais para o PIS e a COFINS, de fato, incidem sobre essa base, já que também permitem, com facilidade, a repercussão do seu ônus financeiro para o consumidor final. Mesmo o IOF, por repercutir na decisão de consumo, pode ser assim classificado. Ou seja, oneram a mesma base de tributação que Estados, DF e Municípios (BALEEIRO, 2010, p. 336-337; DERZI *In* BALEEIRO, 2010, p. 336).[230]

---

229 O pertencimento e a entrega, estatuídos verticalmente, ficam estruturados da seguinte forma: União transfere recursos da arrecadação dos tributos de sua competência para Estados, DF e Municípios; e Estados realizam transferências para os Municípios a eles circunscritos.

230 O fato gerador dessas contribuições especiais não é o consumo propriamente dito, mas o faturamento (art. 195, inc. I, 'b' da CRFB/1988). Entretanto, como a receita bruta (conceito dado Decreto-lei nº 1.598/1977) corresponde ao resultado das operações de vendas de bens, prestação de serviços e operações de contas alheias,

A eficiência de tributar o consumo pode ser comprovada pelo exemplo brasileiro. O ICMS foi responsável pela arrecadação correspondente a 6,72% do PIB brasileiro em 2017 (BRASIL, 2018).[231] Para comparação, a arrecadação do Imposto de Renda Retido na Fonte (IRRF) correspondeu, no mesmo período, a 3,71% do PIB e o Imposto de Renda da Pessoa Jurídica (IRPJ), somado à Contribuição Social sobre o Lucro Líquido (CSLL), correspondeu a 2,81% do PIB brasileiro. A tributação da renda da pessoa jurídica e o imposto retido na fonte não alcançam, juntos, o valor arrecadado com o ICMS. Mais do que isso, sozinhas, as contribuições para o PIS e a COFINS arrecadaram, em 2017, 4,27% do PIB brasileiro, e o ISS, principal tributo dos Municípios, arrecadou 0,86% (enquanto o IPTU arrecadou 0,59% e os demais tributos municipais, 0,58% do PIB). Em outras palavras, a tributação sobre o consumo corresponde à maior parte da arrecadação no Brasil.

Se o objetivo último do Estado Tributário Redistribuidor, como seu próprio nome indica, é redistribuir o produto social por meio da provisão de bens públicos, então é crucial que haja arrecadação. É com a massa de receitas de que dispõe o Governo (Federal, Estadual, Distrital ou Municipal) que será executado o orçamento. Como destacaram Murphy e Nagel, Vogel, Avi-Yonah e Wagner, assim como a maioria dos autores mencionados no primeiro capítulo, a função arrecadatória acompanha todo tributo. Como consequência, não é adequado falar que a tributação desempenha apenas uma função, mas alguma delas predominantemente. Isso é verdade tanto nos países de origem dos autores quanto no Brasil.

5.2. FUNÇÃO DE REGULAÇÃO

A função de regulação também é de percepção tranquila na CRFB/1988 e possui fartos exemplos na legislação brasileira. Não há previsão que a autorize expressamente, mas é possível deduzi-la dos dispositivos e princípios constitucionais. Ademais, para além do diploma constitucional é possível encontrar indicações mais explícitas da pertinência desta função.

---

além das receitas da atividade ou objeto principal da pessoa jurídica, a repercussão dos ônus da sua tributação é facilmente percebida no valor ao consumidor final na aquisição de bens e serviços. Os custos tributários, em alguma medida, sempre repercutem na formação do preço de venda/ cessão/contratação ao consumidor final (DERZI *In* BALEEIRO, 2010, p. 336), mas a formação da base de cálculo das contribuições facilita a transferência direta dos encargos tributários.

231 Com relação aos últimos 5 anos: 2016 – 6,60% (BRASIL, 2017b); 2015 – 6,61% (BRASIL, 2016a); 2014 – 6,76% (BRASIL, 2015); 2013 – 7,04% do PIB (BRASIL, 2015).

O CTN menciona, por exemplo, que o Poder Executivo está autorizado a alterar alíquotas de determinados tributos **para atender a objetivos políticos** (arts. 21,[232] 26,[233] 39,[234] 65[235]).

A atividade estatal que limita as liberdades dos particulares, em benefício do bem comum, é indicativa do uso do *poder de polícia*.[236] A atividade de *polícia*, de acordo com Onofre Alves Batista Júnior, sofreu mutações que acompanharam o desenvolvimento do Estado Social e hoje deve ser considerada à serviço do **bem comum**. Isso quer dizer que as restrições à propriedade privada e às liberdades individuais, decorrentes do exercício do poder de polícia, submetem-se ao requisito de atenderem à coletividade. Batista Júnior (2001, p. 143) destaca que ao poder de polícia é inerente o paradoxo de valer-se da coação para ser efetivo: "limita-se ou restringe-se a liberdade de um ou de alguns, em prol do benefício de todos". Especificamente quanto ao Direito Fiscal, são 3 (três) os campos de manifestação do poder de polícia:

---

232 Art. 21: "[o] Poder Executivo pode, nas condições e nos limites estabelecidos em lei, alterar as alíquotas ou as bases de cálculo do imposto [II], a fim de ajustá-lo aos objetivos da política cambial e do comércio exterior" (BRASIL, 1966).

233 Art. 26: "o Poder Executivo pode, nas condições e nos limites estabelecidos em lei, alterar as alíquotas ou as bases de cálculo do imposto [IE], a fim de ajustá-los aos objetivos da política cambial e do comércio exterior" (BRASIL, 1966).

234 Art. 39: "[a] alíquota do imposto [ITBI] não excederá os limites fixados em resolução do Senado Federal, que distinguirá, para efeito de aplicação de alíquota mais baixa, as transmissões que atendam à política nacional de habitação" (BRASIL, 1966).

235 Art. 65: "[o] Poder Executivo pode, nas condições e nos limites estabelecidos em lei, alterar as alíquotas ou as bases de cálculo do imposto [IOF], a fim de ajustá-lo aos objetivos da política monetária" (BRASIL, 1966). Este artigo foi suprimido pela EC 1/1969 e não possui validade. As alíquotas do IOF podem ser alteradas pelo Poder Executivo, mas essa permissão decorre diretamente da CRFB/1988.

236 O CTN descreve poder de polícia por meio da seguinte previsão legal: "[c]onsidera-se poder de polícia atividade da administração pública que, limitando ou disciplinando direito, interesse ou liberdade, regula a prática de ato ou abstenção de fato, em razão de interesse público concernente à segurança, à higiene, à ordem, aos costumes, à disciplina da produção e do mercado, ao exercício de atividades econômicas dependentes de concessão ou autorização do Poder Público, à tranquilidade pública ou ao respeito à propriedade e aos direitos individuais ou coletivos." Além disso, considera regular o seu exercício "quando desempenhado pelo órgão competente nos limites da lei aplicável, com observância do processo legal e, tratando-se de atividade que a lei tenha como discricionária, sem abuso ou desvio de poder" (art. 78).

1. Poder Tributário – poder de "instituir" tributos (poder de criar tributos, de extingui-los, modifica-los, etc.);

2. **Poder Tributário Extrafiscal – manifestação do Poder Tributário, que se utiliza da restrição de propriedade, através da tributação, visando, porém, a um interesse público imediato, distinto daquele interesse público fiscal de conseguir adequado fluxo de recursos aos cofres públicos;**

3. Poder de Polícia Fiscal – complexo de poderes à disposição do Estado, que possibilita a imposição de deveres aos particulares, com o fim de conseguir a justa tributação. Compreende os poderes do Estado-Legislador que se manifesta na criação das chamadas "obrigações-acessórias" e os poderes de fiscalizar e arrecadar do Estado-Administração (Poder de Polícia Administrativa Fiscal) (BATISTA JÚNIOR, 2001, p. 144 – sem destaque no original).

Os tributos que possuem predominantemente a função regulatória são expressão do *poder tributário extrafiscal*, cujo objetivo primeiro não é a arrecadação, muitas vezes possuindo alíquotas baixas e alcançando grupo restrito de contribuintes. Sua principal finalidade é influenciar as relações travadas no âmbito do mercado. Pretende-se a criação de barreiras comerciais, ou o incentivo da produção nacional, ou o acesso facilitado a produtos estrangeiros, ou ainda influenciar hábitos de consumo relacionados a bens coletivos, como a saúde pública. Essa intervenção pode ocorrer por meio de tributos direcionados a grupos ou atividades específicas e pela concessão de benefícios fiscais.

A CRFB/1988 prevê alguns tributos que desde a sua origem possuem clara finalidade extrafiscal, desempenhando a função de regulação, predominantemente.

5.2.1. Tributos regulatórios típicos[237]

Como dissemos, alguns tributos previstos na CRFB/1988 de pronto são identificados com a função regulatória. É o caso do Imposto de Exportação (IE), do Imposto de Importação (II) e do Imposto sobre Operações de Crédito, Câmbio e Seguro, relativas a Títulos ou Valores Mobiliários (IOF) ou o Imposto sobre a Propriedade Predial e Territorial Urbana (IPTU).

---

237 Utilizamos os termos *típico* e *atípico* no sentido de *usual* e *eventual*, respectivamente.

Os impostos sobre exportação e importação estão intimamente ligados às políticas nacionais de comércio exterior. Tanto, que "são universalmente de competência da União" (DERZI *In* BALEEIRO, 2010, p. 224), já que cabe a esse ente federativo a condução das relações exteriores da Nação e defender a sua soberania tributária. A conexão é muito clara: por meio da tributação o país pode facilitar ou dificultar a competição de produtos estrangeiros em seus mercados e fazer o mesmo pela produção nacional no exterior, permitindo a formação de preços mais ou menos competitivos, a depender da tributação incidente na exportação.

É preciso atentar que a conta não é tão simples, já que na formação do preço de venda existem inúmeras outras variáveis a repercutir, e do lado do interesse público, consoante vimos destacando, existem razões diversas para tributar. Um bom exemplo é a desoneração do ICMS na exportação de produtos primários e semielaborados. Embora as políticas de comércio exterior sejam de competência da União, a tributação sobre o consumo cabe aos Estados, e se trata do principal tributo arrecadatório de que dispõem. Em 1996, quando foi editada a norma geral sobre o ICMS, conhecida como Lei Kandir (LC 87/1996), a desoneração das exportações, originariamente prevista apenas para produtos industrializados, foi estendida a produtos primários e semielaborados.[238] A promessa do governo federal, à época, era de que a produção e o comércio seriam tão favorecidos com o aumento da exportação que a arrecadação marginal dos Estados e Municípios superaria as perdas vinculadas à exclusão das operações. A desoneração foi o instrumento disponível para tentar reequilibrar a balança comercial brasileira sem abrir mão de manter a política de intervenção do Banco Central no câmbio do dólar. Ou seja, claramente a tributação foi uma manifestação de extrafiscalidade, de cunho regulatório. Contudo, os efeitos prometidos nunca foram alcançados. Na verdade, circunstâncias recentes como desastres ambientais, exaurimento de reservas minerais e a desindustrialização do país motivam o questionamento sobre o acerto da política adotada durante o Plano Real e vigente até hoje. O litígio envolvendo as compensações justas pela desoneração (passado e futuro) representa uma das mais importantes disputas federalistas em trâmite no STF atualmente.[239]

---

238 O art. 155, §2º, XII, *e*, da CRFB/1988, permitia que a União excluísse da incidência do ICMS as demais operações de exportação [além de produtos industrializados].

239 Embora já tenha ocorrido o julgamento do processo em questão (ADO 25), e a decisão ter inclusive transitado em julgado, a AGU peticionou nos autos requerendo a ampliação do prazo concedido para o Congresso Nacional regulamentar o procedimento para a

O que quisemos demonstrar com este exemplo é justamente o que vimos repetindo, que a tributação é um mecanismo de política que deve ser avaliado e utilizado em conjunto com outras medidas focadas no mesmo objetivo. O Brasil está integrado ao mercado internacional e, por isso, é afetado pelos efeitos das políticas econômicas de outros países, o que justifica que a legislação tributária com função de regulação seja frequentemente revista.[240] O fato de a imunidade do ICMS não ter até hoje alcançado os seus objetivos é motivo bastante para a sua revisão (não necessariamente a sua extinção, mas pelo menos para a rever os mecanismos compensatórios aos Estados, DF e Municípios).[241]

---

apuração de valor adequado para as compensações (12 meses). Até a publicação deste trabalho, não houve pronunciamento do Ministro Relator Gilmar Mendes sobre o pedido. Além disso, como não foi aprovada, no prazo estabelecido, norma que regulamentasse a compensação, o TCU, órgão encarregado de proceder à apuração caso o Congresso Nacional não respeitasse o prazo estabelecido, apura a alegação da União, fora dos autos da ADO 25, de que não haveria mais direito ao recebimento dos valores (BRASIL, 2017e). Para mais, quando dos debates legislativos para dar cumprimento à decisão do STF, empecilhos foram levantados pela União Federal para realizar a compensação do período pretérito, alegando que o direito dos demais entes se restringe ao futuro. Esses são apenas alguns indícios de que as disputas em torno das compensações não estejam próximas ainda de um fim. Tratamos do tema em Batista Júnior e Marinho (2018b; 2018c).

240 A revisão permanente exigida da tributação regulatória justifica, por exemplo, a concessão constitucional de que o Poder Executivo possa graduar as alíquotas desses tributos, observados os limites estabelecidos em lei. Tanto porque os efeitos pretendidos precisam ser alcançados rapidamente para que a política intervencionista seja eficiente quanto porque é competência desse Poder conduzir as políticas relacionadas ao comércio exterior.

241 O STF entendeu, desde a ADI 939, que algumas imunidades são cláusulas pétreas e por isso não podem ser afastadas (BRASIL, 1994). Não acreditamos ser esse o caso. Ao contrário das imunidades em geral, que são deduzidas de direitos e princípios fundamentais, a desoneração do ICMS nas exportações decorre claramente de opção política vinculada ao controle da balança comercial brasileira. Tanto o é, que a Constituição nomeia a desoneração como *hipótese de não incidência do imposto*. Acreditamos estarmos diante de uma verdadeira imunidade, já que se trata de regra de limitação parcial de competência tributária, que alcança situações específicas e suficientemente caracterizadas (DERZI *In* BALEEIRO, 2010, p. 115). Por outro lado, pensamos que não se trata de direito irreversível, inclusive porque a situação contrária coexistiu com a CRFB/1988 até 1996, não havendo qualquer dúvida sobre a sua constitucionalidade. De toda forma, a discussão carece de estudos mais aprofundados, que não são pertinentes a este trabalho.

Outro tributo que sabidamente possui função regulatória é o IOF, que onera operações financeiras sem se importar com o seu resultado, ou seja, sem vinculação direta com a capacidade contributiva indicada pela hipótese de sua incidência. Esse traço é comum nos impostos regulatórios, que em geral se relacionam com a justiça distributiva indiretamente, enquanto objetivo maior das políticas no Estado Tributário Redistribuidor.

> Importa realçar que, nos casos de extrafiscalidade, a capacidade contributiva é posta de lado, de forma total ou parcial. Nas isenções e demais benefícios fiscais, outorgados como incentivos, os destinatários do favor legal são pessoas de grande capacidade econômica; igualmente, na progressividade (ou regressividade) dos impostos incidentes sobre a propriedade imobiliária ou se colima a produtividade da terra ou a edificação e plena utilização, o que pressupõe também a capacidade econômica [...]. Mas não representam quebras do princípio da igualdade formal. Trabalha-se, então, com novo critério de comparação (valores distintos) que não a capacidade contributiva. Nos incentivos fiscais, a pessoa isenta demonstra aptidão maior para realizar os objetivos da política econômica do País ou mérito econômico (ou mérito científico, nas invenções, p. ex.), por isso é premiada. Na tributação extrafiscal progressiva, o proprietário que conduz mal a sua propriedade, conservando-a socialmente inútil, é onerado com encargos fiscais mais elevados, pois mantém comportamento inadequado ao interesse público ou inaptidão para se adaptar a esse interesse.
> [...] É, pois, coerente afirmar que as derrogações ao princípio da capacidade econômica não são ofensas à igualdade formal, estando dessa maneira submetidas às regras de regularidade e igual tratamento para seres da mesma categoria essencial (DERZI *In* BALEEIRO, 2010, p. 466).

Conquanto não haja ferimento à igualdade formal na exigência do IOF como imposto regulatório, as demandas de justiça distributiva nos levam a questionar se o signo de riqueza que indica a sua hipótese de incidência não poderia ser utilizado também para desempenhar a função de distribuição, especialmente na sua dimensão redistributiva. A financeirização da economia leva a que boa parte da riqueza da parcela mais rica da população se desloque da propriedade imobiliária e industrial para a financeira. O mercado especulativo ganha protagonismo e seus efeitos em caso de crise são transmitidos para além das fronteiras nacionais, principalmente quando a regulamentação bancária é moldada para atrair os investimentos de risco. Nesse sentido, <u>no âmbito da tributação global,</u>

Piketty (2014),[242] Chesnais (1999),[243] Chefes de Estado pertencentes ao Technical Group on Innovative Financing Mechamnisms (2004),[244] entre outros, já defendem a tributação de operações financeiras com foco na redistribuição de riquezas (OLIVEIRA, 2017, p. 84-90).

O IPTU é dito um imposto regulatório porque a CRFB/1988 permitiu o seu uso progressivo no tempo para desestimular a especulação imobiliária (art. 182, §4º). É notável que essa disposição esteja no Título VII da Constituição, *Da Ordem Econômica e Financeira*, e não no espaço reservado para a tributação e orçamento, o que reforça a percepção de que se trata de um tributo com função de regulação do mercado imobiliário.

Outros tributos que notadamente assumem função regulatória são as Contribuições de Intervenção no Domínio Econômico (CIDE). Estas, como o próprio nome indica, provocam interferência no mercado por meio da receita vinculada ao desenvolvimento de alguns setores da economia. Mas não é a tributação em si que promove a regulação, e sim a aplicação do produto da sua arrecadação. Mesmo assim, as CIDEs podem desempenhar função regulatória quando a definição das suas alíquotas atender a políticas de governo, a exemplo da sua manipulação para modificar o preço dos combustíveis.

O último tributo elencado como tipicamente regulatório é o IPI. Optamos por classificá-lo dessa forma (i) por não dever respeito à regra de anterioridade do exercício financeiro (art. 150, III, b da CRFB/1988)[245]; (ii) pela permissão ao Poder Executivo de alterar suas alíquotas (art. 153, §1º da CRFB/1988); e (iii) pela previsão, no art. 96 do Decreto nº 7.212/2010, que regulamenta o imposto, de sua utilização para "atingir os

---

[242] Piketty propõe um imposto global anual sobre o capital, com seu significado próprio, qual seja, o conjunto de ativos não humanos que podem ser vendidos e comprados em algum mercado (abrangendo, portanto, o conjunto formado pelo capital imobiliário e pelo capital financeiro e profissional) (PIKETTY, 2014, p. 51).

[243] Chesnais corrobora a proposta de James Tobin, de dificultar o acesso ao mercado de câmbio especulativo.

[244] Por meio de um relatório, Luiz Inácio Lula da Silva, então presidente do Brasil, Jacques Chirac, então presidente da França, Ricardo Lagos, então presidente do Chile e José Luis Zapatero, então presidente da Espanha, produziram um relatório no qual concluíram pela necessidade de tributar as transações financeiras para atender aos objetivos de combater à fome e à pobreza, comum a todos os membros da ONU. Ver Oliveira (2017, p. 88-90).

[245] Não obstante deva observar anterioridade nonagesimal (art. 150, III, c da CRFB/1988).

objetivos da política econômica governamental", por meio da redução ou majoração as suas alíquotas.[246] Para mais, a sua utilização com função regulatória se tornou bastante usual pelo Poder Executivo Federal. Durante o governo Dilma Roussef ganhou notoriedade a política de reduzir o IPI para os setores automotivo e da linha branca para estimular o consumo e suavizar os efeitos da crise mundial.

É preciso ter em mente que esse tipo de ação política não está ligado à exigência constitucional de que o IPI seja seletivo conforme a essencialidade do produto. Essa previsão está relacionada com a função distributiva, e será analisada a seguir. A redução ou a majoração de alíquotas para atender a políticas econômicas do Governo Federal são intervenções no mercado que seguem a mesma lógica do uso do tributo no comércio exterior. A concessão de benefícios fiscais para executar a função regulatória denota que o tributo não foi moldado para a extrafiscalidade, porque desvia-se da regra, trata-se de medida excepcional. No caso do IE, II e IOF a regra é utilizar o tributo com fins regulatórios, não é preciso fazê-lo por meio da renúncia de receitas.

O IPI não é um imposto regulatório semelhante aos demais. Na verdade, assim como o ICMS, incide sobre o valor agregado e onera o consumidor final, já que permite o abatimento do imposto pago ao longo da cadeia.[247] O IPI é também um imposto arrecadatório. Tanto, que a CRFB/1988 determinou que parte do produto da arrecadação desse imposto seja compartilhada com Estados e Municípios (art. 159, I). Mais do que isso, como veremos a seguir, o IPI, assim como a maioria dos tributos do sistema brasileiro, também pode assumir a função de distribuição.

5.2.2. Tributos regulatórios atípicos

Dado que o IPI e o ICMS possuem muito em comum, seria natural que performassem as mesmas funções de tributação. Entretanto, a diferença dos entes que possuem competência para instituí-los é suficiente para classificá-los de forma diferente. O imposto sobre produtos industrializados é de competência da União, ou seja, de um único ente federado

---

246 Art. 69: "[o] Poder Executivo, quando se tornar necessário para atingir os objetivos da política econômica governamental, mantida a seletividade em função da essencialidade do produto, ou, ainda, para corrigir distorções, poderá reduzir alíquotas do imposto até zero ou majorá-las até trinta unidades percentuais" (BRASIL, 2010).

247 Baleeiro (2010, p. 335), inclusive, o considera um *tributo velho com nome novo*, porque, igualmente à tributação anterior, alcança o consumo.

que decide sozinho sobre as políticas econômicas que pretender com ele executar. O ICMS é de competência dos Estados e do DF, e a sua utilização como tributo regulatório é por isso mais restrita.

Na verdade, apesar de não ser um tributo regulatório típico, o ICMS é bastante utilizado com essa função. Com o objetivo de atrair investimentos e gerar empregos, Estados e DF fornecem benefícios fiscais sem atender às restrições postas na CRFB/1988.[248] O fenômeno conhecido da guerra fiscal se caracteriza justamente pela resposta de um Estado a outro, ampliando as condições favorecidas oferecidas pelo concorrente. Não raro, o contribuinte estimula essa barganha, para instalar-se onde conseguir as maiores benesses.

A Constituição determinou que isenções, incentivos e benefícios fiscais de ICMS sejam concedidos e revogados mediante deliberação do Estados e do DF, conforme estabelecido em lei complementar. A LC nº 24/1975 regulamentou a questão e determinou que para a aprovação de benefícios deve haver decisão unânime dos Estados representados, ao passo que a revogação depende da aprovação de 4/5 (quatro quintos), pelo menos, dos representantes reunidos (art. 2º, §2º) (BRASIL, 1975). Derzi e Magalhães (2017, p. 90) comentam a adequação da regra de unanimidade:

> [a] unanimidade é a regra mais adequada ao contexto de uma instituição como o CONFAZ, que opera segundo a lógica da democracia baseada em interesses, embora esteja inserida em um sistema federal que deve ser cooperativo. Pois como diz Shapiro, '[a] regra da maioria é mais apropriada para interações competitivas e operações 'à distância de um braço' [arm's length], enquanto a unanimidade faz mais sentido para esforços de cooperação e relações íntimas' (2001, p. 237). Se os estados-membros agem estrategicamente, visando à consecução de interesses próprios, mas deveriam colaborar uns com os outros (federalismo de cooperação), a única maneira de garantir uma convivência harmoniosa, sem que as decisões tributárias de alguns prejudiquem os demais, é manter a regra da unanimidade para as exonerações do ICMS.

Complementam que a redução das desigualdades regionais, objetivo fundamental da República Federativa do Brasil, devem ser enfrentadas por outros mecanismos, articulados pela União Federal. No mesmo sentido é a análise de Batista Júnior (2011, p. 336):

---

248 A LC 160/2017 foi aprovada em resposta à guerra fiscal entre os Estados, convalidando benefícios irregulares e estabelecendo sanções aos entes que mantiverem a prática nociva (BRASIL, 2017a).

[e]m uma linguagem habermasiana, pode-se afirmar que, inarredavelmente, a realidade de um cenário de "guerra" denuncia a fraqueza dos mecanismos jurídicos necessários à construção do consenso democrático. Se há guerra entre Estados-Membros (seja ela a guerra que for), duas conclusões são inevitáveis: em primeiro lugar, os mecanismos de formatação do consenso (tão caro à democracia) são inadequados; em segundo lugar, a União falha absurdamente no cumprimento de seu papel de responsável pela harmonia na Federação.

O ICMS é um tributo de mercado, idealizado para ser neutro, de maneira que não é indicado para realizar funções no campo da extrafiscalidade (DERZI; MAGALHÃES, 2017, p. 89). Ainda assim, como o Brasil concentrou a sua arrecadação no consumo e dado o descompasso entre as obrigações relegadas aos Estados e as fontes de arrecadação garantidas por sua competência tributária, o ICMS se tornou um instrumento de política dos governos estaduais, de forma que é muito difícil modificar a sua estrutura sem prejudicar os entes tributantes.

Também é uma manifestação da função regulatória a tributação para influenciar hábitos de consumo. Típica manifestação do poder tributário extrafiscal, prejudica-se um grupo específico de contribuintes em prol do bem coletivo. A intenção é desestimular os hábitos tidos como ruins pela sociedade, por isso o adequado é se valer da tributação do consumo. Os exemplos mais notórios são as alíquotas mais altas na tributação de cigarros, bebidas alcoólicas e produtos açucarados.[249] Nesses casos, a capacidade contributiva é mitigada, pois é impossível determinar as condições pessoais do consumidor/contribuinte. Em geral, trata-se de itens consumidos por membros desde a classe mais rica à mais pobre.

As contribuições para o PIS e para a COFINS (poderosos instrumentos de arrecadação da União), dada a sua incidência real sobre o consumo, da mesma forma podem ser utilizadas na manipulação de preços de mercado. Em resposta ao movimento grevista de caminhoneiros que aconteceu em todo o Brasil no mês de maio de 2018, o Governo Federal reduziu a incidência das contribuições sobre a gasolina e o diesel, em detrimento de alterar a política de preços flutuantes praticada pela Petrobrás.

Benefícios fiscais, incentivos, isenções (totais ou parciais) e deduções da base de cálculo dos tributos podem ser estabelecidas para exercer função regulatória. É corrente o debate sobre a relação entre tributos regulatórios e a preservação do meio ambiente (premiar aqueles que adotam práticas sustentáveis). Igualmente, é de fácil percepção o exercício da função regulatória para

---

249 Como exemplo citamos a Irlanda, que conseguiu o aval da Comissão Europeia para tributar bebidas açucaradas com a finalidade de reduzir o índice de obesidade e outras doenças relacionadas (STATE..., 2018).

incentivar comportamentos, como cultura, lazer e saúde pública. Porquanto a tributação repercuta nos preços praticados no mercado, a lógica é que torná-los mais caros ou mais baratos incentiva ou desincentiva o seu consumo.[250]

O mais importante para reconhecer um tributo que desempenha essa função é (i) avaliar se o ato de tributar influencia o comportamento dos agentes no mercado; (ii) se atende a interesse público. Por via de regra, qualquer tributo pode assumir função de regulação, mas quisemos destacar aqueles que desde a sua origem foram instituídos para executá-la.

5.3. FUNÇÃO DE DISTRIBUIÇÃO

5.3.1. Dimensão de repartição dos ônus de financiamento do estado

O Estado Tributário precisa definir como serão repartidos os ônus de seu financiamento, e o Estado Tributário Redistribuidor deve sempre levar em conta o seu objetivo maior, de realizar justiça social. Então, é natural que o critério da capacidade contributiva seja o observado.[251]

A CRFB/1988 expressamente adotou a capacidade contributiva como parâmetro:

> [a]rt. 145. [...] § 1º **Sempre que possível, os impostos terão caráter pessoal e serão graduados segundo a capacidade econômica do contribuinte**,[252] facultado à administração tributária, especialmente para conferir efetividade a esses objetivos, identificar, respeitados os direitos individuais e nos termos da lei, o patrimônio, os rendimentos e as atividades econômicas do contribuinte (BRASIL, 1988 – sem destaques no original).

---

250 O uso do ICMS para incentivar a produção regional é problemático. É natural pensar que o Estado possa beneficiar a indústria local tanto para incentivar o consumo de produtos relacionados à sua cultura e tradições quanto para fortalecer o produto em outras regiões (fornecendo competitividade de preço). No caso dos Estados historicamente menos desenvolvidos, a legislação nacional exerceu a função regulatória ao estabelecer alíquotas menores para estados do Norte, Nordeste e Centro-Oeste e Espírito Santo. Sobre esse ponto, vale o que observamos sobre a guerra fiscal. O melhor caminho para resolver desequilíbrios regionais é a harmonização liderada pela União Federal, para evitar que Estados concorrentes respondam concedendo seus próprios benefícios e inflando a guerra fiscal.

251 Falamos do assunto no Capítulo anterior.

252 Fala-se em capacidade econômica, e não em capacidade contributiva para afastar criações jurisprudenciais, administrativas ou legais que, baseadas em presunções, ficções e falseamentos, busquem atingir fatos que não correspondam à realidade econômica do contribuinte.

Alerta Misabel Derzi que a expressão "sempre que possível" não é permissiva ou indicativa de discricionariedade. Pelo contrário, apenas quando for impossível considerar questões pessoais do contribuinte para a tributação é que não se observará a capacidade econômica (DERZI *In* BALEEIRO, 2010, p. 349). A presença do advérbio *sempre* é determinante de regra, não de exceção.

Por longo período, o STF adotou entendimento de que os tributos reais[253] não seriam afetados pela capacidade econômica. Isso porque eles configurariam a hipótese de impossibilidade de conhecer a situação pessoal para determinar a exação tributária. Em 2013, porém, ao julgar o Recurso Extraordinário (RE) nº 562.045 (com repercussão geral), o STF, por maioria de votos, admitiu a progressividade de alíquotas para o ITCD, ainda que não haja previsão constitucional expressamente a autorizando (BRASIL, 2013).[254] Assim, o Tribunal alterou completamente o seu entendimento quanto à aplicação de alíquotas progressivas aos impostos reais e quanto à necessidade de previsão constitucional expressa para tanto. Concluiu que a incidência de alíquotas progressivas, se for viável, deverá ocorrer, para atender ao art. 145, §1º, da CRFB/1988.

Outro instrumento de distribuição do ônus de financiamento do Estado [além da progressividade] é a seletividade, prevista constitucionalmente para o ICMS e o IPI (tributos que desde a origem da CRFB/1988 oneravam o consumo). A seletividade das alíquotas dos tributos sobre o consumo depende da essencialidade mercadoria/produto. Essa é uma forma de excluir os menos favorecidos da repartição dos ônus de financiamento do Estado, porque embora não seja possível conhecer a situação pessoal do contribuinte no momento ds aquisição do produto/mercadoria, é sabido que determinados produtos, indispensáveis para a vida digna, serão consumidos pelos mais pobres. Ou seja, a seletividade é uma forma de garantir que aqueles que não possuem capacidade econômica não sejam chamados a contribuir. Mais ainda, se a *capacidade econômica* é pressuposto da tributação, como falamos, e se a tributação obrigatoriamente deve atingir um signo de riqueza, a seletividade é absolutamente necessária aos tributos reais. Do contrário, haveria tributação sem fundamento. Nas palavras de Misabel Derzi:

---

253 Tributos reais são aqueles que não levam em consideração aspectos pessoais do contribuinte. Luciano Amaro (2014, p. 98) observa que, frequentemente, os tributos abrigam ao mesmo tempo as características de tributos reais e pessoais.

254 O IPTU progressivo no tempo está previsto desde a origem no art. 182, §4º CRFB/1988. Por isso, durante muito tempo prevaleceu o entendimento jurisprudencial de que tributos reais apenas seriam progressivos se houvesse previsão expressa para tanto (quando a CRFB/1988 desejou a progressividade, ela foi expressa).

[...] a capacidade econômica objetiva não se esgota na escolha da hipótese de incidência, já constitucionalmente posta, na quase totalidade dos impostos. É necessária a realização de uma concreção paulatina, que somente se aperfeiçoa com o advento da lei ordinária da pessoa jurídica competente. Ou seja, é necesário que o legislador saiba, nos impostos incidentes sobre a renda, o patrimônio, a propriedade e seus acréscimos, por quaisquer formas de transmissão, autorizar a dedução imprescindível das despesas e gastos necessários à aquisição e manutenção da renda, da propriedade e do patrimônio. E é no quadro comparativo entre a Constituição e as leis inferiores (complementárias e ordinárias) que a questão da capacidade econômica objetiva ganha importância (DERZI *In* BALEEIRO, 2010, p. 707).[255]

Também vale a pena destacar que as contribuições sociais para o PIS e a COFINS "poderão ter alíquotas ou bases de cálculo diferenciadas, em razão da atividade econômica, da utilização intensiva de mão-de-obra, do porte da empresa ou da condição estrutural do mercado de trabalho" (art. 195, §9º da CRFB/1988). Essa permissão denota tanto a função regulatória de que pode se revestir essas contribuições, quanto o respeito à capacidade contributiva, elemento da dimensão de distribuição. Neste último sentido, aproxima-se da seletividade do IPI e do ICMS, por beneficiar determinada atividade econômica ou o porte da empresa.

5.3.2. Dimensão de redistribuição

Retomando o que expusemos no Capítulo anterior, o fato de o Estado Tributário se caracterizar como Redistribuidor é a linha mestra que conecta as funções da tributação. Todas elas, em alguma medida, irão atender ao desiderato social-redistribuidor do Estado. O produto da arrecadação deve financiar as políticas de redistribuição; a interferência do Estado na economia deve servir ao bem comum (e o bem comum demanda redistribuição) e mesmo a simplificação deve gerar e a manter de um ambiente de confiança, essencial para a cooperação.

---

255 As palavras da autora, especificamente sobre a seletividade do IPI, são precisas: "[n]ão podendo conhecer os consumidores, em escala de milhões, o legislador, olhos postos no princípio da capacidade contributiva, ao utilizar o princípio da seletividade, grava menos com IPI os artigos essenciais. Justiça imperfeita, mas ainda justiça, pois José compra açúcar tanto quanto Simonsen, pelo mesmo preço pagando o mesmo IPI agregado ao preço. Em compensação, José não compra caviar mais tributado. Em suma, açúcar é essencial para todos em todo o território nacional. Para os pobres, principalmente para eles, em qualquer região do país, o preço do açúcar é essencial. Para que o preço seja menor, o IPI deve ter alíquota zero (isenção)" (DERZI *In* BALEEIRO, 2010, p. 349).

Nesse sentido, muitos são os dispositivos na CRFB/1988 que justificam a função de redistribuição, porque esse é o mote da nossa democracia constitucional. O pluralismo está no seu preâmbulo e é fundamento da República. *Pluralismo* implica o reconhecimento de que as pessoas são diferentes e têm visões diferentes de vida boa (RAWLS, 2000; 2003; 2016). Firmar um Estado plural significa permitir que as pessoas vivam conforme as suas próprias convicções. É na aceitação do pluralismo que reside o conteúdo da liberdade, e a pretensão de instaurar liberdade ignorando a desigualdade é vazia, pois demonstra o protagonismo do discurso de uma elite já assentada, que deseja manter seus privilégios. Esse tipo de pensamento não encontra abrigo na Constituição Cidadã.

A necessidade de realizar redistribuição e a escolha de utilizar a tributação como instrumento para fazê-lo impuseram a alguns tributos traços perceptivelmente redistributivos. As contribuições sociais são o melhor exemplo, porque o produto da sua arrecadação, desde a origem, está vinculado ao provimento de um relevante bem público para qualquer Estado de desiderato social. A Seguridade Social, no Brasil, "compreende um conjunto integrado de ações de iniciativa dos Poderes Públicos e da sociedade, destinadas a assegurar os direitos relativos à saúde, à previdência e à assistência social" (art. 194 da CRFB/1988), financiada por fontes diversas e de cobertura universal. Uma vez que possui arrecadação tributária vinculada ao seu custeio, possui também o seu próprio orçamento (art. 165 da CRFB/1988, §5°, III).[256]

Conquanto desempenhem claramente função redistributiva, dado incidirem sobre o consumo e adotarem também a não cumulatividade[257],

---

256 O orçamento da Seguridade Social é formado por contribuições e *outras receitas*. Neste segundo grupo estão as receitas próprias da Secretaria da Previdência, do Ministério da Saúde, Desenvolvimento Social e do Fundo de Amparo ao Trabalhador (FAT), vinculado ao Ministério do Trabalho; receitas originárias da prestação de serviços de saúde; receitas vinculadas à seguridade social por vinculação legal (BRASIL, 2017c, p. 3). Em 2019 a expectativa, em razão dos pronunciamentos e da equipe já anunciada pelo presidente recém-eleito, é de alteração radical da estrutura ministerial atual, o que pode alterar a configuração de financiamento então apresentada.

257 A não cumulatividade do ICMS é diferente da não cumulatividade das contribuições para o PIS e a COFINS. Com relação ao primeiro tributo, a não cumulatividade é viabilizada pelo abatimento do montante pago na operação anterior com o devido na operação atual. O crédito do tributo é equivalente ao valor cobrado na operação anterior (trata-se do mesmo produto que circula ao longo da cadeia de consumo). No caso das contribuições sociais, os créditos permitidos estão previstos na legislação, e são abatidos da base de cálculo do tributo. Ou seja, a não cumulatividade atua sobre

a União Federal tem utilizado as contribuições para o PIS e a COFINS com função arrecadatória. Desde 1994 uma parcela do produto da arrecadação dessas contribuições é desvinculada, ou seja, migra do orçamento da Seguridade Social para o orçamento fiscal da União. Com isso, parcela dos recursos que foram arrecadados **para** financiar a seguridade social não são utilizados com essa finalidade. Apesar da estranheza dessa prática e dos reclamos da doutrina especializada, o STF julgou, em algumas oportunidades, a constitucionalidade da desvinculação – precedentes sem efeitos vinculantes. A matéria será reavaliada sob a ótica da fraude à Constituição, na Ação por Descumprimento de Preceito Fundamental (ADPF) n° 523.[258]

Um dos argumentos centrais postos na ADPF 523 é que 20% (vinte por cento) do produto da arrecadação dos tributos utilizados com função arrecadatória pertence aos Estados e ao Distrito Federal. Trata-se da interpretação coerente e juridicamente adequada da norma de partilha da receita tributária firmada na CRFB/1988.[259] Ao promover a desvinculação, tratando as contribuições especiais manifestamente com função arrecadatória, e não entregar aos Estados e DF a parcela que lhes pertence desses recursos, a União frauda a Constituição.

A dimensão de redistribuição também é perceptível nas práticas de progressividade nos tributos pessoais e na tributação mais pesada sobre o consumo de produtos de luxo. A imagem da redistribuição é a movimentação de um polo em que há concentração para o outro, onde o volume de recursos/bens é escasso. Por isso, faz todo sentido que, para promover a redistribuição, a tributação seja diferenciada conforme a capacidade contributiva.

A capacidade contributiva, sobre a qual já comentamos, não pode ser verificada apenas nos tributos pessoais. Nestes casos, dar-lhe cumprimento é mais fácil, porque a progressividade permite que aqueles que demonstram maior aptidão sejam mais onerados. Ainda, a partir de mecanismos de equi-

---

a base de cálculo. O principal fundamento da diferença é que a não cumulatividade do ICMS decorre de o contribuinte do imposto ser o consumidor final, então é preciso transferir o ônus, integralmente, até a ponta da cadeia de circulação da mercadoria. Já nas contribuições sociais, o objetivo não é transferir o ônus da operação, mas evitar que custos da atividade do contribuinte sejam tributados como faturamento e, portanto, repassados em cascata aos adquirentes, no seu preço.

258 Falamos sobre a questão em Batista Júnior e Marinho (2018).

259 Norma, como já dissemos, correspondente ao conjunto de dispositivos e princípios que formam o conteúdo do enunciado jurídico.

dade horizontal (deduções do IR, por exemplo), as circunstâncias especiais que diferenciem o contribuinte são levadas em conta para que a tributação se aproxime ainda mais dos ideais de justiça postos na CRFB/1988. Ainda assim, nos tributos reais é também possível identificar manifestações de riqueza. O consumo de bens de luxo ou a realização de transações envolvendo grandes valores são indicativos de riqueza. A prática desses atos pode ser eventual e podem existir circunstâncias pessoais, como endividamento, que reduzam o impacto dessas operações no patrimônio do contribuinte, mas são o retrato de um momento específico no qual existe capacidade para contribuir. Mais uma vez, importa destacar que o ordenamento jurídico é um **sistema** normativo, que trata de uma realidade complexa, de forma que são necessários mecanismos variados para alcançar o mais próximo dos ideais de justiça aceitos pela sociedade.

Nesse sentido, retomamos a lição de Murphy e Nagel (2005b) de que a redistribuição está intimamente relacionada com os gastos públicos. Até a tributação sobre o consumo pode ser utilizada em grande medida para promover a redistribuição. O problema, como vimos, é que, por não alcançar algumas formas do capital, permitem a sua concentração e centralização.

5.3.3. Dimensão de desconcentração de riquezas

Nos sistemas capitalistas, as relações sociais são influenciadas pelo capital porque ele é indispensável para alcançar nossas concepções de vida boa. A propriedade privada é necessária para o desenvolvimento da autonomia (e, portanto, para o exercício da liberdade), e "ser proprietário" é uma qualidade que depende do seu reconhecimento pelo outro (é um direito que só existe na medida em que um terceiro o reconhece), por isso, é natural que a propriedade privada esteja no centro das relações travadas na sociedade capitalista.

John Rawls e Michael Walzer foram precisos ao estabelecerem a conexão entre a concentração de riquezas e a participação política em democracias. É preciso instituir mecanismos que restrinjam a influência da propriedade privada sobre as decisões pessoais, para garantir verdadeira autonomia aos cidadãos. O diagnóstico, quase paradoxal, é que se a propriedade privada (signo da autonomia) determinar todas as escolhas individuais, a liberdade está condenada, precisamente porque ela deve ser extensiva a todos, e não apenas àqueles que possuírem mais recursos. As decisões livres dependem, em tese, de todo cidadão possuir alguma propriedade privada, e mensurar esse mínimo necessário para o exercício da autonomia é tarefa pretensiosa, não abrigada pelo objeto do nosso estudo.

Sem embargo, alguns limites, pelo menos no plano teórico, podem ser estabelecidos para determinar o mínimo e o máximo de propriedade que um indivíduo pode deter. Focamos aqui no limite máximo.[260]

A questão da delimitação teórica é importante para examinarmos o estado atual das coisas e percebermos quando nos aproximamos de cenários ruins.[261] A teoria nos serve como parâmetro de avaliação da realidade. Descrevemos de forma breve a conjuntura política atual para demonstrar que o limite apontado por Rawls e Walzer já foi alcançado nas democracias modernas e, especialmente, no Brasil. A concentração de riquezas já se tornou prejudicial para o exercício das liberdades políticas.

O pluralismo político é fundamento da República Federativa do Brasil (art. 1º, V, CRFB/1988). Valendo-nos de conceitos utilizados por Rawls, entendemos que a Constituição brasileira impõe que os debates em âmbito institucional contemplem a participação de pessoas com diferentes concepções de bem. Ou seja, as pautas políticas não podem excluir ou se concentrar em um único grupo de indivíduos. O corpo político (os agentes da Administração Pública, das grandes corporações, das universidades, das ONGs, dos sindicatos etc.) deve ser diverso, garantindo representação nos órgãos de Poder. É fundamental que haja representatividade em uma democracia constitucional. No caso brasileiro, a representatividade está expressa no parágrafo único do art. 1º da CRFB/1988: "[t]odo o poder emana do povo, que o exerce por meio de representantes eleitos ou diretamente, nos termos desta Constituição" (BRASIL, 1988).

A participação política igual, a possibilidade de participar das decisões coletivas, deve ser garantida pelo Estado. Ela é deduzida do princípio da igualdade e da liberdade, porque é a forma de assegurar que os cidadãos manifestem suas concepções políticas de justiça e possam estabelecer, em consenso sobreposto, as cláusulas de cooperação social. Mesmo fora da esfera ideal, os direitos políticos[262] estão intimamente relacionados com

---

260 O mínimo, no Brasil, está relacionado com a dignidade da pessoa humana, fundamento da nossa República.

261 Até porque a determinação de limites numéricos precisa de um fundamento teórico para ser adequada à concepção de justiça adotada pela sociedade e para ser periodicamente revista. Ainda que esses limites numéricos sejam arbitrariamente estabelecidos pelo Poder Público, eles precisam estar lastreados.

262 Entende-se como direitos políticos na CRFB/1988 aqueles que garantem aos cidadãos participarem da vida política e na formação das decisões públicas (GUEDES, 2013, p. 1.408).

a ideia de democracia. Por meio dos direitos políticos, principalmente, a CRFB/1988 protege, põe em exercício e delimita a democracia.

Consoante sugere Rawls, o valor equitativo das liberdades políticas iguais pode ser assegurado a partir de mecanismos que resguardem o processo eleitoral, a exemplo do financiamento público de campanhas. Outro caminho, dissemos, seria a tributação com o objetivo principal de evitar a concentração de riquezas em um número cada vez menor de pessoas. Se a concentração de riquezas prejudica o exercício dos direitos políticos, fundamentais segundo a CRFB/1988, e mina a democracia, pressuposto da nossa República, então, a tributação com o fundamento de desconcentração é legítima.

O Imposto Sobre Grandes Fortunas (IGF) é prontamente identificado com a dimensão de desconcentração da função distributiva. De competência da União (art. 153, VII, CRFB/1988) nunca foi instituído, motivo pelo qual não há muito a ser dito sobre a sua hipótese de incidência. Não obstante, a base escolhida para reconhecer a aptidão pessoal para contribuir [possuir grande fortuna] aponta para um tributo vocacionado a desconcentrar, mais do que redistribuir. O argumento corrente para justificar a não instituição do imposto é a sua baixa arrecadação, em oposição ao seu alto custo administrativo (CARVALHO JR., 2011, p. 11-12). A razão apontada para a baixa arrecadação em outros países, por outro lado, é a grande faixa de isenção, a evasão de divisas e o fato de o imposto não atingir pessoas jurídicas (CARVALHO JR., 2011, p. 26-27). Nesse sentido, é oportuno mais uma vez destacar que a análise não pode se ater a um tributo específico, muito menos considerar apenas a função de arrecadação do imposto. Como conclui Valle (2018), há espaço no ordenamento jurídico e na conjuntura política brasileira para instituir o IGF e utilizá-lo como ferramenta de desenvolvimento social, mas falta vontade política, sobretudo, para tributar o mais ricos.

No mesmo sentido é possível concluir que o Imposto de Renda (IR) progressivo serve à dimensão de desconcentração de riquezas, porque pode gravar de maneira mais gravosa faixa de renda na qual esteja distribuído o percentil mais rico da população brasileira. Vimos no Terceiro Capítulo que a desigualdade foi analisada por Piketty (2014) sob dois aspectos principais: a desigualdade do capital e a desigualdade dos rendimentos do trabalho. O IR progressivo pode alcançar ambas as circunstâncias. A desigualdade do capital está cada vez mais concentrada no mercado financeiro, e a reprodução do capital financeiro, dito simplificadamente, dá-se a partir do recebimento de juros. Esses juros são rendimentos do capital e, por isso, podem ser alcançados pela tributação do Imposto de Renda. O mesmo pode ser dito dos rendimentos produzidos por investimentos no mercado de ações ou pela participação em sociedades empresárias (cada vez mais segmentadas em *holdings* para fragilizar os laços entre as atividades negociais e as pessoas físicas que estão por trás delas).Com relação à desigualdade nos rendimentos do trabalho, também o IR progressivo pode alcançá-los, seja porque o salário da elite brasileira está sujeito ao imposto, seja porque há espaço na legislação do Imposto de Renda para tributar os lucros e dividendos recebidos pela pessoa física sócia ou associada de uma pessoa jurídica (GOBETTI, 2018).[263] [264] Sobre esse aspecto, vale ainda mencionar que o limite à tributação deve considerar o desincentivo do trabalho em razão da tributação. Se os rendimentos do trabalho extra forem destinados ao pagamento de tributos, pode não fazer sentido abrir mão do seu período de lazer para se dedicar a atividade produtiva (MURPHY; NAGEL, 2005b, p. 128).[265]

Outro tributo relevante para desconcentrar riquezas é o ITCD. O imposto sobre transmissão *causa mortis* existe desde a Antiguidade, sendo possível encontrar relatos de sua primeira presença no Egito, antes da era cristã (ARAÚJO, 1954, p. 197). No Brasil, essa espécie de tributo foi instituída na época colonial, por meio dos parágrafos 8º e 9º do Alvará Régio de 1809 (ARAÚJO, 1954, p. 204), estando presente no sistema tributário nacional até atualidade, englobando também as transmissões gratuitas por ato *inter vivos* (doações).[266]

Referido dispositivo constitucional estabelece que o ITCD, de competência estadual/distrital, deve ter suas alíquotas máximas fixadas pelo Senado Federal, o que foi realizado por meio da sua Resolução nº 09/1992, pela

---

263 O Imposto de Renda da Pessoa Física (IRPF) isenta os lucros e dividendos pagos ou creditados pelas pessoas jurídicas tributadas com base no lucro real, presumido ou arbitrado, desde 1995 (Lei nº 9.249/1995). Todos os países da OCDE, com exceção da Estônia, tributam esses rendimentos (OCDE).

264 Ver Pinheiro et. al. (2017) e Fernandes et.al. (2017).

265 Os autores destacam que, embora a consideração do *efeito de substituição* (trabalho pelo lazer) seja importante no campo teórico, na prática esse efeito não é verificado (MURPHY; NAGEL, 2005b, p. 128).

266 Em razão da Emenda Constitucional (EC) nº 18/1965 os impostos de transmissão de propriedade imobiliária *inter vivos e causa mortis* foram fundidos em um único, e assim estavam previstos na Constituição de 1967 (art. 23, inc. I). Todavia, com a promulgação da Constituição de 1988, eles foram novamente separados (ITCD e ITBI), sendo ampliada a hipótese de incidência do primeiro para abranger a transferência de bens ou direitos, móveis ou imóveis, também por ato gratuito *inter vivos* (doações).

qual o teto ficou estipulado em 8%. Desde a edição de tal resolução, não houve alterações nas alíquotas máximas do ITCD. Igualmente, não houve qualquer mudança nas normas gerais que tratam do Imposto (art. 155 da CF/1988 e arts. 35 a 42 do CTN). Tampouco foi editada lei complementar para regulamentá-lo, mesmo havendo orientação expressa para tanto no inc. III do §1º do art. 155 (pelo menos para regulamentar situações que envolvam bens herdados ou inventários processados no exterior). Trata-se, nitidamente, de ferramenta pouco aproveitada pelo Governo brasileiro tanto como meio de arrecadação, quanto de redução das desigualdades sociais.

O apelo para a tributação de heranças e doações inclui razões de justiça distributiva: a ausência de esforço próprio e os benefícios da hereditariedade (Capítulo 3) reforçam a sua importância para além da arrecadação. Tributar a transmissão intergeracional de patrimônio é uma forma eficiente de impedir a transmissão intergeracional de injustiças, aceita mesmo por autores reconhecidamente liberais.[267]

5.4. FUNÇÃO DE SIMPLIFICAÇÃO

A função de simplificação é talvez a mais questionável dentre as apresentadas. Isso porque, por meio da norma, a tributação simplifica a si mesma. Não obstante essa relação possa causar estranheza, concordamos com Klaus Vogel que a norma pode assumir, como principal objetivo, simplificar o sistema tributário – especialmente se considerarmos que a classificação em funções diz respeito a funções da norma tributária, e não do tributo isoladamente referido.

Como explica a Professora Misabel Derzi (2007, p. 320), no Direito Tributário "prevalece a tendência conceitual classificatória. A lei, com vistas à segurança ou à praticidade, utiliza-se de abstrações conceituais generalizantes fechadas (presunções, ficções, enumerações taxativas, somatórios e quantificações)". Em geral, essas abstrações conceituais são estabelecidas por norma jurídica inferior para possibilitar a execução da norma hierarquicamente superior. A sua função é instrumental.

Justificar-se-ia a execução simplificadora da lei para evitar a ingerência indevida de órgãos públicos na esfera privada da pessoa; para evitar decisões díspares, critérios diferentes e resultados contraditórios na aplicação da lei; e pelo *estado de necessidade administrativo*. Este decorreria da desproporção muito acentuada entre o encargo que a Administração

---

267 Ver Batista [*et.al.*] (2018d).

assume, em decorrência da lei, de executá-la em oposição à capacidade que os órgãos fazendários dispõem para prestar esse dever. Isso porque a legislação é supercomplexa; não é prática (os dispêndios com a arrecadação de alguns tributos são superiores ao produto dessa atividade); não acompanha as mudanças sociais e econômicas; a concepção legal de processo e procedimento não é adequada, pois voltada para a aplicação individual do Direito, e falta pessoal (do ponto de vista quantitativo e técnico) para executar as tarefas da Administração Fiscal (DERZI, 2007, p. 337-340). Na via administrativa propriamente dita, os regulamentos, preceitos orientadores ou as práticas usuais administrativas (estimativa de cálculo do montante do imposto a pagar, avaliação de imóveis por presunção e estabelecimento de tetos e somatórios dedutíveis da renda e salários) são formas de simplificar a aplicação da lei em massa.

Todavia, relevantes objeções são feitas a essa técnica: há ofensa à adequação à lei; há enfraquecimento do Poder Legislativo, que perde o monopólio da produção das leis; há ofensa à uniformidade de encargos fiscais e à igualdade, por não serem levadas em conta as características particulares do fato concreto, relevantes para a aplicação da norma; e há ofensa à indelegabilidade de funções, porque compete privativamente ao Poder Legislativo regular o tributo (DERZI, 2007, p. 342-343).

No Brasil, a CRFB/1988, ao definir a hipótese de incidência do ITR (art. 153, IV e § 4º), dispõe que cabe à União Federal instituir imposto sobre a propriedade territorial rural. As leis que regulam o ITR, no entanto, ampliam a incidência do imposto aos casos de posse territorial rural, que não é sinônimo, como sabemos, de propriedade (o posseiro não possui todos os direitos atribuídos ao proprietário). Seria possível defender que a União Federal utilizou-se de sua competência residual para instituir imposto com fato gerador e base de cálculo distintos dos já elencados na CRFB/1988, já que não cumulativo. Ocorre que a autorização para o exercício dessa competência deve ocorrer via edição de lei complementar (art. 154, I), o que não é o caso. Isso se pode dizer sobre a substituição tributária "para frente" no ICMS, técnica por meio da qual se presume a realização de operação de circulação de mercadorias, no futuro. É exigido antecipadamente o tributo que supostamente será devido. Esta matéria, inclusive, foi julgada pelo STF, em repercussão geral, e a decisão entendeu que o contribuinte tem direito à diferença entre o valor do tributo recolhido previamente e aquele efetivamente devido no momento da venda (RE nº 593.849/MG).

Nos regulamentos, nas orientações e nas práticas administrativas, como dissemos, também se verificam exemplos do *modo de pensar tipificante*. O imposto de renda retido na fonte, que supõe o auferimento de renda ao final do exercício-base; a possibilidade de criação de regimes especiais para estabelecer pautas de valores para operações realizadas pelo contribuinte; e as tabelas ou quadros de valores dos imóveis urbanos e dos veículos automotores são alguns exemplos.

Um precedente importante da execução simplificadora da norma tributária cuida do IPTU. A base de cálculo eleita para esse imposto é o valor venal do imóvel, o que satisfaz ao princípio constitucional da legalidade e da especificidade conceitual tributária (DERZI, 2007, p. 345). Ocorre que, em função das justificativas já apresentadas para a simplificação da execução da lei, os imóveis urbanos não são individualmente avaliados; seus valores são padronizados, por meio da formulação de uma planta por região do Município. O STF decidiu que as plantas e mapas de valores imobiliários não inviabilizam a execução da lei, porém, é necessário que os padrões sejam previamente determinados pelo Poder Legislativo, de forma a se garantir a legalidade e a indelegabilidade das funções do legislador (RE nº 87.763/PI).

CONCLUSÕES

É muito pertinente a observação de Nancy Fraser (2018), mencionada na Introdução, sobre os rumos da democracia na atualidade. O fato de proliferarem expressões como "democracia de fachada", "pós-democracia", "democracia moribunda" e "desdemocratização" confirmam a impressão de que a Democracia está em crise.

Nossos estudos foram conduzidos para propor mecanismos de preservação das instituições democráticas. Se a participação é o mote da Democracia, nossa análise se pautou pela garantia das liberdades políticas iguais a todos os cidadãos. Afirmar o Estado Democrático de Direito passa por assegurar a participação política substancialmente, viabilizando, portanto, a influência do poder popular nas instituições.

A primeira conclusão que alcançamos, embora não seja originalmente nossa, é de que o Estado pode e deve se utilizar da tributação com finalidades além da arrecadação, em decorrência de sua natureza de redistribuidor. Partimos, então, para a classificação dessas demais funções, a partir das obras de Musgrave (1957; 1973; 1989a; 1989b; 1989c; 1994; 2003; 2008), Rawls (2016), Wagner (*In* MUSGRAVE; PEACOCK, 1994), Vogel (1977; 1984), Murphy e Nagel (2005b) e Avi-Yonah (2006). Ao fim, sugerimos uma classificação própria, que reúne o conteúdo apresentado: 1) arrecadação; 2) regulação; 3) distribuição; e 4) simplificação. Nenhuma dessas funções é exclusiva, estando presentes em graus diferentes na tributação, a depender do objetivo imediato do Estado. O exercício classificatório justifica-se para auxiliar na produção legislativa e a interpretação das normas jurídicas. Por isso, sugerimos neste trabalho que as normas interpretativas tragam dispositivo indicando a função da tributação que se regulamenta.

Outra conclusão importante alcançada a partir da nossa pesquisa é a de que a tributação é uma ferramenta para dar cumprimento ao primeiro princípio de justiça de John Rawls (2003, p. 60). Este, possui prioridade lexical sobre o segundo princípio: as liberdades básicas possuem prioridade no âmbito institucional. Ou seja, todas as normas que forem estabelecidas nos estágios posteriores à posição original (constituição, normas emanadas do Poder Legislativo, decisões do Poder Judiciário e regulamentos das instituições políticas) deverão se conformar às liberdades básicas, conforme determina o primeiro princípio de justiça. No caso das liberdades políticas é preciso, mais do que garantir direitos iguais, garantir valor equitativo dessas liberdades entre os cidadãos. Não basta que todos tenham acesso às posições de governo ou direitos eleitorais iguais, é preciso que possuam capacidade equitativa de influenciar nas decisões políticas. Como dissemos, essa é base democrática do Estado de Direito.

O princípio da diferença, tanto em função da prioridade lexical do primeiro princípio como em razão da sua concepção por John Rawls, não serve para guiar a desconcentração de riquezas, mas sim a redistribuição. O princípio da diferença não se destina a alterar a estrutura social, mas a assegurar os benefícios dessa desigualdade. É claro que a concentração de riquezas não é benéfica para os menos favorecidos, o que poderia atrair a aplicação do princípio da diferença, mas a prioridade lexical do primeiro princípio confere gravidade ainda maior ao problema da concentração. Não há desigualdade benéfica que possa ser suportada sem o valor equitativo das liberdades políticas iguais.

Vivemos hoje, sem dúvidas, um período de questionamento das instituições democráticas. Seja porque elas vêm perdendo legitimidade, seja porque a própria Democracia passa a ser questionada como o melhor formato para o Estado de Direito, vemos crescer movimentos civis de apoio a líderes carismáticos, que até mesmo apoiam (ou já apoiaram) abertamente a ditadura. A concentração de riquezas e a desigualdade social são motores para o descontentamento da população com o Estado.

A desigualdade, aliás, é historicamente um traço da sociedade civil organizada e um pressuposto da sociedade capitalista. As relações sociais postas em marcha pelo capital têm como lógica geral possibilitar sua expansão (capital só é entendido como tal na medida em que se valoriza). O capital busca lucro, então, é elementar que a parcela mais favorecida da população utilize de seu poder econômico para beneficiar a si própria na política. Ainda que não ocupem posições de governo, os mais favorecidos conseguem dominar as instituições e influenciar as decisões políticas. O lobby, onde ele é permitido, o financiamento de campanhas, o patrocínio de *think tanks* e mesmo o apoio a grupos civis apartidários, mas dedicados à formação de candidatos, são manifestações da influência do poder econômico sobre a política. De forma ainda mais sutil, os benefícios da hereditariedade definem oportunidades de inserção no mercado de trabalho e ditam padrões culturais.

Uma vez que a desigualdade na participação política desequilibra as relações sociais e impede o acesso dos cidadãos aos seus direitos, porque seus interesses não estão representados nas instituições governamentais, o Estado Tributário Redistribuidor precisa fornecer meios para dar voz aos menos favorecidos. Políticas que não atacam o real problema e a concentração de poder econômico fornecem respostas temporárias e nem sempre satisfatórias para o desequilíbrio de forças na representação governamental. Por outro lado, o Estado não pode passar por cima das demais liberdades asseguradas constitucionalmente para alterar a estrutura de classes atualmente vigente. Um dos mecanismos legítimos de que o Estado dispõe é a tributação.

A função distributiva da tributação possui a dimensão de desconcentrar riquezas. Além desta, possui a dimensão de repartir o ônus de financiamento do Estado entre os contribuintes e redistribuir o produto social. Em última análise, a redistribuição é o objetivo maior do Estado Tributário atual, mas, reforçamos, as funções e o seu desdobramento em dimensões se referem a fins imediatos do Governo. A dimensão de repartição do ônus de financiamento do Estado, por sua vez, relaciona-se profundamente com a dimensão de redistribuição, já que ambas consideram a concepção de justiça aceita pela sociedade para definir a tributação. Em resumo, a primeira dimensão diz respeito a *quem paga quanto*; a segunda determina a base tributária e a ação estatal praticada com o montante arrecadado com fins de redistribuir o produto social; e a terceira define quem são os contribuintes que desequilibram as relações de poder institucionais e como podem ser atingidos (base tributária e alíquotas).

Os fenômenos observados ao redor do globo estão presentes também no Brasil. As eleições de 2018 marcaram, sem sombras de dúvidas, o começo de um novo ciclo. É possível questionar se o período anterior, marcado pela hegemonia do Partido dos Trabalhadores (PT) na política federal (e sobretudo no campo da esquerda), correspondia precisamente à concepção de justiça na qual acreditava a maior parte dos brasileiros. Conquanto não haja consenso sobre a questão, é inegável que o Estado era permeável a considerações do campo político oposto.[268] Por outro lado, essa não é a intenção do novo governo eleito, que defende o autoritarismo como ferramenta de resgate da Democracia, fazendo lembrar Carl Schmitt (2014), para quem a ditadura ignora o Direito para poder realizá-lo.

---

268 Essa a razão, inclusive, pela qual o Partido dos Trabalhadores é frequentemente criticado por militantes do espectro ideológico da esquerda. Segundo muitos de seus críticos, o PT foi demasiado conciliador com os grandes capitalistas.

Tratando-se o Brasil de um Estado Liberal, o projeto legitimamente escolhido não pode ignorar as concepções de vida boa particulares dos cidadãos (que o tenham elegido ou não). É o que a nossa Constituição enuncia. O que John Rawls descreve é simplesmente o pilar fundamental da Democracia liberal: o direito dos cidadãos de conduzirem as suas próprias vidas. Não é possível calar a voz dos cidadãos que não concordem com o projeto político vencedor do pleito eleitoral. Portanto, sob o pálio da CRFB/1988, as instituições brasileiras precisam assegurar o valor equitativo das liberdades políticas iguais. E um dos mecanismos dos quais dispõem para essa tarefa é a tributação.

As funções propostas neste trabalho são compatíveis com a CRFB/1988. Diversos dispositivos constitucionais e legislação inferior indicam a possibilidade de utilizar a tributação com função diversa da arrecadação, e tanto a doutrina como a jurisprudência não destoam dessa conclusão. Especificamente quanto à distribuição, há espaço para ampliar a tributação sobre a renda e o patrimônio; é possível pensar no IGF, no ITCD e no IRPF progressivo para alcançar objetivos de redistribuição e desconcentrar riquezas. O momento político, como ouvimos reiteradas vezes desde a redemocratização do país, talvez não seja o mais favorável para mudanças estruturais na tributação brasileira (embora o contexto econômico do país assim recomende), mas seguimos acreditando que eventualmente ele irá surgir. Até lá, confiamos que a nossa pesquisa auxilie na interpretação das normas brasileiras e inspire novas reflexões sobre a influência da tributação na busca por justiça distributiva.

REFERÊNCIAS BIBLIOGRÁFICAS

ACEMOGLU, Daron; ROBINSON, James A. *Economic origins of dictatorship and democracy*. Cambridge, UK: Cambridge University Press, 2006.

ALMEIDA, Maria Vitória de. *Os efeitos das condições socioeconômicas na participação política dos brasileiros*. 2017. Dissertação (Mestrado em Ciência Política) Instituto de Filosofia e Ciências Humanas – Universidade Estadual de Campinas, Campinas, 2017. Disponível em: <http://repositorio.unicamp.br/bitstream/REPOSIP/325341/1/Almeida_MariaVitoriaDe_M.pdf>. Acesso em: 22 nov. 2018.

ALVAREDO, Facundo (Coord.); CHANCEL, Lucas (Coord.); PIKETTY, Thomas (Coord.); SAEZ, Emmanuel (Coord.); ZUCMAN, Gabriel (Coord.). *World Inequality Report 2018*. Disponível em: <https://wir2018.wid.world/files/download/wir2018-full-report-english.pdf>. Acesso em: 26 dez. 2018.

AMARO, Luciano. *Direito Tributário Brasileiro*. 20. ed. São Paulo: Saraiva, 2014.

ANFIP, Associação Nacional dos Auditores-Fiscais da Receita Federal do Brasil; FENAFISCO, Federação Nacional do Fisco Estadual e Distrital. *A Reforma Tributária Necessária: diagnóstico e premissas*. FAGNANI, Eduardo (Org.). ANFIP: FENAFISCO. São Paulo: Plataforma Política Social, 2018. Disponível em: <http://plataformapoliticasocial.com.br/wp-content/uploads/2018/05/REFORMA-TRIBUTARIA-SOLIDARIA.pdf>. Acesso em: 06 dez. 2018.

ARAÚJO, Petrônio Baptista de. *O Impôsto Sôbre a Transmissão de Propriedade*. Rio de Janeiro: Fundação Getúlio Vargas, 1954.

ARRETCHE, Marta. *Democracia, federalismo e centralização no Brasil*. Rio de Janeiro: Editora FGV; Editora Fio Cruz, 2012.

ATKINSON, Anthony B. *et al.* Commemorating Richard Musgrave (1910–2007). *FinanzArchiv: Public Finance Analysis*, v. 64, n. 2, p. 145–170, 2008.

AVI-YONAH, Reuven S. Taxation as Regulation: Carbon Tax, Health Care Tax, Bank Tax and Other Regulatory Taxes, *Accounting, Econ. Law*, vol. 1, n. 1, 2011.

―――. The Three Goals of Taxation. *Tax Law Review*, v. 60, n. 1, p. 1–28, 2006. Disponível em: <http://repository.law.umich.edu/articles>. Acesso em: 25 jan. 2018.

AVRITZER, Leonardo. The Rousseff impeachment and the crisis of democracy in Brazil. *Critical Policy Studies*, v. 11, n. 3, p. 352-357, 2017.

BALEEIRO, Aliomar. *Direito tributário brasileiro*. 11. ed. rev. atual. Rio de Janeiro: Forense, 2010.

―――. *Limitações constitucionais ao poder de tributar*. 7. ed. rev. atual.. Rio de Janeiro, Forense, 2003.

————. *Uma introdução à ciência das finanças.* 19. ed. rev. atual. Rio de Janeiro: Forense, 2015.

BANKMAN, Joseph; WEISBACH, David A. The superiority of an ideal consumption tax over an ideal income tax. *Stanford Law Review*, vol. 58:1413, p. 1413-1456, 2006.

BARTELS, Larry M. *Unequal Democracy*: The Political Economy of the New Gilded Age. Princeton: Russell Sage Foundation; Princeton University Press, 2008.

BATISTA JÚNIOR, Onofre Alves; MARINHO, Marina Soares. A DRU e a deformação do sistema tributário nacional nestes 30 anos de Constituição. *Revista de Informação Legislativa: RIL*, v. 55, n. 219, p. 27-52, jul./set. 2018a. Disponível em: <http://www12.senado.leg.br/ril/edicoes/55/219/ril_v55_n219_p27>. Acesso em: 09 dez. 2018.

————; ————. As esperanças de reequilíbrio federativo trazidos pela ADO 25. BATISTA JÚNIOR, Onofre Alves (Org.). *O federalismo na visão dos Estados*: uma homenagem do Colégio Nacional de Procuradores-Gerais dos Estados e do Distrito Federal – CONPEG – aos 30 anos de Constituição. Belo Horizonte: Letramento, 2018b.

————; ————. Do federalismo de cooperação ao federalismo canibal: a Lei Kandir e o desequilíbrio do pacto federativo. *Revista de Informação Legislativa: RIL*, v. 55, n. 217, p. 157-180, jan./mar. 2018c. Disponível em: <http://www12.senado.leg.br/ril/edicoes/55/217/ril_v55_n217_p157>. Acesso em: 17 dez. 2018.

————. OLIVEIRA, Ludmila Monteiro de; MAGALHÃES, Tarcísio Diniz; DOMINGUES, Nathália Daniel; COSTA, João Leonardo Silva; MARINHO, Marina Soares Marinho. Tributação da Herança: Instrumento da Esquerda e da Direita. BATISTA JÚNIOR, Onofre Alves (Org.); OLIVEIRA, Ludmila Monteiro de (Org.); MAGALHÃES, Tarcísio Diniz (Org.). *Estudos Críticos do Direito Tributário*. Belo Horizonte: Arraes, 2018d, p. 2018-225.

————. *O Outro Leviatã e a Corrida ao Fundo do Poço.* São Paulo: Almedina, 2015.

————. *O poder de polícia fiscal.* Belo Horizonte: Mandamentos, 2001.

————. Por que a "guerra fiscal"? Os desafios do Estado na modernidade líquida. *Revista Brasileira de Estudos Políticos*, n. 102, jan./jun. 2011, p. 305-341.

BECKER, Alfredo Augusto. *Teoria Geral do Direito Tributário*. 2. ed. São Paulo: Saraiva, 1972.

————. *Teoria Geral do Direito Tributário*. 7. ed. São Paulo: Noeses, 2018.

BELL, Daniel. Communitarianism. ZALTA, Edward N. (Ed.). *The Stanford Encyclopedia of Philosophy,* 2016. Disponível em: <https://plato.stanford.edu/archives/sum2016/entries/communitarianism/>. Acesso em: 30 nov. 2018.

BIRD-POLLAN, Jennifer. Unseating privilege: Rawls, equality of opportunity, and wealth transfer taxation. *The Wayne Law Review*, v. 59, p. 713–741, 2013.

BITTENCOURT, Julinho. CUT/Vox confirma: 81% dos trabalhadores rejeitam a Reforma Trabalhista. *Revista Fórum*, [s.l.], 09 nov. 2017. Disponível em: <https://www.revistaforum.com.br/2017/11/09/cutvox-confirma-81-dos-trabalhadores-rejeitam-reforma-trabalhista/>. Acesso em: 25 jan. 2018.

BONAVIDES, Paulo. *Do Estado Liberal ao Estado Social*. 8. ed. São Paulo: Malheiros, 2007.

———. O direito constitucional e o momento político. *Revista de Informação Legislativa: RIL*, v. 21, n. 81, p. 217–230, jan./mar.1984.

BORGES, José Souto Maior. *Introdução ao Direito Financeiro*. 2 ed. São Paulo: Max Limonad, 1998.

BOTELHO, Cristiane Miranda. *O Princípio da Capacidade Econômica e a Redistribuição de renda:* Tributação dos lucros e dividendos e o crédito fiscal vinculado ao exercício do trabalho remunerado. 2018. Tese (Doutorado em Direito) – Faculdade de Direito e Ciências do Estado, Universidade Federal de Minas Gerais, Belo Horizonte, 2018.

BRASIL. *Constituição da República dos Estados Unidos do Brasil*. Rio de Janeiro: Congresso Nacional, 1934.

———. *Constituição da República Federativa do Brasil*. Brasília: Senado, 1988.

———. *Constituição da República Federativa do Brasil*. Brasília: Congresso Nacional, 1967.

———. *Emenda Constitucional n. 1, de 17 de outubro de 1969*. Edita o novo texto da Constituição Federal de 24 de janeiro de 1967. Diário Oficial, Brasília, 20 out. 1969.

———. *Emenda Constitucional n. 18, de 1º de dezembro de 1965*. Reforma do Sistema Tributário. Brasília: Congresso Nacional, 1965.

———. *Emenda Constitucional n. 42, de 19 dez. 2003*. Altera o Sistema Tributário Nacional e dá outras providências. Brasília: Congresso Nacional, 2003a.

———. *Lei n. 5.172, de 25 de outubro de 1966* – Código Tributário Nacional. Brasília: Congresso Nacional, 1966.

———. *Lei Complementar n. 124, de 7 de janeiro de 1975*. Dispõe sobre os convênios para a concessão de isenções do imposto sobre operações relativas à circulação de mercadorias, e dá outras providências. Brasília: Congresso Nacional, 1975.

———. *Lei Complementar n. 160, de 7 de agosto de 2017*. Dispõe sobre os convênios para a concessão de isenções do imposto sobre operações relativas à circulação de mercadorias, e dá outras providências. Brasília: Congresso Nacional, 2017.

————. *Medida Provisória n. 66, de 29 de agosto de 2002*. Dispõe sobre a não cumulatividade na cobrança da contribuição para os Programas de Integração Social (PIS) e de Formação do Patrimônio do Servidor Público (Pasep), nos casos que especifica; sobre os procedimentos para desconsideração de atos ou negócios jurídicos, para fins tributários; sobre o pagamento e o parcelamento de débitos tributários federais, a compensação de créditos fiscais, a declaração de inaptidão de inscrição de pessoas jurídicas, a legislação aduaneira, e dá outras providências. Brasília, 2002.

————. *Medida Provisória n. 135, de 30 de outubro de 2003*. Altera a Legislação Tributária Federal e dá outras providências. Brasília, 2003b.

————. Ministério da Fazenda, Receita Federal do Brasil. *Carga Tributária no Brasil 2014*: Análise por Tributos e Base de Incidência. Brasília: Receita Federal do Brasil, 2015. Disponível em: <http://idg.receita.fazenda.gov.br/dados/receitadata/estudos-e-tributarios-e-aduaneiros/estudos-e-estatisticas/carga-tributaria-no-brasil/29-10-2015-carga-tributaria-2014>. Acesso em: 18 dez. 2018.

————. ————, ————. *Carga Tributária no Brasil 2015*: Análise por Tributos e Base de Incidência. Brasília: Receita Federal do Brasil, 2016a. Disponível em: <http://idg.receita.fazenda.gov.br/dados/receitadata/estudos-e-tributarios-e-aduaneiros/estudos-e-estatisticas/carga-tributaria-no-brasil/ctb-2015.pdf>. Acesso em: 18 dez. 2018.

————. ————, ————. *Carga Tributária no Brasil 2016*: Análise por Tributos e Base de Incidência. Brasília: Receita Federal do Brasil, 2017b. Disponível em: <http://idg.receita.fazenda.gov.br/dados/receitadata/estudos-e-tributarios-e-aduaneiros/estudos-e-estatisticas/carga-tributaria-no-brasil/carga-tributaria-2016.pdf>. Acesso em: 18 dez. 2018.

————. ————, ————. *Carga Tributária no Brasil 2017*: Análise por Tributos e Base de Incidência. Brasília: Receita Federal do Brasil, 2018. Disponível em: <http://idg.receita.fazenda.gov.br/dados/receitadata/estudos-e-tributarios-e-aduaneiros/estudos-e-estatisticas/carga-tributaria-no-brasil/carga-tributaria-2017.pdf>. Acesso em: 18 dez. 2018.

————. Ministério do Planejamento, Desenvolvimento e Gestão. *Balanço da Seguridade Social*. [S.l], 2017c. Disponível em: <www.planejamento.gov.br/apresentacoes/2017/2017-03-14_seguridade-social.pdf>. Acesso em: 22 dez. 2018.

————. ————. Secretaria de Orçamento Federal. *Orçamento Cidadão*: Projeto de Lei Orçamentária Anual – PLOA 2018. Brasília, 2017d.

————. Supremo Tribunal Federal. Tribunal Pleno. *Ação Direta de Inconstitucionalidade no 4.650/DF*. Ementa: Direito Constitucional e Eleitoral. Modelo normativo vigente de financiamento de campanhas eleitorais. Lei das eleições, arts. 23, §1º, incisos I e II, 24 e 81, *caput* e § 1º. Lei orgânica dos partidos políticos, arts. 31, 38, inciso III, e 39, *caput* e §5º. Critérios de doações para pessoas jurídicas e naturais e para o uso de recursos próprios pelos candidatos (...). Ação julgada parcialmente procedente. Relator Ministro Luiz Fux. Data de julgamento: 17 set. 2015. Data de publicação: 24 fev. 2016b. Disponível em: <http://redir.stf.jus.br/paginadorpub/paginador.jsp?docTP=-TP&docID=10329542>. Acesso em: 25 nov. 2018.

————. ————. ————. *Ação Direta de Inconstitucionalidade no 939*. Ementa: Direito Constitucional e Tributário. Ação Direta de Inconstitucionalidade de Emenda Constitucional e de Lei Complementar. I.P.M.F. Imposto Provisório sobre a Movimentação ou a Transmissão de Valores e de Créditos e Direitos de Natureza Financeira – I.P.M.F. Artigos 5º, par. 2º, 60, par. 4º, incisos I e IV, 150, incisos III, "b", e VI, "a", "b", "c" e "d", da Constituição Federal. 1. Uma Emenda Constitucional, emanada, portanto, de Constituinte derivada, incidindo em violação a Constituição originária, pode ser declarada inconstitucional, pelo Supremo Tribunal Federal, cuja função precípua e de guarda da Constituição (art. 102, I, "a", da C.F.). 2. A Emenda Constitucional n. 3, de 17.03.1993, que, no art. 2º, autorizou a União a instituir o I.P.M.F., incidiu em vício de inconstitucionalidade, ao dispor, no parágrafo 2º desse dispositivo, que, quanto a tal tributo, não se aplica "o art. 150, III, "b" e VI", da Constituição, porque, desse modo, violou os seguintes princípios e normas imutáveis (somente eles, não outros): 1. – o princípio da anterioridade, que é garantia individual do contribuinte (art. 5º, par. 2º, art. 60, par. 4º, inciso IV e art. 150, III, "b" da Constituição); 2. – o princípio da imunidade tributária recíproca (que veda a União, aos Estados, ao Distrito Federal e aos Municípios a instituição de impostos sobre o patrimônio, rendas ou serviços uns dos outros) e que e garantia da Federação (art. 60, par. 4º, inciso I, e art. 150, VI, "a", da C.F.); 3. – a norma que, estabelecendo outras imunidades impede a criação de impostos (art. 150, III) sobre: "b"): templos de qualquer culto; "c"): patrimônio, renda ou serviços dos partidos políticos, inclusive suas fundações, das entidades sindicais dos trabalhadores, das instituições de educação e de assistência social, sem fins lucrativos, atendidos os requisitos da lei; e "d"): livros, jornais, periódicos e o papel destinado a sua impressão; 3. Em consequência, e inconstitucional, também, a Lei Complementar n. 77, de 13.07.1993, sem redução de textos, nos pontos em que determinou a incidência do tributo no mesmo ano (art. 28) e deixou de reconhecer as imunidades previstas no art. 150, VI, "a", "b", "c" e "d" da C.F. (arts. 3º, 4º e 8º do mesmo diploma, L.C. n. 77/93). 4. Ação Direta de Inconstitucionalidade julgada procedente, em parte, para tais fins, por maioria, nos termos do voto do Relator, mantida, com relação a todos os contribuintes, em caráter definitivo, a medida cautelar, que suspendera a cobrança do tributo no ano de 1993. Relator Ministro Sydney Sanches. Data de julgamento: 15 dez. 1993. Data de publicação: 18 mar. 1994. Disponível em: <http://redir.stf.jus.

br/paginadorpub/paginador.jsp?docTP=AC&docID=266590>. Acesso em: 26 dez. 2018.

_____. _____. _____. *Ação Direta de Inconstitucionalidade por Omissão no 25*. Ementa: Ação Direta de Inconstitucionalidade por Omissão. 2. Federalismo fiscal e partilha de recursos. 3. Desoneração das exportações e a Emenda Constitucional 42/2003. Medidas compensatórias. 4. Omissão inconstitucional. Violação do art. 91 do Ato das Disposições Constitucionais Transitórias (ADCT). Edição de lei complementar. 5.Ação julgada procedente para declarar a mora do Congresso Nacional quanto à edição da Lei Complementar prevista no art. 91 do ADCT, fixando o prazo de 12 meses para que seja sanada a omissão. Após esse prazo, caberá ao Tribunal de Contas da União, enquanto não for editada a lei complementar: a) fixar o valor do montante total a ser transferido anualmente aos Estados-membros e ao Distrito Federal, considerando os critérios dispostos no art. 91 do ADCT; b) calcular o valor das quotas a que cada um deles fará jus, considerando os entendimentos entre os Estados-membros e o Distrito Federal realizados no âmbito do Conselho Nacional de Política Fazendária – CONFAZ. Relator Ministro Gilmar Mendes. Data de julgamento: 30 nov. 2016. Data de publicação: 18 ago. 2017e. Disponível em: <http://redir.stf.jus.br/paginadorpub/paginador.jsp?docTP=TP&docID=13385039>. Acesso em: 18 dez. 2018.

_____. _____. _____. *Recurso Extraordinário n. 562.045/RS*. Ementa: Recurso Extraordinário. Constitucional. Tributário. Lei estadual: progressividade de alíquota de Imposto sobre Transmissão Causa Mortis e Doação de Bens e Direitos. Constitucionalidade. Art. 145, § 1º, da Constituição da República. Princípio da igualdade material tributária. Observância da capacidade contributiva. Recurso extraordinário provido. Relator Ministro Ricardo Lewandowski. Data de julgamento: 06 fev. 2013. Data de publicação: 27 nov. 2013. Disponível em: <http://redir.stf.jus.br/paginadorpub/paginador.jsp?docTP=AC&docID=630039>. Acesso em: 26 dez. 2018.

_____. _____. _____. *Recurso Extraordinário n. 593.849/MG*. Ementa: Recurso Extraordinário. Repercussão geral. Direito tributário. Imposto Sobre Circulação De Mercadorias E Serviços – ICMS. Substituição tributária progressiva ou para frente. Cláusula de restituição do excesso. Base de cálculo presumida. Base de cálculo real. Restituição da diferença. Art. 150, §7º, da Constituição da República. Revogação parcial de precedente. ADI 1.851. 1. Fixação de tese jurídica ao Tema 201 da sistemática da repercussão geral: "É devida a restituição da diferença do Imposto sobre Circulação de Mercadorias e Serviços – ICMS pago a mais no regime de substituição tributária para frente se a base de cálculo efetiva da operação for inferior à presumida". 2. A garantia do direito à restituição do excesso não inviabiliza a substituição tributária progressiva, à luz da manutenção das vantagens pragmáticas hauridas do sistema de cobrança de impostos e contribuições. 3. O princípio da praticidade tributária não prepondera na hipótese de violação de direitos e garantias dos contribuintes, notadamente os princípios da igualdade, capacidade contributiva e vedação ao confisco, bem como a arquitetura de neutralidade fiscal do ICMS. 4. O modo de raciocinar "tipificante" na seara tributária não deve ser alheio à narrativa extraída da realidade do processo econômico, de maneira a transformar uma ficção jurídica em uma presunção absoluta. 5. De acordo com o art. 150, §7º, in fine, da Constituição da República, a cláusula de restituição do excesso e respectivo direito à restituição se aplicam a todos os casos em que o fato gerador presumido não se concretize empiricamente da forma como antecipadamente tributado. 6. Altera-se parcialmente o precedente firmado na ADI 1.851, de relatoria do Ministro Ilmar Galvão, de modo que os efeitos jurídicos desse novo entendimento orientam apenas os litígios judiciais futuros e os pendentes submetidos à sistemática da repercussão geral. 7. Declaração incidental de inconstitucionalidade dos artigos 22, §10, da Lei 6.763/1975, e 21 do Decreto 43.080/2002, ambos do Estado de Minas Gerais, e fixação de interpretação conforme à Constituição em relação aos arts. 22, §11, do referido diploma legal, e 22 do decreto indigitado. 8. Recurso extraordinário a que se dá provimento. Relator Ministro Edson Fachin. Data de Julgamento: 17 out. 2016. Data de publicação: 31 mar. 2017. Disponível em: <http://redir. stf.jus.br/paginadorpub/paginador.jsp?docTP=TP&docID=12692057>. Acesso em: 27 dez. 2018.

BRESSER-PEREIRA, Luiz Carlos. Capitalismo financeiro-rentista. *Estudos Avançados*, v. 32, n. 92, p. 17–29, 2018.

―――. Depois do capitalismo financeiro-rentista, mudança estrutural à vista? *Novos Estudos Cebrap*, v. 3, n. 107, p. 137–151, 2017. Disponível em: <http://www.scielo.br/pdf/nec/v36n1/1980-5403-nec-36-01-137.pdf>. Acesso em: 21 nov. 2017.

BUCHANAN, James M.; MUSGRAVE, Richard A. *Public Finance and Public Choice*: Two contrasting visions of the State. Cambridge, Massachusetts: MIT Press, 1999.

BUSTAMANTE, Thomas. *Em defesa da legalidade*: Temas de direito constitucional e filosofia jurídica. Belo Horizonte: Arraes, 2018.

CABRAL, Nazaré da Costa. *A teoria do federalismo financeiro*. Coimbra: Almedina, 2015.

CAMPOS, Ana Cristina. Taxa de renovação da Câmara dos Deputados foi a maior em 20 anos. *Agência Brasil*, 08 out. 2018. Disponível em: <http://agenciabrasil. ebc.com.br/politica/noticia/2018-10/taxa-de-renovacao-da-camara-dos-deputa-dos-foi-maior-em-20-anos>. Acesso em: 22 nov. 2018.

CARVALHO, Paulo de Barros. *Curso de Direito Tributário*. 24. ed. São Paulo: Saraiva, 2012.

CARVALHO, Pedro Humberto Bruno de. *As discussões sobre a regulamentação do Imposto sobre Grandes Fortunas:* A situação no Brasil e a experiência internacional. Nota Técnica. Rio de Janeiro: Instituto de Pesquisa Econômica Aplicada (Ipea), 2011. Disponível em: <http://repositorio.ipea.gov.br/bitstream/11058/5755/1/NT_n07_Discussoes-regulamentacao-imposto_Dinte_2011-out.pdf>. Acesso em: 26 dez. 2018.

CARVALHO, Yago Condé Ubaldo de. *Rawls e o problema do estranhamento*: A crítica marxista e a divisão do trabalho em uma sociedade liberal-igualitária. 2018. Dissertação (Mestrado em Direito) – Faculdade de Direito e Ciências do Estado, Universidade Federal de Minas Gerais, Belo Horizonte, 2018.

CCIF, Centro de Cidadania Fiscal. *Reforma do Modelo Brasileiro de Tributação de Bens e Serviços*. Nota Técnica nº 1, versão 1.1. São Paulo: CCiF, 2017. Disponível em: <http://ccif.com.br/wp-content/uploads/2017/08/NT-IBS-v1.1.pdf>. Acesso em: 06 dez. 2018.

CHESNAIS, François. *A mundialização do capital*. Tradução Silvana Finzi Foá. São Paulo: Xamã, 1996.

———. A teoria do regime de acumulação financeirizado: conteúdo, alcance e interrogações. *Economia e Sociedade*, jan. /jun. 2002.

———. O capital portador de juros: acumulação, internacionalização, efeitos econômicos e políticos. In: CHESNAIS, François (Org.). *A Finança mundializada*: Raízes sociais e políticas, configuração, consequências. Tradução Rosa Maria Marques; Paulo Nakatani. São Paulo: Boitempo, p. 35–68, 2005.

———. *Tobin or not Tobin*? Porque tributary o capital financeiro internacional em apoio aos cidadãos. São Paulo: Unesp, 1999, p. 77-108.

CHOMSKY, Noam. *Réquiem para o Sonho Americano*: Os 10 princípios de concentração de riqueza e poder. Tradução Milton Chaves De Almeida. Rio de Janeiro: Bertrand Brasil, 2017. E-book.

CHOTINER, Isaac. Thomas Piketty: I don't care for Marx: An interview with the left's rock star economist. *The New Republic*, 5 mai. 2014. Disponível em: <https://newrepublic.com/article/117655/thomas-piketty-interview-economist-discusses-his-distaste-marx>. Acesso em: 8 out. 2018.

CLARK, Giovani; CORRÊA, Leonardo Alves; NASCIMENTO, Samuel Pontes do. A Constituição Econômica entre a efetivação e os bloqueios institucionais. *Revista da Faculdade de Direito da UFMG*, Belo Horizonte, n. 71, jul./dez. 2017, p. 677-700.

CLÈVE, Clèmerson Merlin; PEIXOTO, Marcela Moraes. O Estado brasileiro: algumas linhas sobre a divisão de poderes na federação brasileira à luz da Constituição de 1988. *Revista de Informação Legislativa: RIL*, v. 26, n. 104, p. 21–42, out./dez. 1989.

COÊLHO, Sacha Calmon Navarro. *Curso de Direito Tributário Brasileiro*. 15. ed. Rio de Janeiro: Forense, 2016.

CONSTANT, Benjamin. Da liberdade dos antigos comparada à dos modernos. *Revista Filosofia Política*, n. 2, p. 9-25, 1985.

COSTA, Pietro. *Poucos, muitos, todos*: Lições de história da democracia. Tradução Luiz Ernani Fritoli. Curitiba: Editora UFPR, 2012.

CREDIT SUISSE. Research Institute. *Global Wealth Report 2018*. European Union: Credit Suisse, 2018.

DAHL, Robert A. *La poliarquía:* Participación y oposición. Madrid: Tecnos, 1989.

DANIELS, Norman. Democratic Equality: Rawls's Complex Egalitarianism. *The Cambridge Companion to Rawls*. FREEMAN, Samuel (Ed.). Cambridge, UK: Cambridge University Press, p. 241-276, 2003.

————. Equal liberty and unequal worth of liberty. DANIELS, Norman (Ed.). *Reading Rawls:* Critical studies on Rawls' A theory of justice. New York: Basic Books, Inc., 1973. Disponível em: <http://pq.oxfordjournals.org/cgi/doi/10.2307/2219370>.

DERZI, Misabel Abreu Machado. *Direito Tributário, Direito Penal e tipo*. 2. ed. São Paulo: Revista dos Tribunais, 2007.

————. Guerra fiscal, Bolsa Família e Silêncio (Relações, efeitos e regressividade). *Revista Jurídica da Presidência*, v. 16, n. 108 p. 39-64, fev./mai. 2014,. Disponível em: <file:///C:/Users/m1433542/Downloads/42-106-1-SM%20(2).pdf>. Acesso em: 3 nov. 2018.

————. (Org.); SILVA, José Afonso Bicalho Beltrão da (Org.); BATISTA JÚNIOR, Onofre Alves (Org.). *ICMS*: Diagnósticos e proposições – Relatório ao governador do Estado de Minas Gerais. Belo Horizonte: Arraes Editores, 2017.

————; MAGALHÃES, Tarcísio Diniz. Levando a democracia a sério: Uma abordagem da regra decisória ideal para o CONFAZ. *Revista Jurídica da Presidência*, v. 19, n. 117, p. 73–97, 2017. Disponível em: <https://revistajuridica.presidencia. gov.br/index.php/saj/article/view/1257>. Acesso em: 14 ago. 2018.

————. *Modificações da jurisprudência no Direito Tributário*: proteção da confiança, boa-fé objetiva e irretroatividade como limitações constitucionais ao poder de tributar. São Paulo: Noeses, 2009.

DEODATO, Alberto. *As funções extra-fiscais do imposto*. 1949. Tese apresentada à Faculdade de Direito da Universidade Federal de Minas Gerais para o concurso de Professor catedrático de Ciências das Finanças – Faculdade de Direito, Universidade Federal de Minas Gerais, Belo Horizonte, 1949.

DIAMOND, Larry. Defining and Developing Democracy. *The Social Contract*. DAHL, Robert (Ed.); SHAPIRO, Ian (Ed.); CHEIBUB, Antonio (Ed.). Cambridge, Massachusetts: The MIT Press, p. 29-39, 2003.

DI NAPOLI, Ricardo Bins. O intuicionismo moral e os dilemas morais. *Dissertatio* v. 35, p. 79 – 98, inverno de 2012.

DOMINGUES, Nathália Daniel. *Tributação da herança:* O resgate da função redistributiva do tributo na realidade brasileira. 2016. Dissertação (Mestrado em Direito) – Faculdade de Direito e Ciências do Estado, Universidade Federal de Minas Gerais, Belo Horizonte, 2016.

DRIVER, Julia. The History of Utilitarianism. ZALTA, Edward N. (ed.) *The Stanford Encyclopedia of Philosophy*, 2014. Disponível em: <https://plato.stanford.edu/archives/win2014/entries/utilitarianism-history/>. Acesso em: 28 nov. 2018.

DUFF, David G. Tax policy and the Virtuous Sovereign: Dworkinian equality and redistributive taxation. BHANDARI, Monica (Org.). *Philosophical Foundations of Tax Law*. Oxford: Oxford University Press, 2017.

DUTRA, Franklin Vinícius Marques. *Ações afirmativas e a Teoria de Justiça de John Rawls*. Dissertação (Mestrado em Direito) – Faculdade de Direito e Ciências do Estado, Universidade Federal de Minas Gerais, 2019.

DWORKIN, Ronald. Equality, Luck and Hierarchy. *Philosophy & Public Affairs*, v. 31, n. 2, p. 190–198, 2003.

————. *Is democracy possible here?*: Principles for a new political debate. Princeton, New Jersey: Princeton University Press, 2008.

————. *Justice for Hedgehogs*. Cambridge, Massachusetts: The Belknap Press of Harvard University Press, 2011.

————. *Sovereign Virtue*: The Theory and Practice of Equality. London: Harvard University Press, 2002a.

————. Sovereign Virtue Revisited. *Ethics*, v. 113 n. 1, p. 106-143, 2002b.

EDMUNDSON, William A. *John Rawls*: Reticent socialist. Cambridge, United Kingdom: Cambridge University Press, 2017.

ENGELS, Friedrich; KAUTSKY, Karl. *O socialismo jurídico*. Tradução Lívia Cotrim e Márcio Bilharinho Naves. 2. ed. São Paulo: Boitempo, 2012.

ESPANHA. *Ley 58/2003, de 17 de diciembre,* General Tributaria. La Ley General Tributaria es el eje central del ordenamiento tributario donde se recogen sus principios esenciales y se regulan las relaciones entre la Administración tributaria y los contribuyentes. Disponível em: <https://www.boe.es/buscar/act.php?id=BOE-A-2003-23186>. Acesso em: 05 jun. 2018.

————. *Ley 230/1963, de 28 de diciembre,* ————. Consiste esta Ley en la formulación de una serie de principios básicos que contenidos en reglas jurídicas comunes a todos los tributos determinan los procedimientos para su establecimiento y exacción. Disponível em: <https://www.boe.es/buscar/doc.php?id=BOE-A-1963-22706>. Acesso em: 05 jun. 2018.

ESTADOS UNIDOS DA AMÉRICA. *Constitution of the United States.* 1788. Disponível em: <https://www.senate.gov/civics/constitution_item/constitution.htm?utm_content=buffer05951>. Acesso em: 06 ago. 2018.

FERNANDES, Rodrigo Cardoso; CAMPOLINA, Bernardo; SILVEIRA, Fernando Gaiger. Impacto distributivo do Imposto de Renda no Brasil. AFONSO, José Roberto (Org.); LUKIC, Melina Rocha (Org.); ORAIR, Rodrigo Octávio (Org.); SILVEIRA, Fernando Gaiger (Org.). *Tributação e desigualdade.* Belo Horizonte: Letramento: Casa do Direito: FGV Direito Rio, 2017. p. 293-334.

FLANNERY, Russell. China's richest 2018: Fortunes fade amid trade friction. *Forbes*, 24 out. 2018. Disponível em: <https://www.forbes.com/sites/russellflannery/2018/10/24/chinas-richest-2018-fortunes-fade-amid-trade-friction/#-34f6dab37779>. Acesso em: 8 nov. 2018.

FLEISCHACKER, Samuel. *A Short History of Distributive Justice.* Cambridge, Massachusetts: Harvard University Press, 2004.

FOLLONI, André. Isonomia na tributação extrafiscal. *Revista Direito GV*, São Paulo, v. 10, n. 1, p. 201-220, 2014.

FRASER, Nancy. Crise de legitimação? Sobre as contradições políticas do capitalismo financeirizado. Tradução de José Ivan Rodrigues de Sousa Filho. *Cadernos de Filosofia Alemã*, v. 23 n. 2, p. 153-188, 2018. Disponível em: <https://www.revistas.usp.br/filosofiaalema/article/view/153165>. Acesso em: 03 jan. 2019.

FREEMAN, Samuel. *Rawls.* Londres: Routledge, 2007.

FUKS, Mario; PERISSINOTO, Renato Monseff; RIBEIRO, Ednaldo Aparecido. Cultura política e desigualdade: o caso dos conselhos municipais de Curitiba. *Revista de Sociologia e Política*, Curitiba, v. 21, p. 125-145, 2003. Disponível em: <https://revistas.ufpr.br/rsp/article/view/3649/2906>. Acesso em: 22 nov. 2018.

GARGARELLA, Roberto. *As teorias da justiça depois de Rawls*: Um breve manual de filosofia política. Tradução Alonso Reis Freire. São Paulo: WMF Martins Fontes, 2008.

GILENS, MARTIN; PAGE, Benjamin I. Testing Theories of American Politics: Elites, Interest Groups, and Average Citizens. *Perspectives on Politics*, v. 12, n. 3, p. 564–581, 2014. Disponível em: <http://www.journals.cambridge.org/abstract_S1537592714001595>. Acesso em: 25 jan. 2018.

GIRIDHARADAS, Anand. *Winners take all: The elite charade of changing the world*. New York: Alfred. A. Knopf, 2018.

GOBETTI, Sérgio Wulff; ORAIR, Rodrigo Octávio. *Distribuição e Tributação da Renda no Brasil*: Novas Evidências a Partir das Declarações Fiscais das Pessoas Físicas. Disponível em: <http://www.joserobertoafonso.com.br/biblioteca-virtual/item/4675-jabuticabas-tribut%C3%A1rias-gobetti-orair.html>. Acesso em 27 out. 2018.

————. *Tributação do capital no brasil e no mundo*. Texto para discussão nº 2380. Rio de Janeiro: Instituto de Pesquisa Econômica Aplicada – IPEA, 2018. Disponível em: hettp://www.repositorio.ipea.gov.br/bitstream/11058/8354/1/TD_2380.pdf>. Acesso em: 03 jan. 2019.

GUEDES, Néviton. Capítulo IV – Dos direitos políticos. *In*: CANOTILHO, J. J. Gomes; MENDES, Gilmar F.; SARLET, Ingo W.; STRECK, Lenio L. (Coords.). *Comentários à Constituição do Brasil*. São Paulo: Saraiva/Almedina, 2013. *Ebook*.

GUIMARÃES, Ulysses. Discurso de abertura da Assembleia Nacional Constituinte. *Diário da Assembleia Nacional Constituinte*, Brasília, p. 21–23, 1987.

————. Discurso de promulgação da Constituição da República Federativa do Brasil de 1988. *Diário da Assembleia Nacional Constituinte*, Brasília, 1988, p. 14.380–14.382. Disponível em: <http://www2.camara.leg.br/atividade-legislativa/plenario/discursos/escrevendohistoria/centenario-deputado-ulysses-guimaraes/discurso-de-05101988>. Acesso em: 23 out. 2017.

HALLIDAY, Daniel. *The inheritance of wealth:* Justice, equality, and the right to bequeath. Oxford: Oxford University Press, 2018.

HARVEY, David. *A Brief History of Neoliberalism*. New York: Oxford University Press, 2005.

————. *A loucura da razão econômica:* Marx e o capital no século XXI. Tradução Artur Renzo. São Paulo: Boitempo, 2018.

————. *Para entender O Capital*: Livro I. Tradução Rubens Enderle. São Paulo: Boitempo, 2013. E-book.

HAULY, Luiz Carlos. *Principais Linhas da Proposta de Reforma Tributária*, 2017. Disponível em: <http://itv.org.br/projeto/itv/arquivos/Proposta_Hauly.pdf>. Acesso em: 06 dez. 2018.

HAYEK, Friedrich A. *Individualism and Economic Order*. Chicago, Illinois: The University of Chicago Press, 1996.

IBRE. Fundação Getúlio Vargas. *Levantamento sobre desigualdade na renda do trabalho*. 2019. Disponível em: <https://portalibre.fgv.br/navegacao-superior/noticias/levantamento-do-fgv-ibre-aponta-desigualdade-recorde-na-renda-do-trabalho.htm>. Acesso em: 28 mai. 2019.

KEYNES, John Maynard. *A Teoria Geral do Emprego, do Juro e da Moeda*. Tradução Mário R. Da Cruz. São Paulo: Nova Cultural Ltda., 1996.

LEVITSKY, Steven; ZIBLATT, Daniel. *Como as democracias morrem*. Tradução Renato Aguiar. Rio de Janeiro: Zahar, 2018.

LIPIETZ, Alain; LEBORGNE, Danièle. O pós-fordismo e seu espaço. Tradução Regina Silva Pacheco. *Espaço & Debates*, n. 25, 1988.

MACHADO, Hugo de Brito. *Curso de direito tributário*. 31. ed. São Paulo: Malheiros, 2010.

MACPHERSON, Crawford Brough. *The Political Theory of Possessive Individualism*. Oxford: Oxford University Press, 1990.

MAGALHÃES, Tarcísio Diniz. *Teoria crítica do direito tributário internacional*. 2018. Tese (Doutorado em Direito) – Faculdade de Direito e Ciências do Estado, Universidade Federal de Minas Gerais, Belo Horizonte, 2018.

MANDLE, Jon; REIDY, David A. (Org.). *The Cambridge Rawls Lexicon*. Cambridge, Massachusetts: Cambridge University Press, 2015.

MARINHO, Marina Soares; BRITTO, Lídia de Freitas Santos. Justiça social e tributação: análise da regressividade do sistema tributário brasileiro à luz da Constituição Federal. *In*: BATISTA JÚNIOR, Onofre Alves (Org.); OLIVEIRA, Ludmila Mara Monteiro de (Org.); MAGALHÃES, Tarcísio Diniz (Org.). *Estudos críticos do Direito Tributário*. Belo Horizonte: Arraes Editores, p. 110-131, 2018.

MARX, Karl; ENGELS, Friedrich. *Manifesto Comunista*. 4ª reimpressão. Tradução Álvaro Pina. São Paulo: Boitempo, 2005.

―――. *O Capital – Livro I:* O processo de produção do capital. 2 ed. Tradução Rubens Ederle. São Paulo: Boitempo, 2011a. E-book.

―――. *O Capital – Livro III:* O processo global da produção capitalista. Tradução Rubens Ederle. 1. ed. São Paulo: Boitempo, 2011b. E-book.

MEADE, J. E. *Efficiency, Equality and the Ownership of Property*. New York: Routledge, 2012.

MERRILL, Thomas W.; SMITH, Henry E. The Morality of Property. *William & Mary Law Review*, v. 1849, n. 48, p. 1849–1895, 2007.

MILÁ, Marc Morgan. *Income Concentration in a Context of Late Development:* An Investigation of Top Incomes in Brazil using Tax Records, *1933–2013*. Paris School of Economics, 2015. Disponível em: <http://www.piketty.pse.ens.fr/files/MorganMila2015.pdf>. Acesso em: 25 nov. 2018.

MIROWSKI, Philip. *Never let a serious crisis go to waste*: How neoliberalism survived the financial meltdown. New York/London: Verso Books, 2013.

MOHALLEM, Michael Freitas. Dilma Rousseff já é inelegível? As contas, o TCU e o impeachment. *In*: FALCÃO, Joaquim (Org.); ARGUELHES, Diego Werneck (Org.); RECONDO, Felipe (Org.). *O Supremo em 2015*. Rio de Janeiro: Escola de Direito do Rio de Janeiro da Fundação Getulio Vargas, 2016. Disponível em: <https://bibliotecadigital.fgv.br/dspace/bitstream/handle/10438/18571/Dilma%20Rousseff%20ja%CC%81%20e%CC%81%20inelegi%CC%81vel%20As%20contas%2C%20o%20TCU%20e%20o%20impeachment-O%20Supremo%20em%202015.pdf>. Acesso em: 22 nov. 2018.

MORSELLI, Emanuelle. *Curso de ciência das finanças públicas:* Introdução e princípios gerais. Tradução Elza Meschick. Rio de Janeiro: Edições Financeiras Ltda., 1959.

MURPHY, Liam. Author's Response to the Commentators: The Myth of Ownership. *Australian Journal of Legal Philosophy*, v. 147, n. 30, p. 147–154, 2005a.

————; NAGEL, Thomas. *O mito da propriedade*: Os impostos e a justiça. São Paulo: Malheiros, 2005b.

————. Taxes, Property, Justice. *NYU Journal of Law & Liberty*, v. 1, n. 3, p. 983–986, 2005c.

————; NAGEL, Thomas. Taxes, Redistribution, and Public Provision. *Philosophy & Public Affairs*, v. 30, n. 1, p. 53–71, 2001.

MUSGRAVE, Richard A. A multiple theory of budget determination. *FinanzArchiv*: Public Finance Analysis, v. 3, n. 17, p. 333–343, 1957.

————. (Ed.); PEACOCK, Alan T. (Ed.). *Classics in the theory of public finance*. 5. ed. New York: St. Martin's Press, 1994.

————; MUSGRAVE, Peggy B. *Finanças públicas*: Teoria e prática. Tradução Carlos Alberto Primo Braga. São Paulo: Campus, 1989a.

————. Micro and macro aspects of fiscal policy. *Macroeconomic Dimensions of Public Finance:* Essays in Honour of Vito Tanzi. Routledge Studies in the Modern Economy. BLEJER, Mario I. (Ed.); TERMINASSIAN, Teresa (Ed.). Routledge: Londres, 2003.

————. Public finance and three branch model. *Journal of Economics and Finance*, v. 32, n. 4, p. 334–339, 2008.

————; MUSGRAVE, Peggy B. *Public finance in theory and practice*. 5. ed. Singapore: McGraw-Hill Book Co, 1989b.

————. *Teoria das finanças públicas*. Tradução Auriphebo Berrance Simões. São Paulo: Atlas, 1973.

————. The three branches revisited. *Atlantic Economic Journal*, v. 17, n. 1, p. 1–7, 1989c.

NABAIS, José Casalta. *O Dever Fundamental de Pagar Impostos*: Contributo para a compreensão constitucional do estado fiscal contemporâneo. Coimbra: Almedina, 2012.

NOZICK, Robert. *Anarquia, Estado e Utopia*. Tradução Ruy Jungmann. Rio de Janeiro: Jorge Zatar Editor, 1991.

OCDE. Organização para a Cooperação e Desenvolvimento Econômico. Table II.4. Overall statutory tax rates on dividend income. *OECD.Stat*. Disponível em: <https://stats.oecd.org/Index.aspx?DataSetCode=TABLE_II4>. Acesso em: 03 jan. 2019.

OLIVEIRA, Ludmila Mara Monteiro de. *Justiça tributária global:* Realidade, promessa e utopia. 2017. Tese (Doutorado em Direito) – Faculdade de Direito e Ciências do Estado, Universidade Federal de Minas Gerais, Belo Horizonte, 2017.

OXFAM. Oxford Committee for Famine Relief. *Recompensem o trabalho, não a riqueza*. Documento informativo da Oxfam, janeiro de 2018. Tradução Master Language Traduções e Interpretações Ltda. [s.l.], 2018. Disponível em: <https://www.oxfam.org.br/sites/default/files/publicacoes/2018_recompensem_o_trabalho_nao_a_riqueza_resumo_word.pdf>. Acesso em: 26 dez. 2018.

PIKETTY, Thomas. *O capital no século XXI*. 1. ed. Tradução Monica Baumgarten de Bolle. Rio de Janeiro: Intrínseca, 2014.

PINHEIRO, Heloisa Helena; WALTENBERG, Fábio; KERSTENETZKY, Celia Lessa. Impostos sobre a renda das pessoas físicas: Oportunidades para tributar os rendimentos mais altos no Brasil. *In*: AFONSO, José Roberto (Org.); LUKIC, Melina Rocha (Org.); ORAIR, Rodrigo Octávio (Org.); SILVEIRA, Fernando Gaiger (Org.). *Tributação e desigualdade*. Belo Horizonte: Letramento: Casa do Direito: FGV Direito Rio, 2017. p. 261-292.

PINHO, Thiago Araujo do. *O capital financeiro imobiliário no Brasil:* O caso da Operação Urbana Consorciada Porto Maravilha. 2016. Dissertação (Mestrado em Ciências Econômicas) – Instituto de Pesquisa e Planejamento Urbano (IPPUR), Universidade Federal do Rio de Janeiro, 2016 – *no prelo*.

PLATÃO. *A República*. [S.l: s.n.], [S.d.]. Disponível em: <http://www.eniopadilha.com.br/documentos/Platao_A_Republica.pdf>. Acesso em: 22 nov. 2018.

POCHMANN, Márcio. Estado e Capitalismo no Brasil: A inflexão atual no padrão das políticas públicas do ciclo político da Nova República. *Educação & Sociedade*, v. 38, n. 139, p. 309–330, abr./jun. 2017. Disponível em: <http://www.scielo.br/scielo.php?script=sci_arttext&pid=S0101-73302017000200309-&lng=pt&tlng-pt>. Acesso em: 22 mai. 2018.

PRZEWORSKI, Adam. Democracy and the Market: Political and Economic Reforms in Eastern Europe and Latin America. *The Social Contract*. DAHL, Robert (Ed.); SHAPIRO, Ian (Ed.); CHEIBUB, Antonio (Ed.). Cambridge, Massachusetts: The MIT Press, p. 76-92, 2003.

———— *et al*. O que mantém as democracias? Tradução Cláudio Gonçalves Couto. *Lua Nova*, v. 97, n. 40/41, 1997.

RAWLS, John. *Justiça como equidade:* uma reformulação. Tradução Cláudia Berliner e Álvaro De Vita. São Paulo: Martins Fontes, 2003.

———. *Justiça e Democracia*. Tradução Irene A. Paternot. São Paulo: Martins Fontes, 2000a.

———. *O Liberalismo Político*. Tradução Dinah de Abreu Azevedo e Álvaro De Vita. 2. ed. São Paulo: Editora Ática, 2000b.

———. Political Liberalism: Reply to Habermas. *Jornal of Philosophy, Inc.*, v. 92, n. 3, p. 132–180, 1995.

———. The basic structure as subject. *Values and Morals*. [S.l: s.n.], 1978. p. 4–6.

———. *The law of peoples*. 2. ed. London: Harvard University Press, 2000c.

———. *Uma teoria de Justiça*. 4. ed. rev. Tradução Jussara Simões e Álvaro de Vita. São Paulo: Martins Fontes, 2016.

Reino Unido fez *lobby* no Brasil por Shell, BP e Premier Oil, diz jornal. *Folha de S. Paulo*, São Paulo, 19 nov. 2017. Disponível em: <http://www1.folha.uol.com.br/mercado/2017/11/1936671-reino-unido-fez-lobby-no-brasil-por-shell-bp-e-premier-oil-diz-jornal.shtml>. Acesso em: 25 jan. 2018.

REIS, Robson Vitor Freitas. *Uma análise rawsiana dos contornos da liberdade de expressão*: breves considerações acerca dos discursos de ódio. 2018. Dissertação (Mestrado em Direito) – Faculdade de Direito e Ciências do Estado, Universidade Federal de Minas Gerais, Belo Horizonte, 2018.

REIS, Thiago; OLIVEIRA, Leandro. Número cai, mas quase metade da Câmara será formada por milionários. *Portal G1*, 9 out. 2018. Disponível em: <https://g1.globo.com/politica/eleicoes/2018/eleicao-em-numeros/noticia/2018/10/09/numero-cai-mas-quase-metade-da-camara-sera-formada-por-milionarios.ghtml>. Acesso 13 out. 2018.

SANCHES, J. L. Saldanha. *Justiça fiscal*. Lisboa: Fundação Francisco Manuel dos Santos, 2010.

SANDEL, Michel J., *Liberalism and the Limits of Justice*, 2. ed. Cambridge: Cambridge University Press, 1998.

SCHEFFLER, Samuel. What is Egalitarianism? *Philosophy & Public Affairs*, v. 31, n. 1, p. 5-39, 2003.

SCHLOZMAN, Kay Lehman; VERBA, Sidney; BRADY, Henry E. *The unheavenly chorus*: Unequal political voice and the broken promise of American democracy. Princeton: Princeton University Press, 2012.

SCHMITT, Carl. *Dictatorship: from the origins of the modern concept of sovereignty to proletarian class struggle*. Tradução Michael Hoelzl; Graham Ward. Malden, USA: Polity Press, 2014.

SCHOUERI, Luís Eduardo. *Direito Tributário*. 2. ed. São Paulo: Saraiva, 2012.

———. *Normas tributárias indutoras e intervenção econômica*. Rio de Janeiro: Forense, 2005.

SCHUMPETER, Joseph. Capitalism, Socialism, and Democracy. *In*: DAHL, Robert (Ed.); SHAPIRO, Ian (Ed.); CHEIBUB, Antonio (Ed.). *The Social Contract*. Cambridge, Massachusetts: The MIT Press, p. 5-11, 2003.

SEDDIQ, Oma. How the world's billionaires got so rich. *Forbes*, 10 mar. 2018. Disponível em: <https://www.forbes.com/sites/omaseddiq/2018/03/10/how-the-worlds-billionaires-got-so-rich/#3619ee53124c>. Acesso em: 08 nov. 2018.

SELIGMAN, Edwin R. A. *Essays in taxation*. Londres: Macmillan and Co., 1895.

SILVA, Luiz Inácio Lula da. Discurso proferido na sessão de 22 de setembro de 1988. *Diário da Assembleia Nacional Constituinte (DANC)*, 23 set. 1988, p. 14.313-14.314. Disponível em: <http://www2.camara.leg.br/atividade-legislativa/plenario/discursos/escrevendohistoria/25-anos-da-constituicao-de-1988/constituinte-1987-1988/pdf/Luiz%20Inacio%20-%20DISCURSO%20%20REVISADO.pdf>. Acesso em: 9 dez. 2018.

SMITH, Adam. *A Riqueza das Nações*: Investigação sobre sua natureza e suas causas. Tradução Luiz João Baraúna. São Paulo: Nova Cultural Ltda., 1996. v. II. Disponível em: <http://www.ie.ufrj.br/intranet/ie/userintranet/hpp/arquivos/051120150019_SMITH1996ariquezadasnacoesvol.02.pdf>. Acesso em: 29 mai. 2018.

STATE aid: Commission clears Ireland's sugar sweetened drinks tax. *Press release*. European Commission. Brussels, 24 April 2018. Disponível em: <http://europa.eu/rapid/press-release_IP-18-3521_en.htm>. Acesso em: 26 dez. 2018.

STIGLITZ, Joseph. *O preço da desigualdade*. Lisboa: Bertrand, 2016.

SUGIN, Linda. Theories of Distributive Justice and Limitations on Taxation: What Rawls Demands from Tax Systems. *Fordham L. Rev.*, v. 72, n. 5, p. 1991–2014, 2004. Disponível em: <http://heinonlinebackup.com/hol-cgi-bin/get_pdf.cgi?handle=hein.journals/flr72&section=77>.

TAYLOR, Charles. *Sources of the Self: The Making of the* Modern Identity, Cambridge: Cambridge University Press, 1989.

TECHNICAL GROUP ON INNOVATIVE FINANCING MECHANISMS. *Action against hunger and poverty*. [s.l.], set. 2004.

TORRES, Heleno Taveira. *Direito Constitucional Financeiro*: Teoria da Constituição Financeira. São Paulo: Revista dos Tribunais, 2014.

TORRES, Ricardo Lobo. *Tratado de Direito Constitucional Financeiro e Tributário*: Os tributos na Constituição, v. IV. Rio de Janeiro: Renovar, 2007.

TRENTO, Pedro Henrique Belo Lisboa. *Política tributária no século XXI*: Entre o consumo, a renda e a justiça. 2018. Dissertação (Mestrado em Direito) – Faculdade de Direito e Ciências do Estado, Universidade Federal de Minas Gerais, 2018.

VALLE, Gabriel Arbex. *Imposto sobre grandes fortunas*: Análise em face das peculiaridades da realidade brasileira. 2018. Dissertação (Mestrado em Direito) – Faculdade de Direito e Ciências do Estado, Universidade Federal de Minas Gerais, 2018.

VAZ, Alexander Cambraia N. Participação política, efeitos e resultados em políticas públicas: notas crítico-analíticas. *Opinião Pública*, Campinas, vol. 17, nº 1, Junho, 2011, p.163-205. Disponível em: <http://www.scielo.br/pdf/op/v17n1/v17n01a06>. Acesso em: 26 dez. 2018.

VERBA, Sidney; SCHLOZMAN, Kay Lehman; BRADY, Henry E. *Voice and equality*: Civic voluntarism in American politics.

VOGEL, Klaus. Die Abschichtung von Rechtsfolgen im Steuerrecht. *Steuer und wirtschaft*, v. 54, n. 7, p. 97-121, 1977.

———. The justification for taxation: A forgotten question. *The American Journal of Jurisprudence*, v. 33, n. 1, p. 19-59, jan. 1988.

———. Tributos regulatórios e garantia da propriedade no direito constitucional da República Federal da Alemanha. Tradução Brandão Machado e. F. de Andrade Carvalho. *In*: MACHADO, Brandão (Org.). *Direito tributário:* Estudos em Homenagem ao Prof. Ruy Barbosa Nogueira. São Paulo: Saraiva, p. 542–554, 1984.

WALDRON, Jeremy. *The right to private property*. Oxford: Claredon Press, 1988.

WALZER, Michel. *Spheres of justice*: A defense of pluralism and equality. United States of America: Basic Books, 1983.

WEBER, Max. Parlamento e governo na Alemanha reordenada. *Os pensadores*. 2. ed. São Paulo: Abril Cultural, 1980.

WOODWARD, David. Incrementum ad Absurdum: Global Growth, Inequality and Poverty Eradication in a Carbon-Constrained World. *In*: *World Economic Review*, 2015. Disponível em: <http://wer.worldeconomicsassociation.org/files/WEA-WER-4-Woodward.pdf>. Acesso em: 27 dez. 2018.

WRAY, L. Randall. *Understanding Modern Money:* The Key to Full Employment and Price Stability. Cheltenham: Edward Elgar, 2003.

YOUNG, Cristobal. *The myth of millionaire tax flight:* How place still matters for the rich. California: Stanford University Press, 2018.

editoraletramento editoraletramento.com.br
editoraletramento company/grupoeditorialletramento
grupoletramento contato@editoraletramento.com.br

casadodireito.com casadodireitoed casadodireito